M i c r o P y t h o n

스마트로봇 EV3를 활용한

Python 프로그래밍

남상엽 · 김상범 · 강현웅 공저

도서출판 상학당

欲爲大者 當爲人役

크고자 하거든 남을 섬기라

			학습 모듈코드	2001020324_19v6
대분류	**중분류**	**소분류**	**세분류**	**능력단위**
정보통신/20	정보기술/01	정보기술개발/02	임베디드SW엔지니어링/03	임베디드애플리케이션구현/24

스마트로봇 EV3를 활용한

Python 프로그래밍

머리말

정보통신기기의 개발에 있어서 해당 기기 및 시스템의 개발환경 구성을 위해서는 해당 개발 소프트웨어들의 존재와 특성을 분석해야 한다. 그리고 프로그램이 설치된 하드웨어에 대한 이해도 필요하다. 정보통신기기 시스템의 프로그램을 개발할 때 사용되는 도구의 코드 작성 및 편집, 디버깅 등과 같은 다양한 작업이 필요하고 이에 따라 다양한 소프트웨어들이 사용되고 있다. 구현에 사용되는 소프트웨어는 여러 가지 프로그래밍 언어로 개발되고 있다.

이 책에서는 레고 마인드스톰의 EV3 플랫폼 하드웨어를 사용하여 Python을 적용해 응용 프로그램을 구현하고자 한다. 레고® 마인드스톰® 에듀케이션(LEGO® MINDSTORMS® Education)은 21세기의 시작에 발맞춰 즐거운 실습을 통해 STEM(Science(과학), Technology(기술), Engineering(공학), Math(수학)) 교육의 길로 이끌고 있다.

현재는 레고® 조립 시스템과 LEGO® MINDSTORMS® Education EV3 플랫폼의 결합과 다양한 임베디드 시스템을 통하여 스마트로봇 등을 설계하고 구현하여서 프로그래밍, 자연과학, 수학의 원칙 등을 다양한 방식으로 학습할 수 있다. EV3 브릭(Brick)에 모터와 센서를 부착하여 제어하고 무선통신까지 지원하여 Python을 코딩하고, 지능적인 프로그래밍 설계 및 코딩을 하여 다양한 임베디드 시스템을 구현할 수 있다.

이 책에서는 스마트로봇 EV3의 하드웨어 시스템에 대하여 다양한 시스템의 특성과 기능을 활용하여 Python 언어를 사용하여 프로그램을 하고자 한다.

Python 언어 프로그래밍을 구현하기 위하여 융합인재교육에서 강조하는 '문제해결 상황제시를 위한 개념이해 및 정리 → 창의적 Python 프로그램 코딩 → EV3의 다운로딩 → EV3 플랫폼의 구현 및 디버깅'의 학습절차를 효과적으로 지원하고 있다.

학생들은 '생각열기(Connect) → 생각 구성하기(Construct) → 생각 깨치기(Contemplate) → 생각 이어가기(Continue)'의 프로그래밍 과정을 통해 자신의 생각을 구체화, 정교화, 정당화시키면서 창의적이고 과학적인 사고를 키워나가게 된다.

파이썬(Python)은 1991년 귀도 반 로섬(Guido Van Rossum)이 개발한 프로그래밍 언어이다. C언어의 어려운 문법을 쉽게 개선하여 비전공자들도 하드웨어와 프로그래밍 지식이 없어도 쉽게 접근 가능하도록 만들어졌다. 또한 오픈 소스 형태로 구성되어 다양한 기능을 지원한다. 확장기능을 설치하면 통신, 수치해석, 그래프, 윈도우 프로그램이 그 대표적인 예이다.

MicroPython은 Lego Mindstorm EV3에서 사용되는 것과 같은 소형 임베디드 개발보드에서 실행되는 오픈 소스 Python 프로그래밍 언어 인터프리터(Interpreter)이다.

MicroPython을 사용하면 하드웨어를 제어하기 위한 깨끗하고 간단한 코드를 작성할 수 있다.

프로그램의 단순성으로 인해 프로그래밍 및 하드웨어에 익숙하지 않은 초보자들이 선호한다. MicroPython은 모든 기능을 갖추고 있으며 Python의 모든 구문을 지원하기 때문에 프로그램에 제한되지 않는다. 이것은 하드코어 프로그래머나 파이썬을 처음하는 초보자가 프로그램을 재미있게 사용할 수 있게 한다. 우리가 배우려는 EV3 파이썬 역시 EV3 확장 기능 중 하나이다.

파이썬은 노트북과 같은 성능이 좋은 기기에 적합한 프로그램이다. EV3와 같은 소형기기에서는 실행속도가 느리며, 전류를 많이 소모하는 특징을 가지고 있다. 그 단점을 보완하기 위해 만들어진 것이 MicroPython이다. MicroPython은 실행 속도가 빠르며, 전류를 적게 소모한다.

MicroPython기반의 EV3 확장 기능은 리눅스 기반의 오픈소스 프로젝트에서 배포하는 ev3dev2와 리눅스 기반의 LEGO 사에서 배포하는 Pybricks이 있다. 우리는 Pybricks의 MicroPython을 확장기능 기반의 학습을 진행할 예정이다.

프로그램의 보다 용이한 작성과 관리를 위해 EV3 스마트로봇에 사용되는 MicroPython 프로젝트와 프로그램이 어떻게 구성되는지를 알아보기로 하겠다.

프로그램은 프로젝트 폴더(Project Folder)에 배치된다. 프로젝트 폴더는 일종의 컴퓨터 디렉토리이며, 기본 프로그램(main.py)과 기타 선택적 요소인 스크립트 또는 파일이 들어 있다. 그리고 이 프로젝트 폴더와 그 안의 모든 파일이 EV3 브릭으로 복사되며, 여기에서 기본 프로그램이 실행된다. 코드를 EV3 브릭으로 전송하려면 먼저 미니 USB 케이블을 이용해 EV3 브릭을 컴퓨터에 연결하고 Visual Studio Code를 이용해 연결을 구성해야 한다. F5 키를 누르면 프로그램을 실행할 수 있다. 또는 디버깅 탭으로 이동하여 녹색 시작 화살표를 클릭하면 수동으로 프로그램을 시작할 수 있다.

프로그램을 중지해야 할 경우, 프로그램이 시작됨과 동시에 표시되는 팝업 툴바를 사용하면 된다. 또한 EV3 브릭의 뒤로 버튼을 사용하여 언제든지 프로그램을 중지할 수 있다. 프로그램이 Print 명령을 이용해 출력 가능한 결과물을 생성하는 경우, 해당 정보가 출력 창에 표시된다.

이 책은 의료, 웹디자인, 인공지능, 디지털 트윈, 컴퓨터, 바이오, 블록체인, 스마트팩토리, 스마트시티, 정보통신, 로봇, 메카트로닉스 등 소프트웨어 공학 분야의 입문자를 대상으로

Python언어에 대한 기본적인 지식이 없어도 단계별 실습을 꾸준히 따라오면 Python언어 프로그래밍 능력향상이라는 숲을 볼 수 있도록 눈높이를 맞추는 데 1차적인 목표를 두었다.

이 교재의 주요구성은 다음과 같다.

학습 1. 스마트로봇 EV3의 개요 및 구성, 학습 2. 파이썬의 개요 및 설정, 학습 3. 파이썬 프로그램 작성과 실행, 학습 4. 파이썬 기초 프로그래밍(1)_자료형, 학습 5. 파이썬 기초 프로그래밍(2)_조건문, 학습 6. 파이썬 기초 프로그래밍(3)_반복문, 학습 7. EV3 브릭 프로그래밍과 함수, 학습 8. EV3 모터 주행 제어 프로그래밍과 모듈, 학습 9. EV3 터치센서 제어 프로그래밍과 클래스, 학습 10. EV3 초음파센서 제어 프로그래밍과 예외처리, 학습 11. EV3 컬러센서와 자이로센서 프로그래밍, 학습 12. EV3 응용 제어 프로그래밍 등으로 구성되어 있다.

특히 각 장에서는 수행 순서에 따른 수행질문에 따라 임의적으로 해법을 제시하며 실습을 통하여 창의적인 프로그램을 작성하고 동작을 확인할 수 있다.

이 책이 출간되기까지 가장 많은 지원과 아낌없는 격려를 보내주신 도서출판 상학당의 남승우 사장님 및 파이썬 관련 자문 및 논문, 보고서, 사이트 등 자료를 제공을 해주신 관련 저자, 교수님, 기업 및 단체, 개인 분들, 출판 관련 여러분에게 감사를 전한다.

또한 EV3의 지원 및 Python 프로그래밍 관련 자문 및 자료제공을 해주신 분들에게 지면을 빌려 깊은 감사의 말씀을 전하고, 특히 실습과 프로그램에 도움을 주신 관련 연구소 개발 관련 관계자 여러분에게 감사의 마음을 전한다.

이 책에서 부족했던 점이나 기타 문의사항과 관련한 기술지원은 (주)핸즈온테크놀러지 홈페이지를 통해 지속적으로 지원할 계획이며 실습에 사용한 소스 코드 및 회로도, 기타 보충자료 또한 지속적으로 업데이트할 예정이므로 독자 여러분의 따뜻한 질책과 조언을 부탁드린다.

저자 씀

차 례

차 례

스마트로봇 EV3를 활용한 Python 프로그래밍 학습모듈 위치

대분류	20. 정보통신
중분류	01. 정보기술
소분류	02. 정보기술개발

세분류	능력단위
응용SW 엔지니어링	
03. 임베디드 SW 엔지니어링	01. 하드웨어분석
	15. 임베디드 애플리케이션 분석
	16. 임베디드 애플리케이션 설계
	17. 임베디드 애플리케이션 환경구축
	17. 임베디드 애플리케이션 구현
	18. 오픈플랫폼 활용
	19. 이미베디드 SW요구분석
	06. 임베디드 시스템 테스팅
	07. 디바이스 드라이버 구현
빅데이터 플랫폼 구축	

1. 학습 모듈의 목표

스마트로봇 EV3를 활용한 임베디드 시스템 플랫폼 구축을 위해서는 임베디드 시스템 플랫폼에 대한 동향과 기술을 파악하여 그 목표와 범위를 정의하고, 이를 구축하기 위한 일정과 비용을 계획해야 한다. 또한 임베디드 시스템 플랫폼 구축을 위한 요구사항을 정의하고 이를 명세화한 후 검증할 수 있다. 임베디드 시스템 서비스의 요구사항을 실현하기 위한 임베디드 시스템의 인프라, 기능, 인터페이스, 지식화를 구현하여 최적화 하고 임베디드 시스템 인프라 설계에 따라 하드웨어, 소프트웨어, 네트워크 환경을 구현할 수 있다. 이를 구축하기 위하여 기능 설계에 따라 학습, 추론, 인지, 모델링, 플랫폼 관리 기능을 구현할 수 있고 인터페이스 설계서에 따라 휴먼머신 인터랙션, 내·외부 인터페이스를 구현할 수 있다. 지식화 구현 설계서에 따라 데이터의 수집, 처리, 저장, 지식화를 구현할 수 있고 임베디드 시스템 플랫폼의 요구사항과 구현된 기능을 검증하기 위해 단계별로 테스트를 수행할 수 있다. 또한 품질 목표를 달성하기 위한 품질관리 계획을 수립하고, 수립된 계획에 따라 품질 보증 활동을 수행, 통제할 수 있는 것을 학습 목표로 하고 있다.

2. 선행 학습

임베디드 리눅스, 소프트웨어 공학, Python, C, C++, 자료 구조, 컴퓨터 아키텍처 임베디드 시스템 플랫폼 구축 계획, 임베디드 시스템 플랫폼 요구사항 분석, 정보기술 환경분석, IT프로젝트 범위 관리, IT프로젝트 일정 관리, IT프로젝트 원가관리, 임베디드 시스템 플랫폼 구축 계획, 임베디드 시스템 플랫폼 요구사항 분석, 임베디드 시스템 플랫폼 설계 등 관련 기초학습

3. 핵심 용어

임베디드 운영 체제, 교차 개발 환경, 오픈소스, 소스코드 버전 관리, GUI 프로그래밍, 툴체인, 디버깅 임베디드 리눅스, 소프트웨어 공학, C, C++, 자료 구조, 컴퓨터 아키텍처 임베디드 시스템 플랫폼, 임베디드 시스템 하드웨어, GPU, 하드웨어 규모 산정, 성능엔지니어링, 시스템 용량 산정, 기술 동향 조사, 시장 수요 조사, emd

4. 교육과정 학점 및 이수시간

학 습	교육과정 학점 및 이수시간	
	학점	이수시간
1. 스마트로봇 EV3의 개요 및 구성	3	3
2. 파이썬의 개요 및 설정	3	3
3. 파이썬 프로그램 작성과 실행	3	3
4. 파이썬 기초 프로그래밍(1)_자료형	3	3
5. 파이썬 기초 프로그래밍(2)_조건문	3	3
6. 파이썬 기초 프로그래밍(3)_반복문	3	3
7. EV3 브릭 프로그래밍과 함수	3	3
8. EV3 모터 주행 제어 프로그래밍과 모듈	3	3
9. EV3 터치센서 제어 프로그래밍과 클래스	3	3
10. EV3 초음파센서 제어 프로그래밍과 예외처리	3	3
11. EV3 컬러센서와 자이로센서 프로그래밍	3	3
12. EV3 응용 제어 프로그래밍	3	3

스마트로봇 EV3를 활용한 Python 프로그래밍 학습모듈 명세서

학습명	학습내용명
1. 스마트로봇 EV3의 개요 및 구성	1-1 스마트로봇 EV3의 이해 1-2 알고리즘 순서도 및 프로그래밍
2. 파이썬의 개요 및 설정	2-1 마이크로 파이썬의 이해 2-2 파이썬 설치 준비 2-3 마이크로 SD 카드 휴징 및 설정 단계
3. 파이썬 프로그램 작성과 실행	3-1 파이썬 프로그램 작성 3-2 새 프로젝트 만들기 3-3 기존 프로젝트 열기 3-4 EV3 브릭과 Visual Studio Code의 연결 3-5 프로그램 다운로드와 실행
4. 파이썬 기초 프로그래밍(1)_자료형	4-1 Python 기본문법 4-2 Python 자료형
5. 파이썬 기초 프로그래밍(2)_조건문	5-1 Python 연산자 5-2 Python의 조건문
6. 파이썬 기초 프로그래밍(3)_반복문	6-1 리스트와 딕셔너리 6-2 for 반복문 6-3 while 반복문 6-4 문자열, 리스트, 딕셔너리 관련 함수
7. EV3 브릭 프로그래밍과 함수	7-1 EV3 허브(huns)모듈과 main.py 파일 생성 7-2 EV3 브릭_스피커 프로그래밍 7-3 EV3 브릭_버튼 프로그래밍 7-4 EV3 브릭_LED 프로그래밍 7-5 EV3 브릭 디스플레이(스크린) 프로그래밍 7-6 EV3 브릭 배터리 프로그래밍 7-7 EV3 브릭의 media 모듈 프로그래밍 7-8 Python의 함수

학습명	학습내용명
8. EV3 모터 주행 제어 프로그래밍과 모듈	8-1 MicroPython 모듈 8-2 EV3 모터의 개요 8-3 EV3 Motor 모듈의 명령어 8-4 EV3 robotics 모듈의 명령어 8-5 Python의 모듈
9. EV3 터치센서 제어 프로그래밍과 클래스	9-1 터치센서의 개요 9-2 터치센서의 명령어 9-3 Python의 클래스
10. EV3 초음파센서 제어 프로그래밍과 예외처리	10-1 초음파 센서의 개요 10-2 초음파 센서의 명령어 10-3 Python의 예외처리
11. EV3 컬러센서와 자이로센서 프로그래밍	11-1 컬러센서의 개요 11-2 컬러센서와 적외선센서/비콘의 명령어 11-3 자이로센서의 개요 11-4 자이로센서의 명령어
12. EV3 응용 제어 프로그래밍	12-1 마이크로 파이썬의 자이로 보이 응용 12-2 마이크로 파이썬의 색상분류기 응용 12-3 마이크로 파이썬의 로봇 팔 H25 응용 12-4 파이썬의 자율주행 자동차 응용

학습 1 스마트로봇 EV3의 개요 및 구성

학습 목표

1. 스마트로봇 EV3의 개요 및 구성을 이해할 수 있다.

1-1 스마트로봇 EV3의 이해

1. 스마트로봇 EV3의 개요

레고® 마인드스톰® 에듀케이션(LEGO® MINDSTORMS® Education)은 21세기의 시작에 발맞춰 즐거운 실습을 통해 STEM(Science(과학), Technology(기술), Engineering(공학), Math(수학)) 교육의 길로 이끌고 있다.

현재는 레고® 조립 시스템과 LEGO® MINDSTORMS® Education EV3 기술을 결합하여 로봇 공학을 학습하고 프로그래밍, 자연과학, 수학의 원칙을 다양한 방식으로 학습할 수 있다.

레고® 마인드스톰® 심장부에는 모터와 센서를 제어하고 무선통신까지 지원하는 'EV3 브릭(Brick)'이라는 지능적인 프로그래밍 브릭이 자리잡고 있다.

① [그림 1-1]은 EV3 Core set 기본 구성이다.

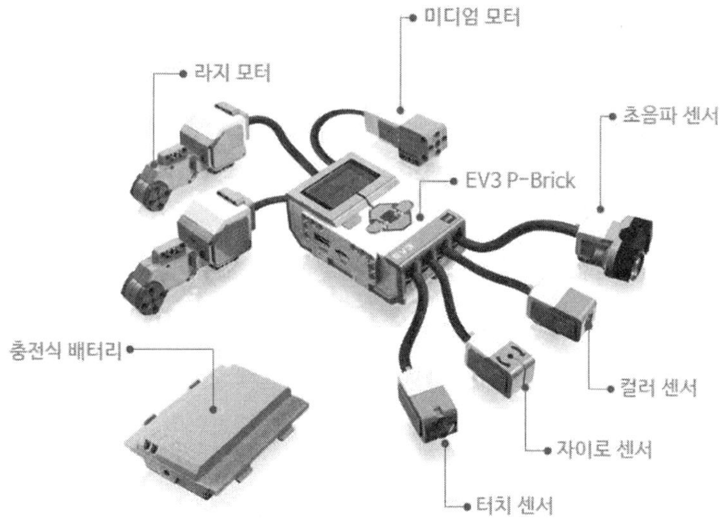

[그림 1-1] EV3 Core set 구성

EV3 Core set를 이용하면 [그림 1-2]와 같이 기본 5가지의 모델을 만들 수 있다. 이 5가지 모델 중에서 Robot Educator, Puppy, Color Sorter는 직접 만들어 보고 프로그래밍해 볼 것이다.

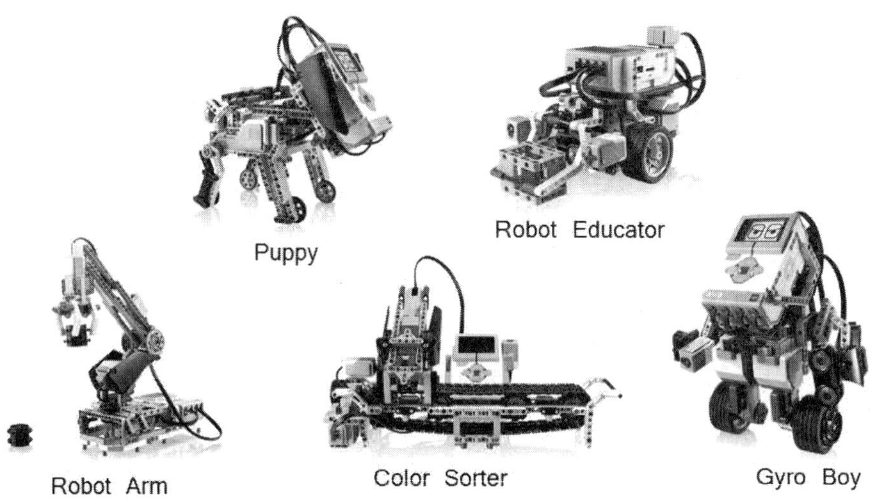

[그림 1-2] EV3 Core set 기본 모델

② EV3 P브릭은 여러 가지 특징을 가지고 있다.

㉠ ARM 9 Processor, 300MHz

㉡ 각 4개의 입/출력 포트

㉢ 16MB Flash memory / 64MB RAM

㉣ Mini SDHC card reader 32GB

㉤ 3색 LED, 6개의 버튼으로 브릭의 현재 상태를 표현 가능

㉥ 그래프와 센서 데이터 관찰이 가능한 78×128픽셀의 고해상도 디스플레이

㉦ 고음질 스피커

㉧ 소프트웨어로 업로드가 가능한 On-brick 프로그래밍 & 데이터로깅

㉨ USB 및 Wi-Fi, Bluetooth dongle을 이용해 컴퓨터와 통신 가능

㉩ Daisy chaining, Wi-Fi 통신, USB 메모리 연결 가능

㉪ 2200mAh 리튬이온 충전식 배터리 또는 AA 건전지 6개

③ EV3와 PC간의 연결하는 방법은 USB, Bluetooth, Wi-Fi를 이용한 3가지 방법이 있는데, 여기서는 USB를 이용한 방법으로 진행하며 USB를 이용한 연결방법은 [그림 1-3]과 같다.

㉠ USB 케이블을 사용하여 EV3 브릭의 PC 포트(포트 D 옆)에 미니 USB를 연결한다.

㉡ USB 케이블 다른 쪽은 PC에 연결한다.

[그림 1-3] USB를 이용한 EV3-PC 연결방법

④ EV3 P브릭의 전면에는 총 6가지 버튼이 있으며 LCD 표시창이 있다. 브릭 버튼을 둘러싼 브릭 상태 표시등은 EV3 브릭의 현재 상태를 보여준다. 초록, 주황, 빨강으로 켜지거나 점멸될 수 있다. 브릭 상태 표시등의 코드는 〈표 1-1〉과 같다.

〈표 1-1〉 브릭 상태 표시등

브릭 상태 표시등 색상		EV3 동작상태
1	빨강	구동, 업데이트 중, 종료
2	빨강 점멸	작동 중
3	주황	경고, 준비
4	주황 점멸	경고, 실행 중
5	초록	준비
6	초록 점멸	프로그램 실행 중

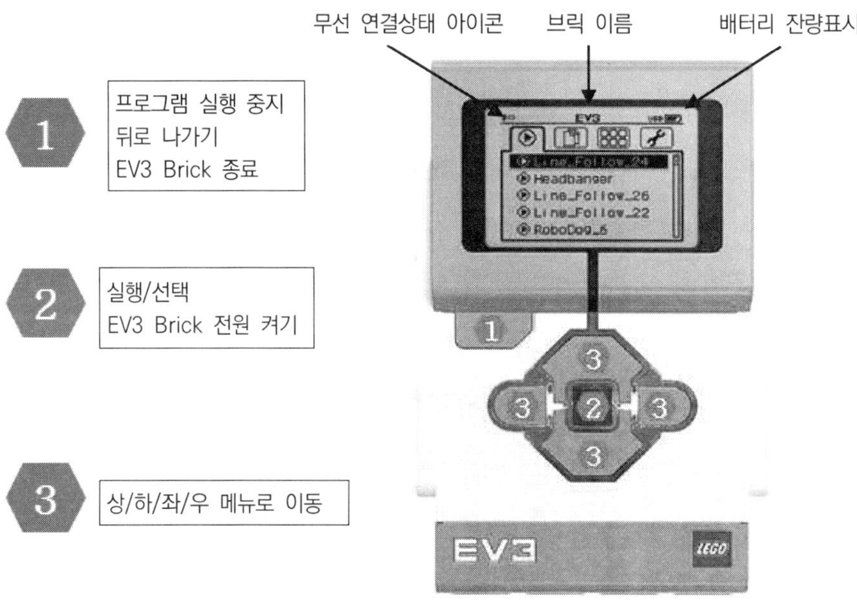

[그림 1-4] EV3 P브릭 전면 입력 버튼 및 출력 LCD 표시창

브릭 상태 표시등이 [그림 1-5]와 같이 다양한 색으로 표시되며 조건에 부합되면 점멸하도록 프로그래밍할 수도 있다.

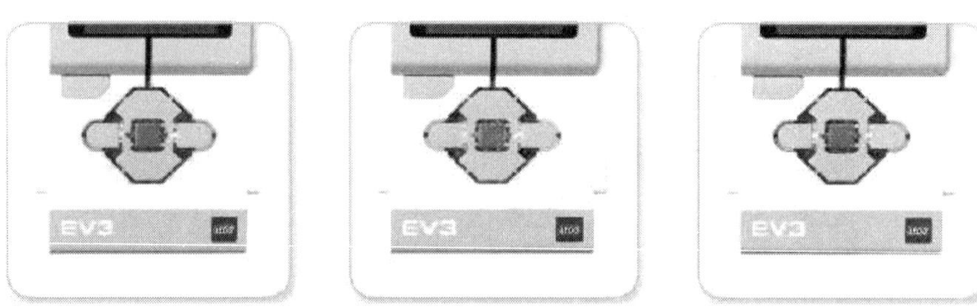

브릭 상태 표시등 → 빨강   브릭 상태 표시등 → 주황   브릭 상태 표시등 → 초록

[그림 1-5] P브릭의 상태 표시등

1-2 알고리즘 순서도 및 프로그래밍

스마트로봇 EV3를 통하여 파이썬 프로그래밍을 하게 되는데, 그 프로그램을 작성하는 방법은 사전에 검토하고 분석하는 일이 반드시 필요하다. 이러한 문제를 해결하는 방법은 처음부터 시작과 끝까지의 단계를 차례대로 정하여 나열하는 방법이다.

전체 문제에서 세부단계로 구분하여 단순화시키는 기술이 알고리즘 기술이다. 이것을 세부문제로 구체화하여 순서를 정하여 나열하는 방법이 순서도를 작성하는 기술이다.

결국 모든 문제를 해결하는 방법은 세부 문제를 논리적으로 정연하게 순서도를 작성하여 구체적으로 작성하는 프로그래밍 기술이다.

[그림 1-6] 알고리즘, 순서도 및 프로그래밍 작성

1. 알고리즘

주어진 문제를 해결하기 위한 절차나 방법이다. 형식과 기호나 언어의 형식과 관계없이 머릿속에 있는 복잡한 생각과 방법을 종이 위에 절차와 방법을 나열하는 기술이다.

2. 순서도

주어진 문제를 해결하는 방법의 첫번째가 알고리즘이라면, 두번째 방법이 순서도 작성이다. 보통 컴퓨터 프로그램을 만들기 전에 상호 관계를 알기 쉽고 공통된 기호나 도형으로 정의하여 만든 그림이다. 순서도만 제대로 작성하면 프로그래밍을 할 수 있다는 뜻이다.

〈표 1-2〉 순서도의 정의와 기호

정 의	기 호	정 의	기 호
시작과 끝		미리 정의된 처리	
연산, 데이터 이동		준비 : 초기값 설정	
판단		연결자(순서도끼리)	
입력과 출력		처리의 흐름	

수행 내용

재료 · 자료

• Python, EV3 레고 마인드스톰 관련 자료

기기(장비 · 공구)

• 컴퓨터, USB 케이블, 충전 어댑터, 프린터, 주변기기

안전 · 유의사항

• EV3 로봇 플랫폼의 외형을 관리하고 P브릭에 전원을 충분히 충전한다.

수행 순서

01 EV3의 브릭에 배터리를 설치하라.

1. 배터리를 설치하는 방법

LEGO®MINDSTORMS®Education EV3가 있으면 LEGO®MINDSTORMS®Education EV3 코어 세트에 포함된 EV3 충전식 배터리 팩 또는 일반 AA 배터리를 사용할 수 있다. 2가지 배터리로 실험을 해보면 로봇을 조립할 때 각각 고려할 특성이 있음을 알게 된다.

1) AA 배터리를 설치하는 방법

AA 배터리 6개는 충전식 배터리보다 무겁지만 충전식 배터리가 달린 EV3 브릭은 AA 배터리 6개보다 조금 크다.

EV3 충전식 배터리는 AA 배터리를 대체하는 편리하고 경제적인 대안이다. 모델에 장착한 상태로 충전이 가능하므로, 배터리 교체를 위해 로봇을 분해했다가 다시 조립하는 수고를 덜어준다.

충전식 배터리를 사용하지 않을 때는 EV3 브릭에 AA/LR6 배터리 6개를 사용해야 한다. 이때 알카라인 또는 충전식 리튬 이온 AA 배터리 사용을 권장한다. AA 배터리는 로봇을

좀 더 무겁게 만들고 싶을 때 좋은 옵션이다.

① AA 배터리를 설치하려면 측면의 플라스틱 탭 2개를 눌러 EV3 브릭 뒷면의 배터리 커버를 분리한다. AA 배터리 6개를 삽입한 후 배터리 커버를 다시 부착한다.
② 충전하지 않은 배터리를 벽면 콘센트에 꽂으면 빨강 표시등이 켜진다.
③ 충전이 끝나면 빨강 표시등이 꺼지며 초록 표시등이 켜지고 충전절차는 보통 3~4 시간이 걸린다.
④ 배터리를 충전하는 동안 EV3 브릭을 사용하면 충전시간이 길어진다. 충전식 배터리를 처음 사용하기 전에 완전히 충전하는 것이 좋다.

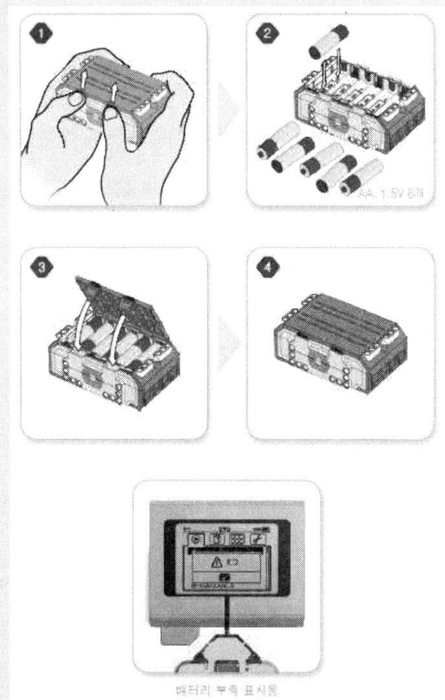

[그림 1-7] P브릭의 배터리 교체

2) EV3 충전식 배터리 팩 설치하는 방법

① EV3 브릭에 충전식 배터리를 설치하려면 측면의 플라스틱 탭 2개를 눌러 EV3 브릭 뒷면의 배터리 커버를 분리한다.
② EV3 브릭에 배터리가 있으면 배터리를 분리한다.
③ 배터리 커버가 달린 슬롯에 충전식 배터리를 삽입하고 제자리에 끼워 넣는다. 이때 배터리 커버는 사용하지 않는다. 배터리를 맨 처음 사용할 때나 배터리가 완전히 방전된 경우에는 적어도 20분 동안 배터리와 EV3 브릭을 충전한다.

④ 내장된 전원 어댑터 코드를 사용하여 충전식 배터리를 벽면 콘센트에 연결한다. 충전지 코드와 배터리가 발에 걸리거나 젖지 않도록 조심하여야 한다.

EV3 충전식 배터리

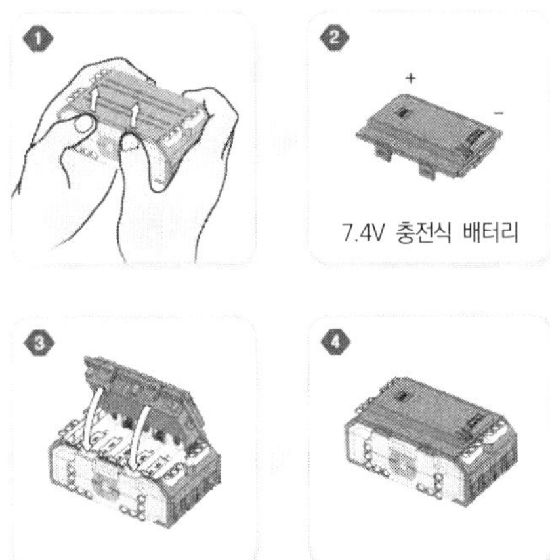

[그림 1-8] P브릭의 충전 배터리 팩

3) 배터리 관련 중요 정보

① 새 배터리와 오래된 배터리 등 다른 종류의 배터리를 혼용하지 않는다.

② 사용하지 않을 때는 EV3 브릭에서 배터리를 분리한다.

③ 손상된 배터리는 사용하지 않는다.

④ 규격화되고 적절한 충전기만 사용한다.

⑤ 충전이 불가능한 일반 배터리는 절대 충전을 시도하지 않는다.

Tip

배터리가 부족하면 시작 버튼을 누를 때 빨강 배터리 상태 표시등이 켜지며, 디스플레이에 '시작하는 중' 표시가 계속 나타난다.

4) 배터리 아끼는 방법

① 사용하지 않을 때는 배터리를 분리해 둔다. 전용 배터리 함에 배터리 세트를 보관하여 배터리를 혼용하지 않는다.

② 음량을 줄여 사용한다.

③ 슬립 시간설정을 조절한다.

④ 사용하지 않을 때는 블루투스와 Wi-Fi를 사용하지 않는다.

⑤ 불필요하게 모터에 장착하지 않는다.

02 EV3 P브릭을 실행하고 동작과정을 설명해 보자.

1. EV3 P브릭을 실행

① EV3 브릭을 켜려면 가운데 버튼을 누른다.

② 버튼을 누르면 빨강 브릭 상태 표시등이 켜지며 시작화면이 표시된다.

③ 표시등이 초록으로 바뀌면 EV3 브릭을 사용할 준비가 끝난 것이다.

④ EV3 브릭을 끄려면 종료 화면이 보일 때까지 뒤로 버튼을 누른다.

⑤ X 중단이 이미 선택되어 있다.

⑥ 오른쪽 버튼을 눌러 승인 확인란을 선택한 후 가운데 버튼을 눌러 확인한다.

⑦ 이제 EV3 브릭이 꺼진다. X를 선택한 상태에서 확인을 누르면 최근 실행화면으로 돌아간다.

시작 화면

종료 화면

[그림 1-9] P브릭 시작과 종료 화면

03 EV3 P브릭을 컴퓨터에 연결하고 USB 케이블, 블루투스, Wi-Fi를 연결하여 실행해 보자.

1. USB 케이블

① USB 케이블을 사용하여 EV3 브릭의 PC 포트에 미니 USB를 연결한다.

② USB를 컴퓨터에 연결한다.

[그림 1-10] P브릭을 USB 케이블에 연결하기

2. 블루투스

① EV3 블루투스를 활성화한다.

② 하드웨어 페이지에서 EV3 브릭을 찾은 후 블루투스 상자를 선택한다.

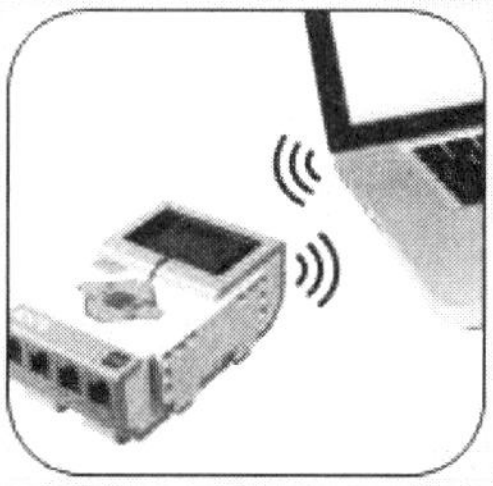

[그림 1-11] P브릭을 블루투스에 연결하기

3. Wi-Fi 연결하기

① Wi-Fi 동글을 EV3에 삽입한다.

② EV3 Wi-Fi를 활성화한다.

③ USB 케이블을 사용하여 EV3 브릭을 컴퓨터에 연결한다.

④ 도구 〉〉 무선 설정에서 연결하려는 네트워크를 선택하여 연결한다.

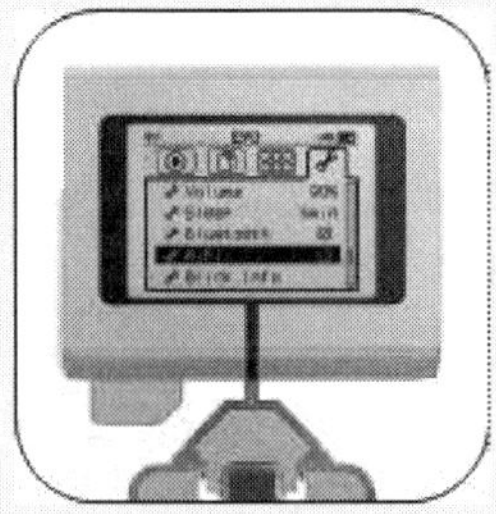

[그림 1-12] P브릭을 Wi-Fi에 연결하기

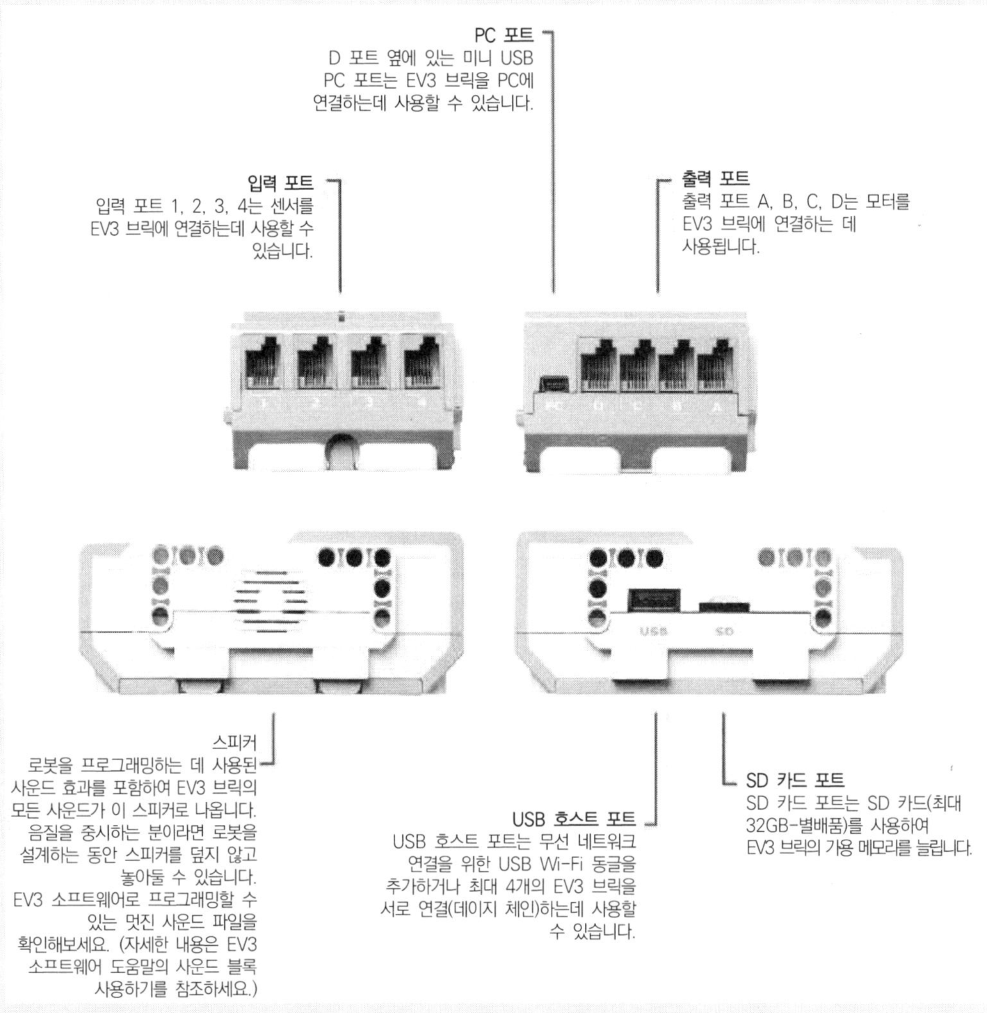

[그림 1-13] P브릭의 외부 인터페이스 포트

Tip 화면 출력 서식

EV3 소프트웨어의 로비의 간단한 안내 섹션의 도움말과 동영상을 최대한 활용한다.

학습활동.1 교수 · 학습 방법

교수 방법

- 스마트로봇 EV3의 개요 및 구성에 대한 관련 용어, 구성, 방식 이해 정도를 파악한 후 수업을 진행한다.
- 교수자의 주도로 스마트로봇 EV3의 개요 및 구성 등의 내용을 PPT 자료로 제시한 후 설명한다.
- 가능하면 사전에 개인별 학습 자료를 준비하여 모든 학생이 참여할 수 있는 문제 해결식 수업, 협력 수업이 가능하도록 한다.
- 스마트로봇 EV3의 개요 및 구성 전 과정을 작업의 순서에 따라 단계적으로 실습이 이루어질 수 있도록 지도한다.
- 이 책을 통해 수업을 준비하는데 있어서 필요한 모든 정보나 팁, 힌트 등 도움이 될 만한 내용들을 확인할 수 있다.
- 학생들이 만들게 될 각 모델들은 수업시간에 중점적으로 다뤄질 부분과 어휘, 질문, 답을 포함하고 있으며 또한 탐구할만한 추가적인 아이디어들도 포함하고 있다.

학습 방법

- 스마트로봇 EV3의 개요 및 구성에 대한 관련 용어를 숙지하고, 스마트로봇 EV3의 개요 및 구성에 대해 이해한다.
- 스마트로봇 EV3의 개요 및 구성의 각 단계별 중점 사항을 체계적으로 학습한다.
- 스마트로봇 EV3의 개요 및 구성의 수행순서의 전 과정을 실습한다.
- 스마트로봇 EV3의 개요 및 구성의 내용을 이해한다.
- 스마트로봇 EV3의 개요 및 구성을 이해하고 숙달이 될 때까지 학습한다.

학습활동.1 평가 및 피드백

평가 준거

- 평가자는 피평가자가 수행 준거 및 평가 내용에 제시되어 있는 내용을 성공적으로 수행할 수 있는 지를 평가해야 한다.

학습내용	평가항목	성취수준		
		상	중	하
스마트로봇 EV3의 개요 및 구성	스마트로봇 EV3의 개요 및 구성을 이해할 수 있다.			

평가 방법

• 작업 포트폴리오

학습내용	평가항목	성취수준		
		상	중	하
스마트로봇 EV3의 개요 및 구성	스마트로봇 EV3의 개요 및 구성을 이해할 수 있다.			

• 필기시험

학습내용	평가항목	성취수준		
		상	중	하
스마트로봇 EV3의 개요 및 구성	스마트로봇 EV3의 개요 및 구성을 이해할 수 있다.			

• 체크리스트를 통한 관찰

학습내용	평가항목	성취수준		
		상	중	하
스마트로봇 EV3의 개요 및 구성	스마트로봇 EV3의 개요 및 구성을 이해할 수 있다.			

• 피드백

1. 작업 포트폴리오
   - 제출한 보고서를 평가한 후 주요 사항에 대하여 표시하여 돌려준다.
2. 필기시험
   - 평가 결과 성적이 저조한 학생은 보고서 제출 기회를 부여한다.
3. 체크리스트를 통한 관찰
   - 실습 과정에서 평가한 후 개선해야 할 사항 등을 정리하여 돌려준다.

참|고|문|헌

1. 남상엽 외, 창의공학, 상학당, 2016.3.10.
2. 남상엽 외, 스마트로봇 EV3를 활용한 C언어 프로그래밍, 상학당, 2016.7.16.
3. 남상엽 외, 스마트로봇 EV3. 이지테크, 2014.3.10.
4. getting-started-with-MicroPython ver 1.0
5. 헬로코딩_한입에 쏙 파이썬
6. 윤인성, 혼자공부하는 파이썬, 한빛미디어
7. https://cafe.naver.com/handsontechnology
8. 마인크래프트로 배우는 파이썬 프로그래밍, 제이펍, 크레이크 리처드슨
9. 컴퓨팅 사고와 함께하는 파이썬 기초부터 인공지능 응용까지, 연두에디션
10. 스마트로봇 EV3, 이지테크
11. LEGO MINDSTORMS Education EV3
12. www.hansoncampus.co.kr, 핸즈온 캠퍼스
13. http://www.robowell.co.kr/, 로보웰 코리아
14. https://sites.google.com/site/ev3devpython/introduction,EV3Python(v2)
15. https://sites.google.com/site/ev3python/,EV3ptyhon(v1)
16. https://www.ev3dev.org/

학습 1	스마트로봇 EV3의 개요 및 구성
학습 2	**파이썬의 개요 및 설정**
학습 3	파이썬 프로그램 작성과 실행
학습 4	파이썬 기초 프로그래밍(1)_자료형
학습 5	파이썬 기초 프로그래밍(2)_조건문
학습 6	파이썬 기초 프로그래밍(3)_반복문
학습 7	EV3 브릭 프로그래밍과 함수
학습 8	EV3 모터 주행 제어 프로그래밍과 모듈
학습 9	EV3 터치센서 제어 프로그래밍과 클래스
학습 10	EV3 초음파센서 제어 프로그래밍과 예외처리
학습 11	EV3 컬러센서와 자이로센서 프로그래밍
학습 12	EV3 응용 제어 프로그래밍

학습 목표	1. Python의 개요 및 설정을 이해할 수 있다.

2-1 마이크로 파이썬의 이해

1. 파이썬 프로그램

파이썬(Python)은 1991년 귀도 반 로섬(Guido Van Rossum)이 개발한 프로그래밍 언어이다. C언어의 어려운 문법을 쉽게 개선하여, 비전공자들도 하드웨어와 프로그래밍 지식이 없어도 쉽게 접근 가능하도록 만들어졌다. 또한 오픈 소스 형태로 구성되어 다양한 기능을 지원한다. 확장 기능을 설치하면 통신, 수치해석, 그래프, 윈도우 프로그램이 그 대표적인 예이다.

파이썬이라는 이름은 영국의 6인조 코미디 그룹 '몬티 파이썬'에서 가져왔고 로고는 Python이라는 영어 단어가 뜻하는 '비단뱀'을 기반으로 만들어 졌다.

파이썬이 인기 있는 이유(장점)는 다음과 같다.

① 문법이 간단하여 쉽게 배울 수 있다. 즉 C언어보다 간단하다.

② 많은 사람이 사용하고 다양한 분야(웹서버, 해킹도구, IoT, 인공지능, 데스

크탑 애플리케이션 등)에 활용하고 있다.

③ 대부분의 운영체제(OS)인 윈도우, 맥, 리눅스 등에서 같은 방법으로 동일하게 사용할 수 있다.

[그림 2-1] 파이썬의 로고(비단뱀)

물론 단점도 있다. 좀 느리다는 것(C언어보다 10~350배 정도)이다. 그래서 게임에서는 C, C++, C#을 사용하고, 인공지능 같은 경우에는 전체 프로그램은 파이썬으로 만들고 고정적인 연산 부분만 C언어로 만들어 사용한다. 그리고 임베디드시스템에서는 MicroPython을 사용한다.

2. EV3용 MicroPython

MicroPython은 Lego Mindstorm EV3에서 사용되는 것과 같은 소형 임베디드 개발 보드에서 실행되는 오픈 소스 Python 프로그래밍 언어 인터프리터(Interpreter)이다. MicroPython을 사용하면 하드웨어를 제어하기 위한 깨끗하고 간단한 코드를 작성할 수 있다.

프로그램의 단순성으로 인해 프로그래밍 및 하드웨어에 익숙하지 않은 초보자가 선호한다. MicroPython은 모든 기능을 갖추고 있으며 Python의 모든 구문을 지원하기 때문에 프로그램에 제한되지 않는다. 이것은 하드코어 프로그래머나 파이썬을 처음하는 초보자가 프로그램을 재미있게 사용할 수 있게 한다.

우리가 배우려는 EV3 파이썬 역시 EV3 확장 기능 중 하나이다.

파이썬의 현재 버전은 3버전이다. 파이썬을 사용하기 위해서는 Python3의 프로그램이 필요하다.

파이썬은 노트북과 같은 성능이 좋은 기기에 적합한 프로그램이다. EV3와 같은 소형 기기에서는 실행 속도가 느리며, 전류를 많이 소모하는 특징을 가지고 있다.

그 단점을 보안하기 위해 만들어 진 것이 MicroPython이다. MicroPython은 실행 속도가 빠르며, 전류를 적게 소모한다.

MicroPython기반의 EV3 확장 기능은 리눅스 기반의 오픈소스 프로젝트에서 배포하는 ev3dev2와 리눅스 기반의 LEGO 사에서 배포하는 pybricks이 있다.

우리는 pybricks의 MicroPython을 확장 기능을 기반의 학습을 진행할 예정이다.

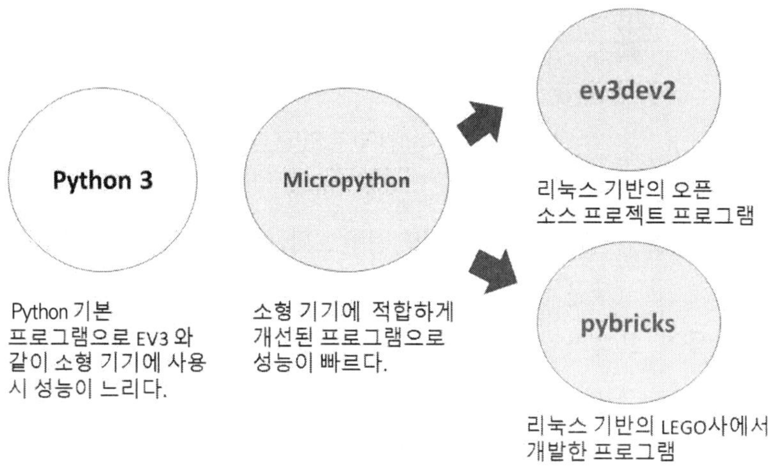

[그림 2-2] EV3 파이썬의 종류

3. MicroPython의 특징

① 컴파일이나 업로드 없이 코드를 실행할 수 있어 하드웨어를 빠르게 학습하고 실험할 수 있다.

② MicroPython에는 많은 작업을 지원하기 위해 소프트웨어 라이브러리가 포함되어 있다. 예를 들면 웹 서비스에서 JSON 데이터를 구문 분석하여 정규식으로 텍스트를 검색하거나 내장 MicroPython용 라이브러리를 사용하여 네트워크 소켓 프로그래밍을 수행하는 것은 쉬운 편이다.

③ 전문가를 위한 MicroPython은 C/C ++ 언어 기능으로 확장할 수 있으며, 더 빠른 저수준 코드로 고급 MicroPython 코딩과 함께 사용할 수 있다.

2-2 파이썬 설치 준비

학습 2

EV3에 파이썬으로 작성된 명령어를 실행하려면, SD 카드 이미지에 마이크로 파이썬 이미지를 구운(Fusing) 후 부팅시켜야 한다. 그러기 위해서는 Window 10 혹은 Mac OS가 설치된 컴퓨터를 준비한다. 4~32GB 마이크로 SD 카드 이미지와 마이크로 SD 카드 리더기도 필요하다.

파이썬 설치준비를 위해 컴퓨터와 EV3 브릭에 처음 시작을 위해 필요한 요소는 다음과 같다.

1. Windows 10 또는 Mac OS 컴퓨터

기본 파이썬 프로그램을 위한 컴퓨터 환경은 PC의 윈도우 10 이상이 설치되어 있는 컴퓨터나 맥킨토시의 Mac OS가 설치된 컴퓨터가 필요하다.

[그림 2-3] PC 컴퓨터

2. 인터넷 액세스 및 관리자 액세스

파이썬이나 마이크로 SD 카드 설치를 위하여 인터넷이 연결되어 있어야 한다. 이것은 일단 설치 도중에만 필요하다. 나중에 프로그램을 작성하고 실행하는 데는 특별한 액세스 권한이 필요하지 않다.

3. 마이크로 SD 카드

마이크로 SD 카드의 저장 용량은 최소 용량이 4GB이고 최대 용량이 32GB인 카드가 하나 필요하다. 이런 유형의 마이크로 SD 카드를 다른 말로 마이크로 SDHC라고도 한다.

애플리케이션 성능 클래스 A1 등급의 카드를 추천한다. EV3에서는 microSDXC가 지원되지 않는다. 32GB보다 큰 모든 카드는 EV3에서 작동하지 않는다.

[그림 2-4] 마이크로 SD 카드

4. 컴퓨터의 마이크로 SD 카드 슬롯 또는 카드 리더기

컴퓨터에 (마이크로) SD 카드 슬롯이 없는 경우 외부 USB(마이크로) SD 카드 리더기를 사용할 수 있다.

[그림 2-5] 마이크로 SD 카드 슬롯, 카드 리더기

5. 미니 USB 케이블(EV3 세트에 들어 있는 것과 유사한 케이블)

장비의 일반적인 구성도는 [그림 2-6]과 같다.

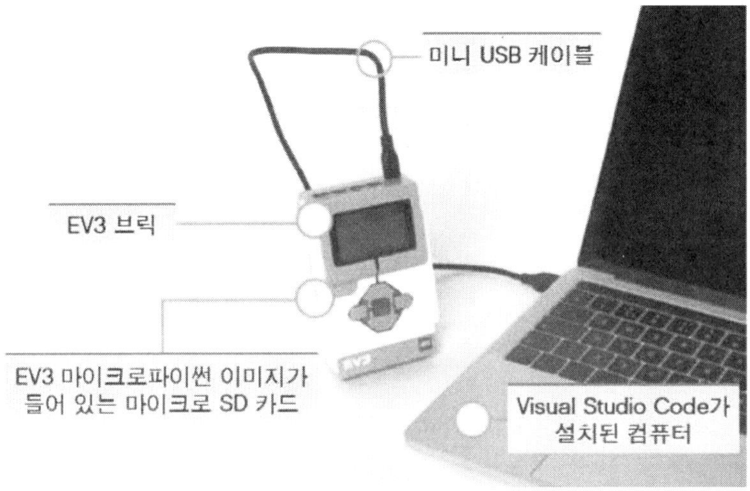

[그림 2-6] 설치에 필요한 장비의 구성도

2-3 마이크로 SD 카드 휴징 및 설정 단계

파이썬 프로그램이 가능한 Micro SD 카드를 만들기 위해 다음 단계를 수행한다.

단계 #1 : 최신 LEGO Mindstorm ev3dev 이미지 파일 다운로드(355MB)
단계 #2 : 이미지 SD 카드 플래시(Etcher 다운로드/Flash)
단계 #3 : ev3dev로 부팅
단계 #4 : 네트워크 연결 설정
단계 #5 : SSH로 통해 EV3에 연결
단계 #6 : PuTTY를 이용해서 파이썬 프로그램
단계 #7 : MobaXterm과 PyCharm Edu로 연결

[그림 2-7] 마이크로 파이선 프로그램이 가능한 마이크로 SD 카드 수행 단계

수행 내용

재료 · 자료

- Python, EV3 레고 마인드스톰 관련 자료

기기(장비 · 공구)

- 컴퓨터, USB 케이블, 충전 어댑터, 프린터, 주변기기

안전 · 유의사항

- EV3 로봇 플랫폼의 외형을 관리하고 P브릭에 전원을 충분히 충전한다.

수행 순서

01 스마트로봇 EV3에 파이썬 프로그램을 설치하는 과정을 분석하라.

스마트로봇 EV3 브릭에서 마이크로 파이썬을 사용하여 파이썬 프로그래밍의 파워를 모두 활용할 수 있다. EV3 마이크로 파이썬 이미지를 준비된 마이크로 SD 카드에 설치하고 EV3 브릭을 부팅하면 파이썬 프로그래밍을 즉각 시작할 수 있다.

EV3 펌웨어로 다시 되돌아가는 것도 간단하고, 손쉽게 시작할 수 있도록 모든 문서와 샘플 API 코드가 함께 제공된다.

시작 방법은 다음과 같다.

① EV3 마이크로 파이썬 이미지를 다운로드하고 마이크로 SD 카드에 플래싱한다.
② 마이크로 SD 카드를 EV3 브릭의 SD 카드 슬롯에 넣고 전원을 켠다.
③ 컴퓨터에서 무료 Visual Studio Code 편집기를 다운로드하여 설치하고 시작한다.
④ 레고® 에듀케이션 EV3 확장 요소를 설치하고 활성화한다.
⑤ EV3 브릭을 컴퓨터에 연결하고 코드를 시작한다.

02 EV3를 이용한 마이크로 파이썬 프로그램의 SD 카드 이미지 다운로드에 대하여 분석하라.

EV3 파이썬을 지원하기 위해서는 SD 카드 이미지를 컴퓨터에서 다운로드 한 후 SD 카드로 이미지를 굽는 과정이 필요하다.

이미지를 SD 카드에 저장하는 과정을 이미지를 굽는다고 한다. EV3 파이썬 이미지는 EV3 용 파이썬 사이트에서 접속 후 다운로드 받아야 한다.

https://education.lego.com/ko-kr/support/mindstorms-ev3/python-for-ev3 사이트에 접속하여, SD 카드 이미지를 선택하여 다운로드를 진행한다.

https://education.lego.com/ko-kr/support/mindstorms-ev3/python-for-ev3

[그림 2-8] SD 카드 이미지를 선택하여 다운로드

03 Etcher 프로그램 다운로드 및 설치 방법에 대하여 분석하라.

Etcher 이미지 파일을 SD 카드로 굽는 프로그램이다.

https://www.balena.io/etcher/ 사이트에 접속 후 'Download for ..' 아이콘을 선택하여 프로그램을 다운로드 한다. 다운로드 후 해당 파일을 선택하여 컴퓨터에서 프로그램을 설치한다.

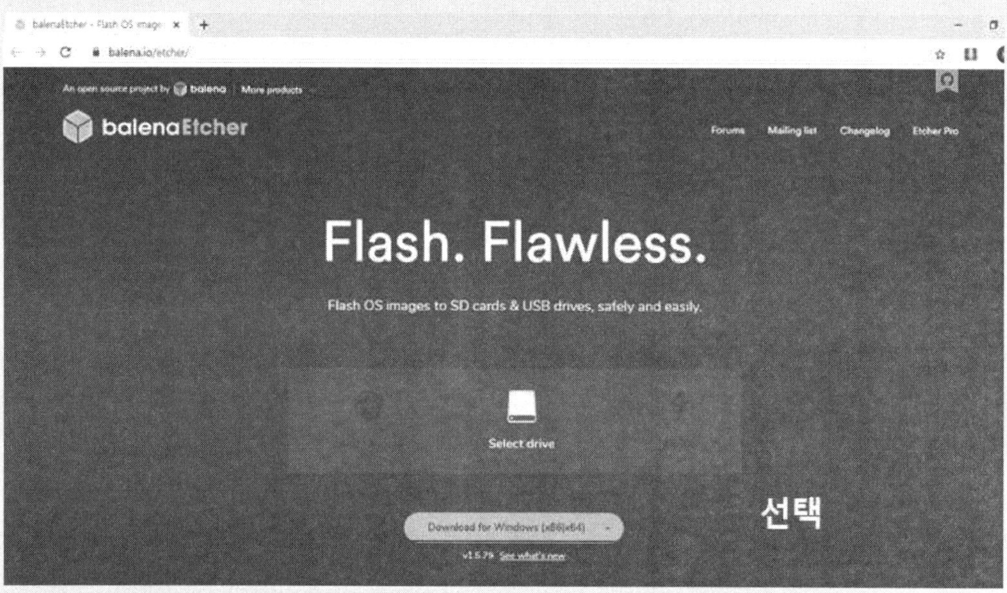

[그림 2-9] 'Download for ..' 아이콘을 선택하여 프로그램을 다운로드

04 마이크로 SD 카드를 PC에 연결하는 방법에 대하여 분석하라.

다음 과정은 SD 카드를 PC에 연결하는 방법이다.

① EV3 삽입, 제거를 쉽게 하기 위해 마이크로 SD 카드 끝을 스카치 테이프로 잘라서 붙인다.

[그림 2-10] 스카치테이프를 잘라 붙인다

② 마이크로 SD 카드를 마이크로 SD 카드 리더기에 삽입한다.

[그림 2-11] SD 카드 리더기에 삽입

③ 마이크로 SD 카드 리더기를 PC에 연결한다.

[그림 2-12] SD 카드 리더기를 PC에 연결

05 마이크로 파이썬 툴을 마이크로 SD 카드에 설치하는 방법에 대하여 분석하라.

EV3 브릭에서 마이크로 파이썬 프로그램을 실행할 수 있도록 마이크로 SD 카드의 필수 도구들을 설치하는 방법을 알아보자.

마이크로 SD 카드에 보관해야 할 파일이 포함되어 있는 경우 우선 해당 콘텐츠를 백업한다. 이전의 마이크로 파이썬 프로그램을 백업하는 방법은 EV3의 관리 파일을 참조하라.

이 프로세스를 실행하면 이전의 마이크로 파이썬 프로그램을 포함하여 마이크로 SD 카드의 모든 내용물이 삭제된다.

마이크로 파이썬 툴을 마이크로 SD 카드에 설치하는 방법은 다음과 같다.

① EV3 마이크로 파이썬 마이크로 SD 카드 이미지를 다운로드하고, 편리한 위치에 저장한다. 이 파일의 크기는 약 360MB이다. 파일의 압축을 풀 필요는 없다.
② Etcher(https://etcher.io/)를 비롯한 마이크로 SD 플래싱 툴을 다운로드하고 설치한다.
③ 컴퓨터 또는 카드 리더기에 마이크로 SD 카드를 삽입한다.
④ 플래싱 툴을 실행하고, 화면의 단계별 지침에 따라 방금 다운로드한 파일을 설치한다.

Etcher를 사용하는 경우, [그림 2-13]을 참조하여 다음과 같다.

ⓐ 방금 다운로드한 EV3 마이크로 파이썬 마이크로 SD 카드 이미지 파일을 선택한다.
ⓑ 마이크로 SD 카드를 선택한다. 장치와 크기가 마이크로 SD 카드와 일치하는지 확인하라.

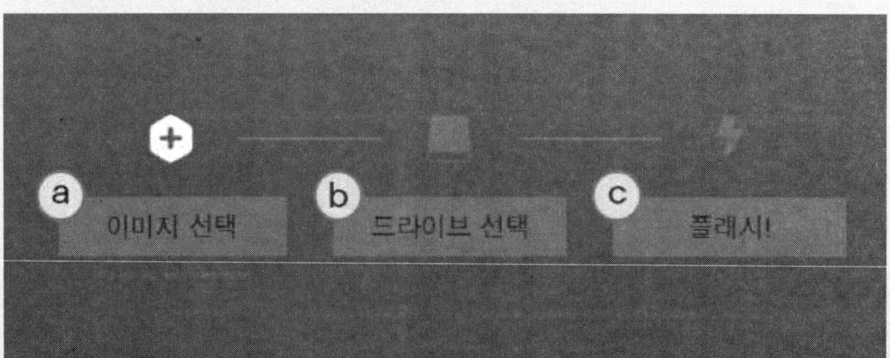

[그림 2-13] Etcher를 사용하여 EV3 마이크로 파이썬 마이크로 SD 카드 이미지 플래싱하기

ⓒ 플래싱 프로세스를 시작한다. 몇 분 정도 시간이 걸릴 수 있다. 플래싱 프로세스가 완료될 때까지 카드를 분리하지 마라.

06 마이크로 SD 카드 이미지 굽는 과정에 대하여 분석하라.

SD 카드 이미지를 굽기 위해 Etcher 프로그램을 실행한다.

Etcher 프로그램에서 'SELECT IMAGE(이미지 선택)'를 클릭하여 이전에 다운로드한 파이썬 SD 카드 이미지를 선택한다.

'SELECT DRIVER(드라이브 선택)'를 클릭하여 SD 카드 드라이브를 선택한다.

마지막으로 'FLASH IMAGE' 아래 'Flash' 아이콘을 선택하여 SD 카드 이미지를 굽는 과정을 진행한다.

[그림 2-14] SD 카드 이미지 굽기

07 마이크로 SD 카드 이미지 부팅 과정에 대하여 분석하라.

① EV3 파이썬으로 부탕하기 위해서는 SD 카드를 EV3 삽입한다.

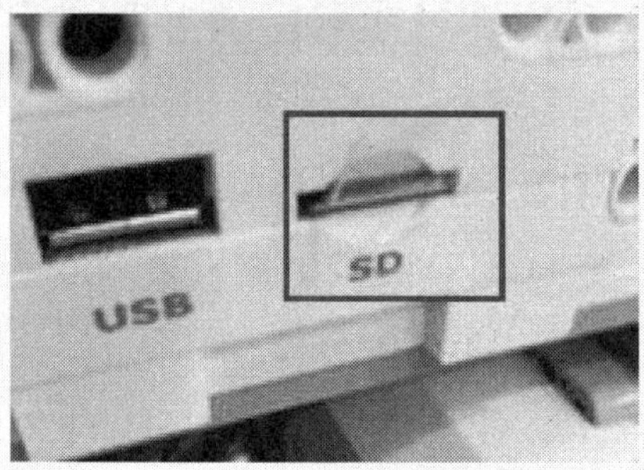

[그림 2-15] SD 카드를 EV3 삽입

② EV3 가운데 브릭버튼을 클릭하여, EV3에 전원을 켠다.
'FileBrowser'로 시작하는 화면이 보이면, EV3 파이썬 이미지로 정상적으로 부팅 된 것이다.

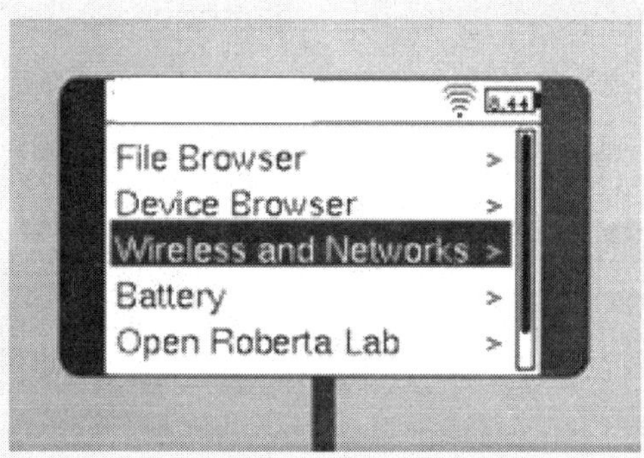

[그림 2-16] 'FileBrowser' 화면이 보이면, EV3 파이썬 이미지로 정상적으로 부팅

08 EV3 브릭의 켜기와 끄기 과정에 대하여 분석하라.

EV3 파이썬의 메인 메뉴의 구성은 다음과 같다.

① 파이썬으로 작성한 프로그램을 볼 수 있는 'File Browser'
② EV3 장치 정보를 볼 수 있는 'Device Browser'
③ EV3를 블루투스, Wi-Fi 로 연결하기 위한 설정 'Wireless and Networks'
④ EV3 배터리 정보를 나타나는 'Battery'

EV3의 전원을 끄려면, 2번 뒤로 가기 버튼을 누르고, 팝업 창에서 'Power Off'를 선택한다.

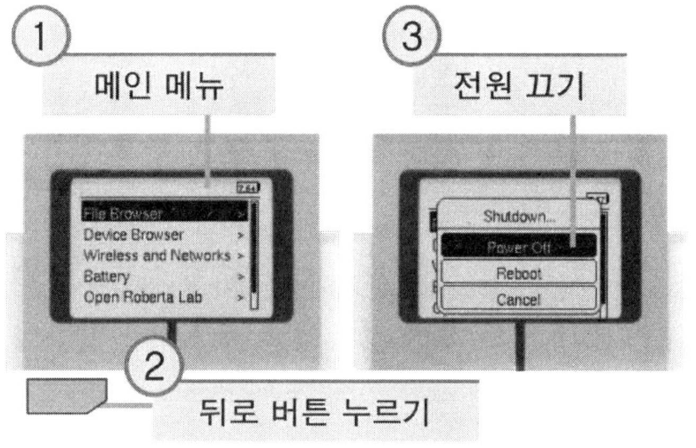

[그림 2-17] EV3 브릭 켜기와 끄기

09 EV3 브릭의 센서 값과 모터 보기 과정에 대하여 분석하라.

1. 센서와 EV3의 연결상태를 확인하려면

'Device Browser' → 'Sensor' 선택하여 센서의 연결상태를 확인한다.

2. 모터와 EV3의 연결상태를 확인하려면

'Device Browser' → 'Motor' 선택하여 모터의 연결상태를 확인한다.

[그림 2-18] EV3 브릭의 센서 값과 모터 연결상태 보기

Tip

프로그램을 실행하기 전에 모터나 센서의 연결상태를 확인하는 것이 필요하다.
불확실한 연결이 프로그램의 오류가 발생한다.

10 Visual Studio Code 설치과정에 대하여 분석하라.

EV3 파이썬을 프로그램을 작성하는 편집 툴로 'Visual Studio Code'를 사용한다. 무료이고 EV3 파이썬을 작성하기에 편리하다.

① 먼저 https://code.visualstudio.com/에 접속한다.
② Download for Windows를 클릭하고 다운로드 받는다.
③ 다운로드 후 프로그램을 설치한다.
  ㉠ masOS, Widows x64, Linux x64 등 OS별로 선택하여 다운로드 받을 수 있다.
  ㉡ Window x64인 경우 해당 파일은 실행하거나 저장할 수 있다
④ 순서에 따라 설치하면 바탕화면에 비쥬얼 스트디오 로그가 생기면 완료된 것이다.

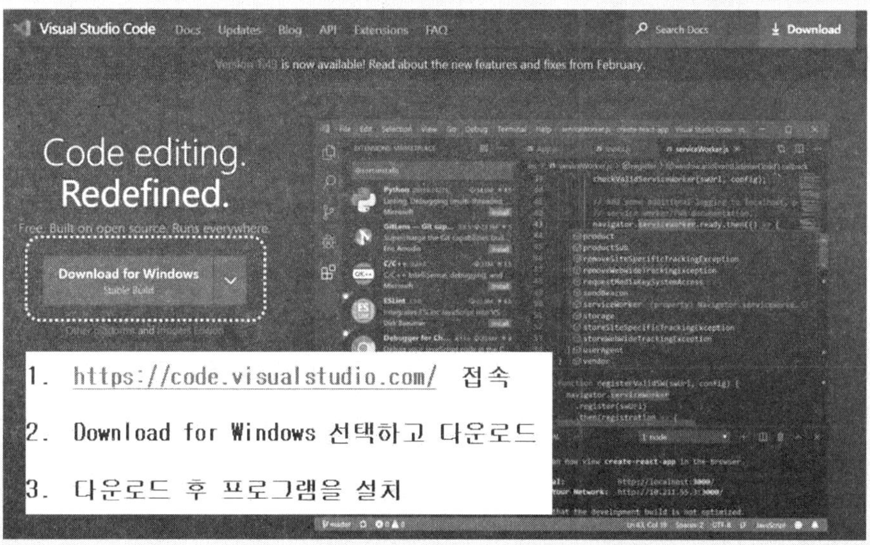

[그림 2-19] Visual Studio Code 설치 과정

11 Visual Studio Code 및 확장 요소 설치과정에 대하여 분석하라.

① 'Visual Studio Code'를 실행하여 'EV3 마이크로 파이썬' 확장 요소를 설치한다. 화면에서 1번 '확장 탭' 아이콘을 클릭하고 2번 검색창에 'EV3'를 입력한다.

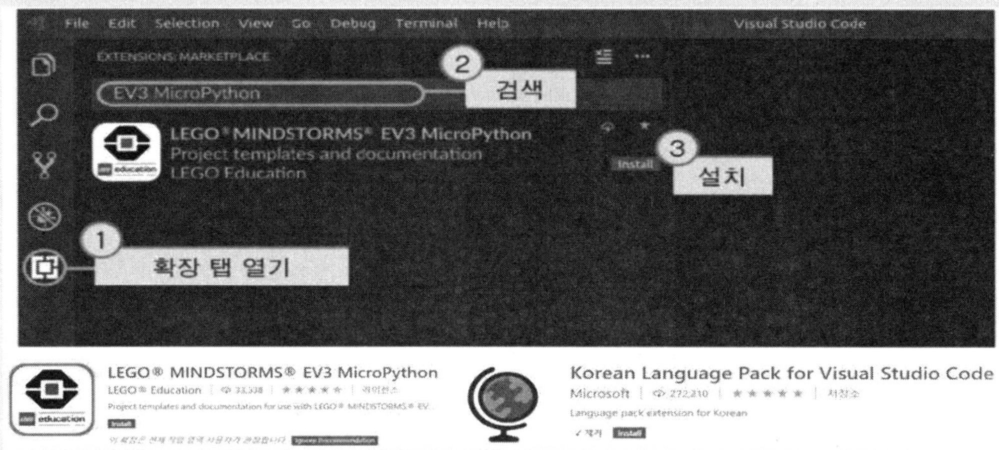

[그림 2-20] 화면에서 1번 '확장 탭' 아이콘을 클릭하고, 2번 검색창에 'EV3'를 입력

② LEGO MINDOSTORMS EV3 MicroPython, ev3dev-browser 최선 버전을 선택 후 'Install' 버튼을 클릭한다.

[그림 2-21] LEGO MINDOSTORMS EV3 MicroPython, ev3dev-browser 최선 버전을 선택

③ 한글 팩도 설치한다. 2번 검색창에 'Korean'을 입력한다.
Korean Language Pack for Visual Studio Code 선택 후 'Install' 버튼을 클릭한다.

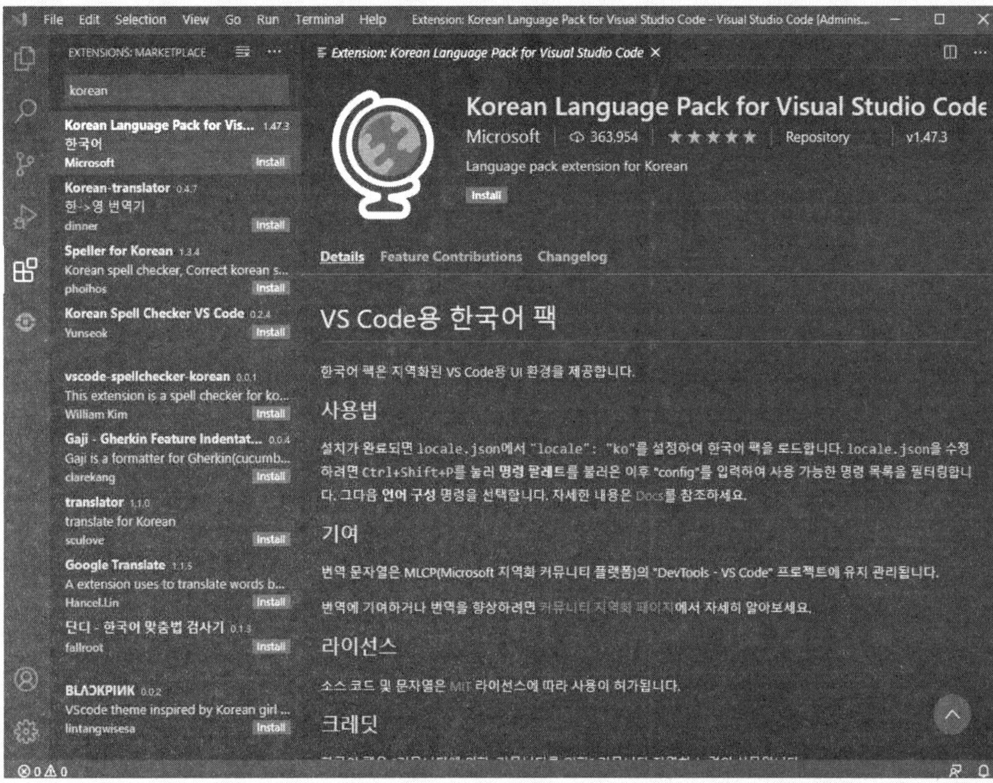

[그림 2-22] 한글 팩도 설치한다. 2번 검색창에 'Korean'을 입력 후 선택

④ in order to use VS code in korean, VS Code needs to restart

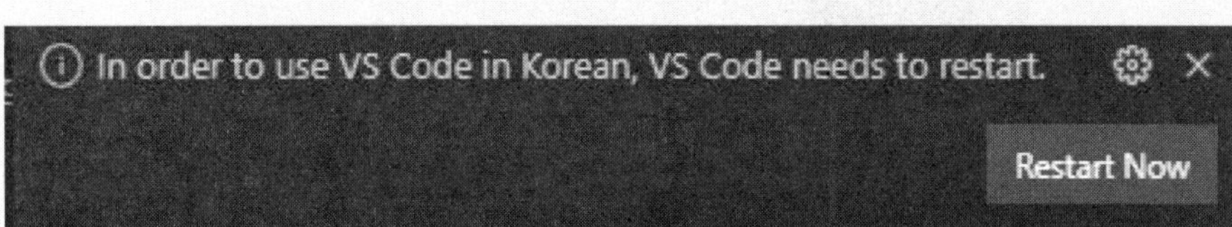

[그림 2-23] 설치 후 다시 시작 버튼 클릭

12 EV3와 PC의 연결 방법에 대하여 분석하라.

EV3와 PC를 연결하는 방법은 3가지가 있다.

1. USB 케이블로 연결하는 방법

미니 USB 케이블을 준비하여 EV3의 PC 포트와 PC의 USB 포트에 케이블로 연결한다.

[그림 2-24] USB 케이블로 연결

2. Wi-Fi로 연결하는 방법

Wi-Fi 동글을 준비하여 EV3 USB 포트에 삽입한다.

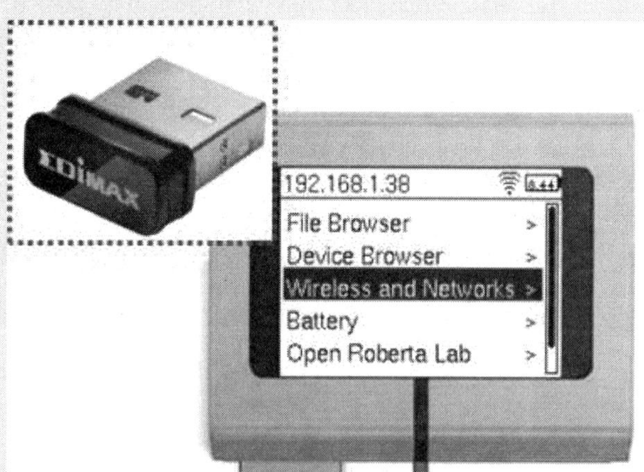

[그림 2-25] Wi-Fi로 연결

EV3 메인 화면에서 'Wireless and Networks' → Wi-Fi → Powered에서 체크박스를 클릭한다.

'Start Scan' 클릭 → 접속하려는 컴퓨터와 같은 WiFi 이름을 선택 → 비밀번호를 입력한다. 비밀번호는 1234 설정한다.

Wi-Fi접속이 성공하면 화면 위에 '192.168.1.38' 같은 인터넷 주소가 보인다.

3. 블루투스로 연결하는 방법

블루투스로 접속하려면, 연결하려는 컴퓨터의 이름이 필요하다.

윈도우 PC에서 설정 → 'Bluetooth 및 기타 디바이스' → 컴퓨터 이름을 확인한다.

[그림 2-26] 블루투스로 연결

EV3 메인 화면에서 EV3 메인 화면에서 'Wireless and Networks' → Bluetooth → Powered에서 체크 박스를 클릭한다.

StartScan으로 블루투스 장치를 검색 → 내 컴퓨터의 이름 선택 → 팝업 창이 보이면 'Pair' 클릭 → 'Accept' 클릭한다.

이때 컴퓨터에서 팝업 창이 뜨면 'OK' 버튼을 클릭해야 한다.

블루투스 페어링에 성공하면, 'Network Connection'을 클릭 → 'Connect' 클릭한다.

최종 연결이 성공하면, 화면 상단에 '169.254.90.88' 같은 인터넷 주소가 보인다.

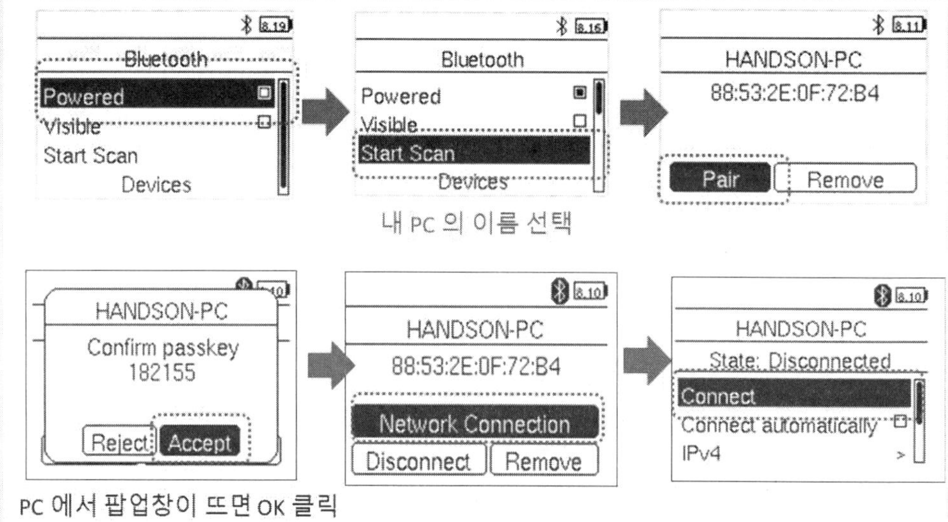

[그림 2-27] 블루투스로 EV3와 PC 연결하기

13 원래 EV3 펌웨어로 되돌아가는 방법에 대하여 분석하라.

언제든지 레고® 펌웨어와 레고 프로그램으로 되돌아갈 수 있다.
방법은 다음과 같다.

① [그림 2-28]과 같이 EV3 브릭을 끈다.
② 화면과 브릭 상태 표시등이 꺼질 때까지 기다린다.
③ 마이크로 SD 카드를 분리한다.
④ EV3를 켠다.

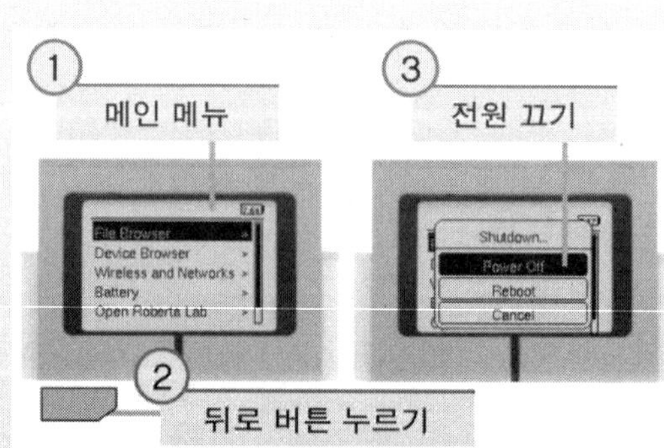

[그림 2-28] EV3 브릭의 전원을 끄면 원래 폼웨어로 되돌아간다.

학습 2

학습활동.2 교수 · 학습 방법

교수 방법

- Python의 개요 및 설정에 대한 관련 용어, 구성, 방식 이해 정도를 파악한 후 수업을 진행한다.
- 교수자의 주도로 Python의 개요 및 설정 등의 내용을 PPT 자료로 제시한 후 설명한다.
- 가능하면 사전에 개인별 학습 자료를 준비하여 모든 학생이 참여할 수 있는 문제 해결식 수업, 협력 수업이 가능하도록 한다.
- Python의 개요 및 설정 전 과정을 작업의 순서에 따라 단계적으로 실습이 이루어질 수 있도록 지도한다.
- 이 책을 통해 수업을 준비하는데 있어서 필요한 모든 정보나 팁, 힌트 등 도움이 될 만한 내용들을 확인할 수 있다.
- 학생들이 만들게 될 각 모델들은 수업시간에 중점적으로 다뤄질 부분과 어휘, 질문, 답을 포함하고 있으며 또한 탐구할만한 추가적인 아이디어들도 포함하고 있다.

학습 방법

- Python의 개요 및 설정에 대한 관련 용어를 숙지하고, Python의 개요 및 설정에 대해 이해한다.
- Python의 개요 및 설정의 각 단계별 중점 사항을 체계적으로 학습한다.
- Python의 개요 및 설정의 수행순서의 전 과정을 실습한다.
- Python의 개요 및 설정의 내용을 이해한다.
- Python의 개요 및 설정을 이해하고 숙달이 될 때까지 학습한다.

학습활동.2 평가 및 피드백

평가 준거

- 평가자는 피평가자가 수행 준거 및 평가 내용에 제시되어 있는 내용을 성공적으로 수행할 수 있는 지를 평가해야 한다.

학습내용	평가항목	성취수준		
		상	중	하
Python의 개요 및 설정	Python의 개요 및 설정을 이해할 수 있다.			

평가 방법

• 작업 포트폴리오

학습내용	평가항목	성취수준		
		상	중	하
Python의 개요 및 설정	Python의 개요 및 설정을 이해할 수 있다.			

• 필기시험

학습내용	평가항목	성취수준		
		상	중	하
Python의 개요 및 설정	Python의 개요 및 설정을 이해할 수 있다.			

• 체크리스트를 통한 관찰

학습내용	평가항목	성취수준		
		상	중	하
Python의 개요 및 설정	Python의 개요 및 설정을 이해할 수 있다.			

• 피드백

1. 작업 포트폴리오
   - 제출한 보고서를 평가한 후 주요 사항에 대하여 표시하여 돌려준다.
2. 필기시험
   - 평가 결과 성적이 저조한 학생은 보고서 제출 기회를 부여한다.
3. 체크리스트를 통한 관찰
   - 실습 과정에서 평가한 후 개선해야 할 사항 등을 정리하여 돌려준다.

참 | 고 | 문 | 헌

1. 남상엽 외, 창의공학, 상학당, 2016.3.10.
2. 남상엽 외, 스마트로봇 EV3를 활용한 C언어 프로그래밍. 상학당. 2016.7.16.
3. 남상엽 외, 스마트로봇 EV3, 이지테크, 2014.3.10.
4. https://education.lego.com/ko-kr/support/mindstorms-ev3/python-for-ev3
5. https://www.balena.io/etcher/
6. https://code.visualstudio.com/
7. getting-started-with-MicroPython ver 1.0
8. https://www.atlabme.com/easy-program-python-ev3/
9. 헬로코딩_한입에 쏙 파이썬
10. 윤인성, 혼자 공부하는 파이썬, 한빛미디어
11. https://cafe.naver.com/handsontechnology
12. 마인크래프트로 배우는 파이썬 프로그래밍, 제이펍, 크레이크 리처드슨
13. 컴퓨팅 사고와 함께하는 파이썬 기초부터 인공지능 응용까지, 연두에디션
14. 스마트로봇 EV3, 이지테크
15. LEGO MINDSTORMS Education EV3
16. www.hansoncampus.co.kr, 핸즈온 캠퍼스
17. http://www.robowell.co.kr/, 로보웰 코리아
18. https://sites.google.com/site/ev3devpython/introduction,EV3Python(v2)
19. https://sites.google.com/site/ev3python/,EV3ptyhon(v1)
20. https://www.ev3dev.org/

학습 목표

1. Python 프로그램 작성과 실행을 이해할 수 있다.

3-1 파이썬 프로그램 작성

이제 컴퓨터와 EV3 브릭의 설정이 완료되었고 파이썬 프로그램의 작성을 시작할 준비가 되었다. 우선 시작에 갈음하여, 프로그램의 보다 용이한 작성과 관리를 위해 EV3 스마트로봇에 사용되는 마이크로 파이썬 프로젝트와 프로그램이 어떻게 구성되는지를 알아보기로 하겠다.

프로그램은 [그림 3-1]처럼 프로젝트 폴더(Project Folder)에 배치된다. 프로젝트 폴더는 일종의 컴퓨터 디렉토리이며, 기본 프로그램(main.py)과 기타 선택적 요소인 스크립트 또는 파일이 들어 있다. 그리고 이 프로젝트 폴더와 그 안의 모든 파일이 EV3 브릭으로 복사되며 여기에서 기본 프로그램이 실행된다.

이 장에서는 프로젝트를 만드는 방법과 그것을 EV3 브릭으로 전송하는 방법을 알아보기로 하겠다.

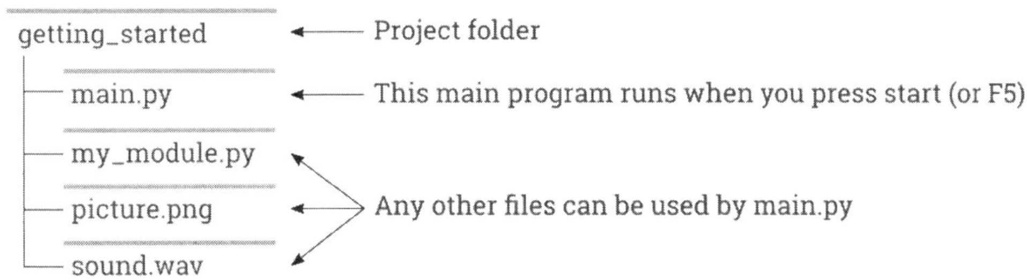

[그림 3-1] 프로젝트 폴더 리소스 구성

3-2 새 프로젝트 만들기

새 프로젝트를 만들려면 EV3 마이크로 파이썬 탭을 열고 [그림 3-2]처럼 새 프로젝트 만들기(Create a New Project) 항목을 클릭한다.

그런 다음, 화면에 표시되는 텍스트 입력란에 프로젝트 이름을 입력하고 Enter를 누른다. 이어 메시지가 표시되면 이 프로그램의 위치를 선택하고 폴더 선택(Choose Folder)을 클릭하여 승인한다.

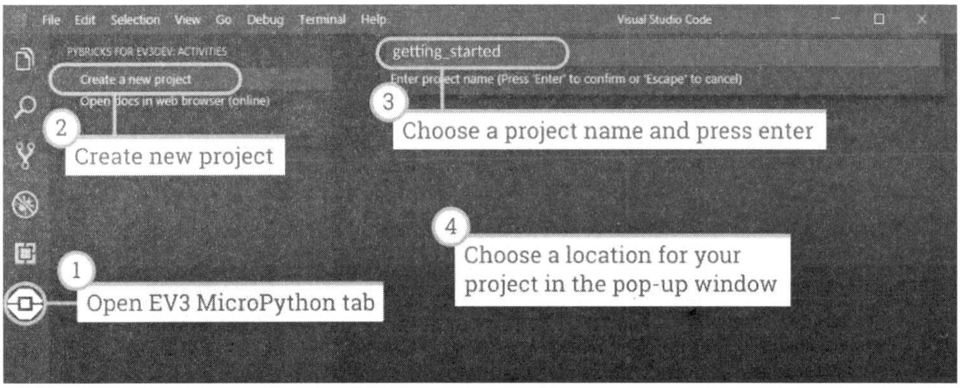

[그림 3-2] 새 프로젝트 만들기

이 예제의 이름은 getting_started이나, 임의로 다른 이름을 선택해도 상관없다.

새 프로젝트를 만들 때 main.py라는 이름의 파일이 이미 들어 있는 것을 알 수 있다. 파일의 콘텐츠를 보거나 수정하려면 [그림 3-3]과 같이 파일 브라우저에서 파일을 열면 되며, 바로 여기에서 프로그램을 작성할 수 있다.

마이크로 파이썬 프로그래밍이 처음이라면 기존의 코드를 그대로 둔 채로 코드를 추가할 것을 권한다.

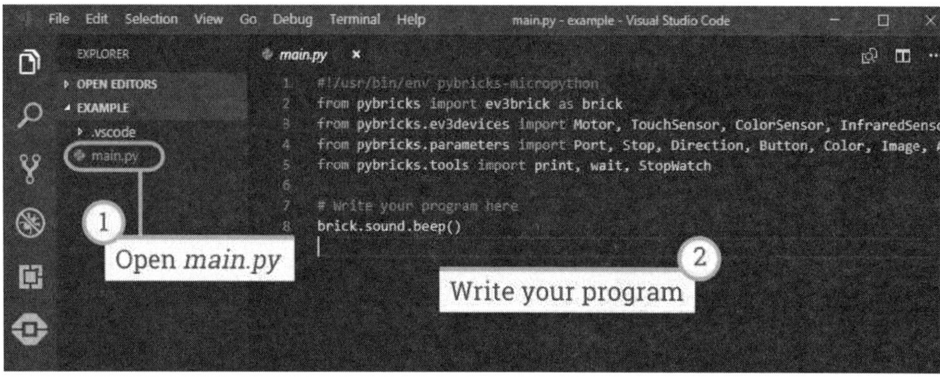

[그림 3-3] 기본 main.py 프로그램 열기

3-3 기존 프로젝트 열기

이전에 생성한 프로젝트를 열려면 [그림 3-4]과 같이 파일(File)을 클릭하고 오픈 폴더(Open Folder)를 클릭한다.

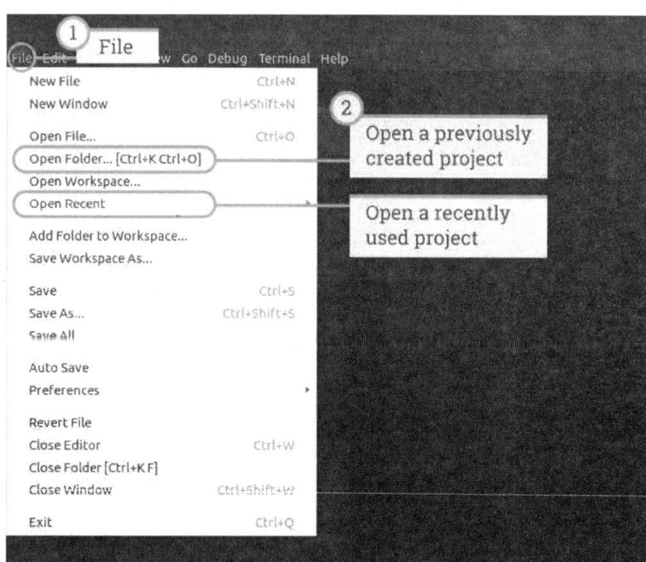

[그림 3-4] 이전에 생성된 프로젝트 열기

그런 다음, 이전에 생성된 프로젝트 폴더로 이동하여 OK를 클릭한다.

또한 Open Recent 메뉴 옵션을 이용해 최근에 사용한 프로젝트를 열 수도 있다.

3-4 EV3 브릭과 Visual Studio Code의 연결

코드를 EV3 브릭으로 전송하려면 먼저 미니 USB 케이블을 이용해 EV3 브릭을 컴퓨터에 연결하고 Visual Studio Code를 이용해 연결을 구성해야 한다.

방법은 다음과 같다.

① EV3 브릭을 켠다.

② 미니 USB 케이블을 이용해 EV3 브릭을 컴퓨터에 연결한다.

③ [그림 3-5]와 같이 USB 연결을 구성한다.

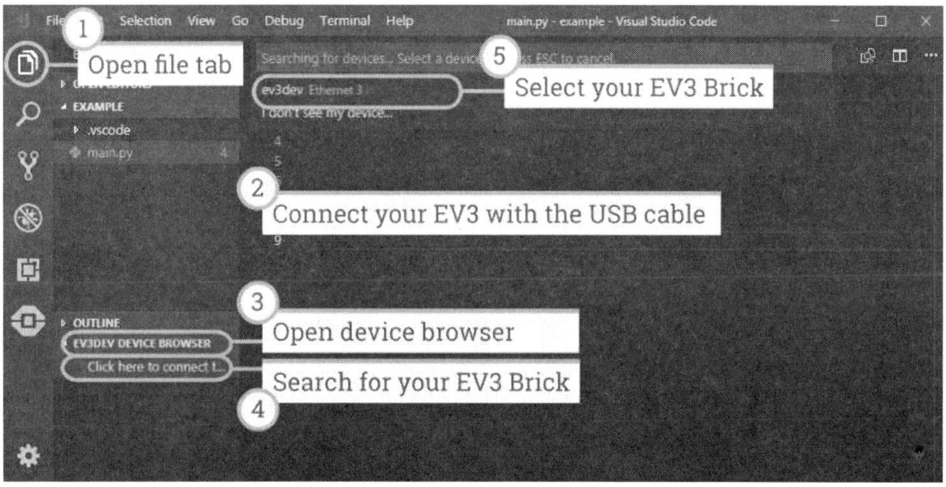

[그림 3-5] 컴퓨터와 EV3 브릭 사이의 USB 연결 구성

3-5 프로그램 다운로드와 실행

F5 키를 누르면 프로그램을 실행할 수 있고, [그림 3-6]과 같이 디버깅 탭으로 이동하여 녹색 시작 화살표를 클릭하면 수동으로 프로그램을 시작할 수 있다.

프로그램을 중지해야 할 경우, 프로그램이 시작됨과 동시에 표시되는 팝업 툴바를 사용하면 된다. 또한 EV3 브릭의 뒤로 버튼을 사용하여 언제든지 프로그램을 중지할 수 있다.

프로그램이 print 명령을 이용해 출력 가능한 결과물을 생성하는 경우, 해당 정보가 출력 창에 표시된다.

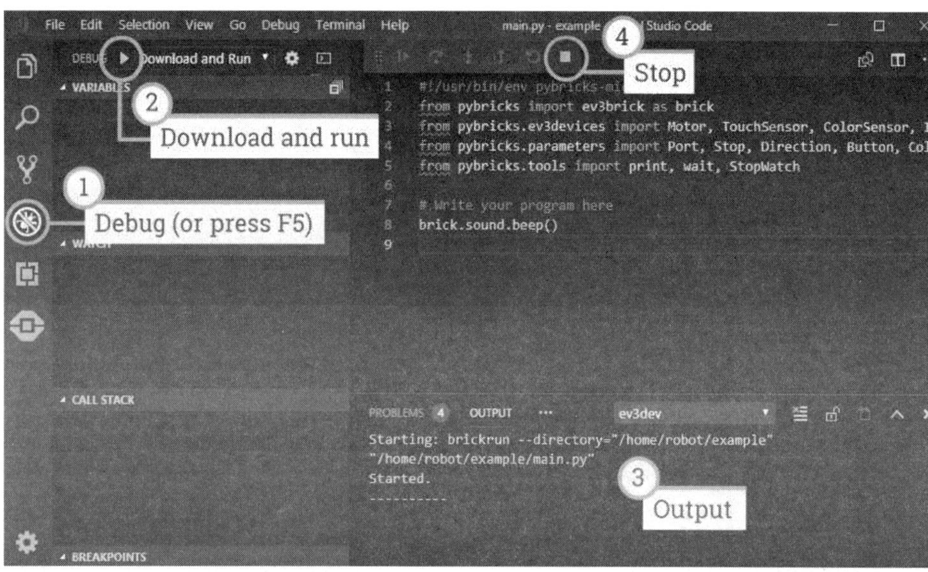

[그림 3-6] 프로그램 실행

수행 내용

재료 · 자료

- Python, EV3 레고 마인드스톰 관련 자료

기기(장비 · 공구)

- 컴퓨터, USB 케이블, 충전 어댑터, 프린터, 주변기기

안전 · 유의사항

- EV3 로봇 플랫폼의 외형을 관리하고 P브릭에 전원을 충분히 충전한다.

수행 순서

01 EV3 파이썬 프로젝트의 작성하기에 대하여 분석하라.

EV3 파이썬 프로젝트 작성은 [그림 3-7]과 같이 순서대로 하면 된다.

① 'EV3 마이크로 파이썬 탭' 선택하여 연다.
② 'Create a new Project' 선택하여 새 프로젝트를 만든다.
③ 프로젝트 이름을 입력하고 Enter 키를 누른다.
④ 팝업 창에서 프로젝트의 저장할 폴더 위치를 선택한다.

EV3 파이썬 프로젝트가 생성되면 main.py 파일이 생성된 것을 볼 수 있다. py는 파이썬의 확장자 파일이다.

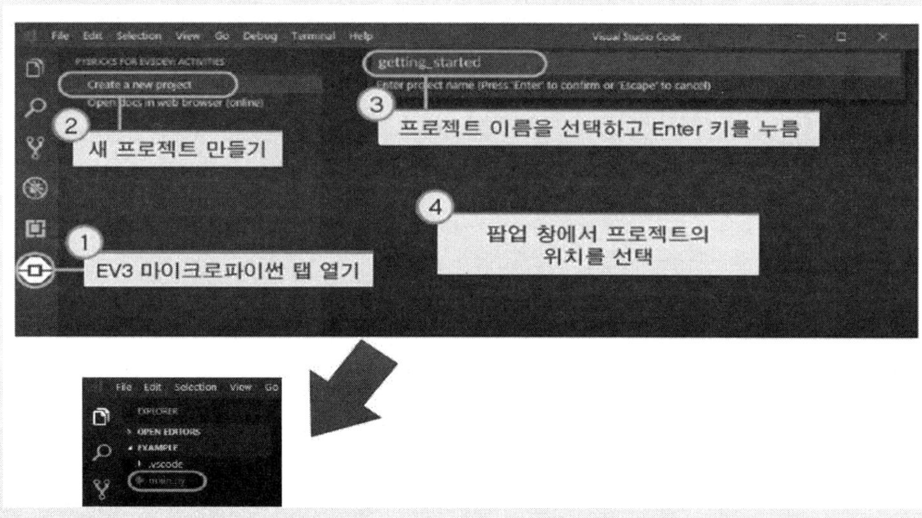

[그림 3-7] EV3 파이썬 프로젝트가 생성

02 컴퓨터와 EV3 브릭 사이의 USB 연결 구성에 대하여 분석하라.

이제는 Visual Studio Code에서 EV3와 연결할 차례이다.

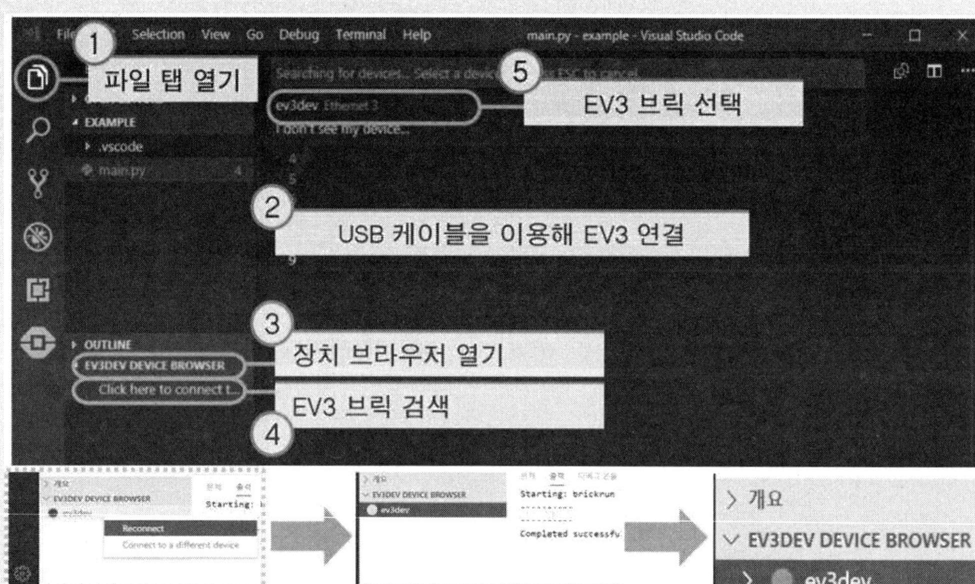

[그림 3-8] USB 연결 구성

[그림 3-8]처럼 컴퓨터와 EV3 브릭 사이에 USB 연결 구성을 확인할 수 있다.

① '파일 탭' 아이콘을 선택한다.
② USB 케이블을 이용해 EV3 블릭을 연결한다.
③ 왼쪽 하단 'EV3 DEVDEVICE BROWSER' 선택한다.
④ EV3 브릭 검색을 위해 'Click here to connect …' 선택한다.
USB, Wi-Fi, 블루투스로 컴퓨터와 EV3를 연결하였으면,
⑤ [그림 3-8]의 5번 장치 검색 창에서 ev3dev 장치가 보일 것이다.

USB인 경우 ev3dev(Ethernet), Wi-Fi인 경우 ev3dev(Wi-Fi), 블루투스인 경우 ev3dev(Bluetooth)로 보인다.

ev3dev 장치를 선택하면, 'EV3DEV DEVICE BROWSER' 하단에 ev3dev 장치의 연결 상태가 색깔로 표시된다.

초록색이면 연결이 되었다는 뜻이다.

03 EV3 파이썬 프로그램의 작성에 대하여 분석하라.

EV3 파이썬 코드를 실행해 보겠다. 단축키로 F5 버튼을 클릭하면 EV3에 파일을 전송하고 바로 실행이 된다.

main.py

```
#!/usr/bin/env pybricks-micropython

from pybricks import ev3brick as brick
from pybricks.ev3devices import (Motor, TouchSensor, ColorSensor,
                                 InfraredSensor, UltrasonicSensor, GyroSensor)
from pybricks.parameters import (Port, Stop, Direction, Button, Color,
                                 SoundFile, ImageFile, Align)
from pybricks.tools import print, wait, StopWatch
from pybricks.robotics import DriveBase

# Write your program here
brick.sound.beep()

```

권장! 실제 프로그램 작성시작

[그림 3-9] EV3 파이썬 프로그램 작성

비프 음이 들렸다면 프로그램이 정상적으로 동작한 것이다.

파이썬 프로그램은 [그림 3-9]처럼 'Write you program here'부터 작성하면 된다.

이제 EV3 파이썬 프로그램 작성을 위한 준비는 끝났다

04 EV3 파이썬 예제 프로그램의 확장에 대하여 분석하라.

지금까지 기본 코드 템플릿을 실행하는 방법을 알아보았으며, 이제 프로그램을 확장하여 모터를 움직일 차례이다. 먼저 [그림 3-10]과 같이 EV3 브릭의 포트 B에 라지 모터를 연결하라.

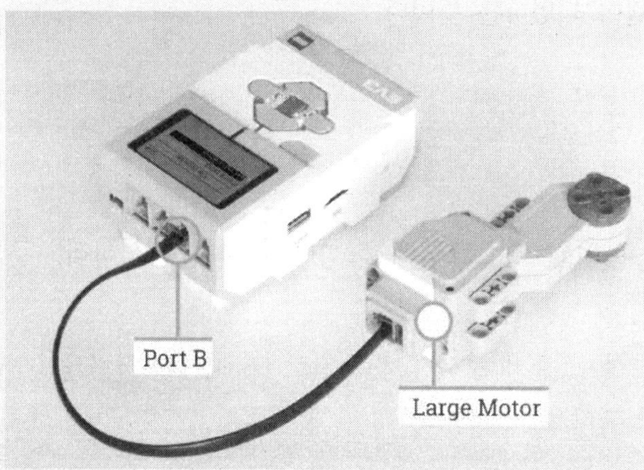

[그림 3-10] 포트 B에 라지 모터가 장착된 EV3 브릭.

이제 main.py를 수정하여 아래와 같이 바꾸어야 한다.

```
#!/usr/bin/env pybricks-MicroPython

from pybricks import ev3brick as brick
from pybricks.ev3devices import Motor
from pybricks.parameters import Port

# Play a sound.
ev3.speaker.beep()
```

```
# Initialize a motor at port B.
test_motor = Motor(Port.B)

# Run the motor up to 500 degrees per second. To a target angle of 90 degrees.
test_motor.run_target(500, 90)

# Play another beep sound.
# This time with a higher pitch(1000 Hz) and longer duration(500 ms).
ev3.speaker.beep(1000, 500)
```

이 프로그램은 로봇의 비프음을 울리고 모터를 돌린 후, 더 높은 음조로 다시 한 번 비프음을 울린다. 프로그램을 실행하고 예상대로 작동하는지 확인해 보자.

05 EV3 브릭에서 파일을 관리하는 방법에 대하여 분석하라.

프로젝트를 EV3 브릭에 다운 로드한 후 [그림 3-11]처럼 장치 브라우저에 저장된 프로그램을 실행, 삭제 또는 백업할 수 있다.

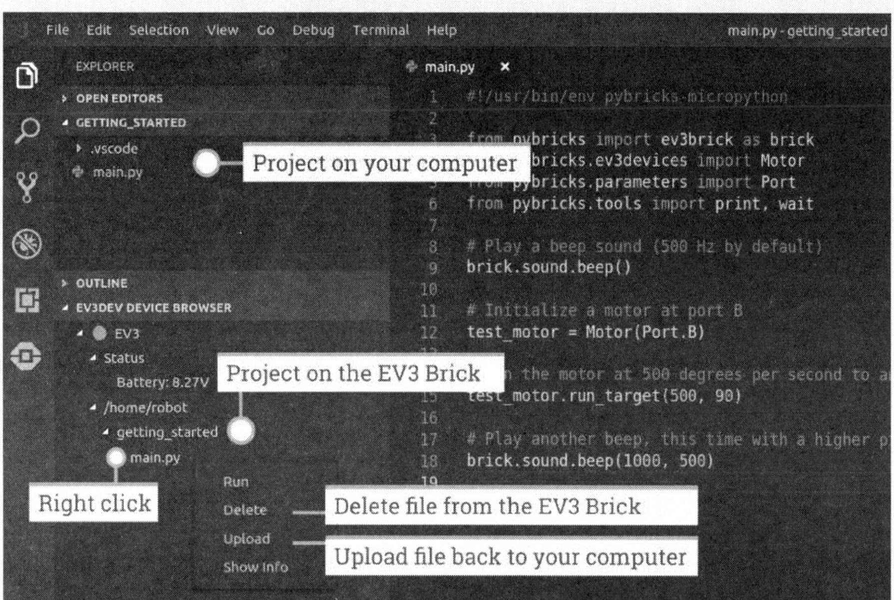

[그림 3-11] EV3 장치 브라우저를 사용하여 EV3 브릭의 파일 관리하기

06 EV3 브릭에서 컴퓨터 없이 프로그램을 실행하는 방법에 대하여 분석하라.

이전에 다운로드한 프로그램을 EV3 브릭에서 직접 실행할 수 있다.

이렇게 하려면 [그림 3-12]와 같이 EV3 화면의 file browser를 이용해 프로그램을 찾고 가운데 버튼 키를 눌러 프로그램을 시작한다.

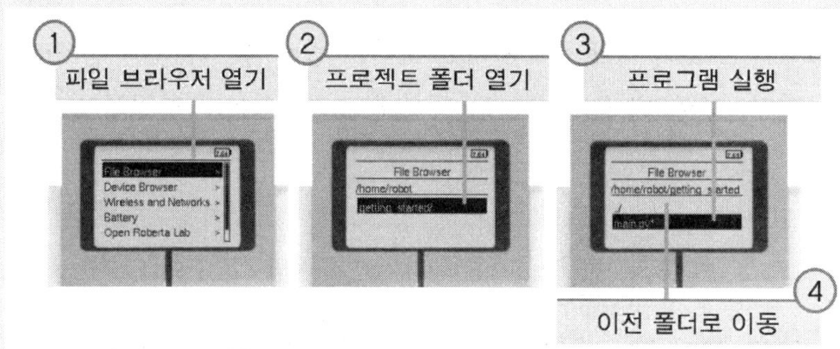

[그림 3-12] EV3 브릭의 버튼을 사용하여 프로그램 시작하기

학습활동.3 교수 · 학습 방법

교수 방법

- Python 프로그램 작성과 실행에 대한 관련 용어, 구성, 방식 이해 정도를 파악한 후 수업을 진행한다.
- 교수자의 주도로 Python 프로그램 작성과 실행 등의 내용을 PPT 자료로 제시한 후 설명한다.
- 가능하면 사전에 개인별 학습 자료를 준비하여 모든 학생이 참여할 수 있는 문제 해결식 수업, 협력 수업이 가능하도록 한다.
- Python 프로그램 작성과 실행 전 과정을 작업의 순서에 따라 단계적으로 실습이 이루어질 수 있도록 지도한다.
- 이 책을 통해 수업을 준비하는데 있어서 필요한 모든 정보나 팁, 힌트 등 도움이 될 만한 내용들을 확인할 수 있다.
- 학생들이 만들게 될 각 모델들은 수업시간에 중점적으로 다뤄질 부분과 어휘, 질문, 답을 포함하고 있으며 또한 탐구할만한 추가적인 아이디어들도 포함하고 있다.

학습 방법

- Python 프로그램 작성과 실행에 대한 관련 용어를 숙지하고, 블록체인의 암호화폐 응용에 대해 이해한다.
- Python 프로그램 작성과 실행의 각 단계별 중점 사항을 체계적으로 학습한다.
- Python 프로그램 작성과 실행의 수행순서의 전 과정을 실습한다.
- Python 프로그램 작성과 실행의 내용을 이해한다.
- Python 프로그램 작성과 실행을 이해하고 숙달이 될 때까지 학습한다.

학습활동.3 평가 및 피드백

평가 준거

- 평가자는 피평가자가 수행 준거 및 평가 내용에 제시되어 있는 내용을 성공적으로 수행할 수 있는 지를 평가해야 한다.

학습내용	평가항목	성취수준		
		상	중	하
Python 프로그램 작성과 실행	Python 프로그램 작성과 실행을 이해할 수 있다.			

평가 방법

• 작업 포트폴리오

학습내용	평가항목	성취수준		
		상	중	하
Python 프로그램 작성과 실행	Python 프로그램 작성과 실행을 이해할 수 있다.			

• 필기시험

학습내용	평가항목	성취수준		
		상	중	하
Python 프로그램 작성과 실행	Python 프로그램 작성과 실행을 이해할 수 있다.			

• 체크리스트를 통한 관찰

학습내용	평가항목	성취수준		
		상	중	하
Python 프로그램 작성과 실행	Python 프로그램 작성과 실행을 이해할 수 있다.			

• 피드백

1. 작업 포트폴리오
   - 제출한 보고서를 평가한 후 주요 사항에 대하여 표시하여 돌려준다.
2. 필기시험
   - 평가 결과 성적이 저조한 학생은 보고서 제출 기회를 부여한다.
3. 체크리스트를 통한 관찰
   - 실습 과정에서 평가한 후 개선해야 할 사항 등을 정리하여 돌려준다.

참 | 고 | 문 | 헌

1. 남상엽 외, 창의공학, 상학당, 2016.3.10.
2. 남상엽 외, 스마트로봇 EV3를 활용한 C언어 프로그래밍, 상학당, 2016.7.16.
3. 남상엽 외, 스마트로봇 EV3, 이지테크, 2014. 3.10
4. https://education.lego.com/ko-kr/support/mindstorms-ev3/python-for-ev3
5. https://www.balena.io/etcher/
6. https://code.visualstudio.com/
7. getting-started-with-MicroPython ver 1.0
8. https://www.atlabme.com/easy-program-python-ev3/
9. 헬로코딩_한입에 쏙 파이썬
10. 윤인성, 혼자 공부하는 파이썬, 한빛미디어
11. https://cafe.naver.com/handsontechnology
12. 마인크래프트로 배우는 파이썬 프로그래밍, 제이펍, 크레이크 리처드슨
13. 컴퓨팅 사고와 함께하는 파이썬 기초부터 인공지능 응용까지, 연두에디션
14. 스마트로봇 EV3, 이지테크
15. LEGO MINDSTORMS Education EV3
16. www.hansoncampus.co.kr, 핸즈온 캠퍼스
17. http://www.robowell.co.kr/, 로보웰 코리아
18. https://sites.google.com/site/ev3devpython/introduction,EV3Python(v2)
19. https://sites.google.com/site/ev3python/,EV3ptyhon(v1)
20. https://www.ev3dev.org/

학습 3

학습 1	스마트로봇 EV3의 개요 및 구성
학습 2	파이썬의 개요 및 설정
학습 3	파이썬 프로그램 작성과 실행
학습 4	**파이썬 기초 프로그래밍(1)_자료형**
학습 5	파이썬 기초 프로그래밍(2)_조건문
학습 6	파이썬 기초 프로그래밍(3)_반복문
학습 7	EV3 브릭 프로그래밍과 함수
학습 8	EV3 모터 주행 제어 프로그래밍과 모듈
학습 9	EV3 터치센서 제어 프로그래밍과 클래스
학습 10	EV3 초음파센서 제어 프로그래밍과 예외처리
학습 11	EV3 컬러센서와 자이로센서 프로그래밍
학습 12	EV3 응용 제어 프로그래밍

학습 목표	1. 파이썬 기초 프로그래밍(1)_자료형을 이해할 수 있다.

4-1 Python 기본문법

1. 표현식과 문장

1) 표현식

파이썬에서 값을 만들어 내는 간단한 코드를 표현식(Expression)이라 한다. 이때 값은 숫자, 수식, 문자열 등이다.

```
362
20 + 100 - 200 * 1000
"Python is very easy Programming"
```

2) 문 장

표현식이 1개 이상 모인 것이 문장(Statement)이고, 파이썬에서는 한 줄이 하나의 문장이다.

3) 프로그램

문장이 모여서 프로그램(Program)이 된다.

2. 키워드

파이썬에서 이미 사용하겠다고 정해 놓은 33개 단어를 키워드(Keyword)라 한다. 그러므로 유저는 프로그램을 짤 때 단어나 문장에 들어가는 단어 이름을 정할 때 키워드를 사용하면 안된다.

학습 4

〈표 4-1〉 파이썬의 키워드

False	None	True	and	as	assert	break
class	continue	def	del	elif	else	expert
finally	for	from	global	if	import	in
is	lambda	nonlocal	not	or	pass	raise
return	try	while	with	yield		

파이썬은 대문자와 소문자를 엄격히 구분하는 프로그램이다. 예를 들어 대문자 False는 키워드이지만 false는 키워드가 아니므로 유저가 프로그램에서 단어로 사용할 수 있다. 대문자는 3개(False, None, True)뿐이다.

3. 식별자

1) 식별자의 규칙

프로그램에서 이름을 붙일 때 사용하는 단어를 식별자(Identifier)라 한다. 식별자는 주로 함수나 변수이름 등으로 사용한다. 식별자의 기본규칙은 다음과 같다.

① 키워드를 사용하면 안된다.
② 특수문자는 언더 바(under bar; _)만 허용된다.
③ 숫자로 처음에 시작으로 사용이 안된다.
④ 공백을 포함되어 사용할 수 없다.

식별자를 만들 때 한글, 한자, 일본어 등 전세계 언어 모두 사용이 가능하지만 일반적으로 알파벳 영어를 사용하는 것이 보통이다. 또한 a, b처럼 의미없는 단어보다는 input, file 등처럼 의미있는 단어를 사용하는 것이 좋다.

〈표 4-2〉처럼 사용가능 단어와 사용 불가능 단어를 예를 들어 설명하였다.

〈표 4-2〉 식별자 사용 예제

사용 가능 단어	사용 불가능 단어	사용 불가능 이유
output output10 _output Output OUTPUT	global	키워드 이므로 불가능
	3556apple	숫자로 시작해서 불가능
	very good	공백을 사용해서 불가능

2) 식별자의 공백이 없는 단어 규칙

식별자에서 공백을 사용하지 않는 규칙으로 인하여 식별자의 의미를 쉽게 이해할 수 없으므로 2가지 방법을 사용해서 이해를 쉽게 할 수 있는 규칙이다.

(1) 단어 사이에 언더 바(_)를 사용하여 식별자를 만드는 경우

예 happypoint를 happy_point로 쓴다. 이것을 뱀처럼 연결되었다고 해서 스냅 케이스(snake_case)라고 한다.

※ 파이썬에서는 첫 글자가 소문자이면 무조건 모두 스냅 케이스이다.

예 print, output, customer, str, map

(2) 단어들의 첫 글자를 대문자로 사용하여 식별자로 만드는 경우

예 happypoint를 HappyPoint로 쓴다. 이것은 낙타처럼 등이 울퉁불퉁하다고 해서 캐멀 케이스(CamelCase)라고 한다.

※ 파이썬에서는 첫 글자가 대문자이면 무조건 모두 캐멀 케이스이다.

예 Seoul, Apple

〈표 4-3〉 식별자의 공백이 없는 단어 규칙의 예제

식별자 공백 없는 경우	단어사이 _기호 사용 (스냅 케이스)	단어 첫 글자 대문자 (캐멀 케이스)
customerlist helloworld seoulmap printcolor	customer_list hello_world seoul_map print_color	CustomerList HelloWorld SeoulMap PrintColor

〈표 4-4〉 파이썬에서 사용하는 경우와 안 사용하는 경우

유 형	단 어	파이썬 사용 유뮤
캐멜 케이스 유형1	HappyNews	사용
캐멜 케이스 유형2	happyNews	불사용(첫 글자를 소문자로만 캐멀 케이스는 사용하지 않는다)

3) 식별자의 구분방법

식별자는 캐멀 케이스로 작성되어 이으면 클래스이고 스냅 케이스로 작성되면 함수 도는 변수이다. 스냅 케이스 뒤에 괄호()가 있으면 함수, 괄호가 없으면 변수이다.

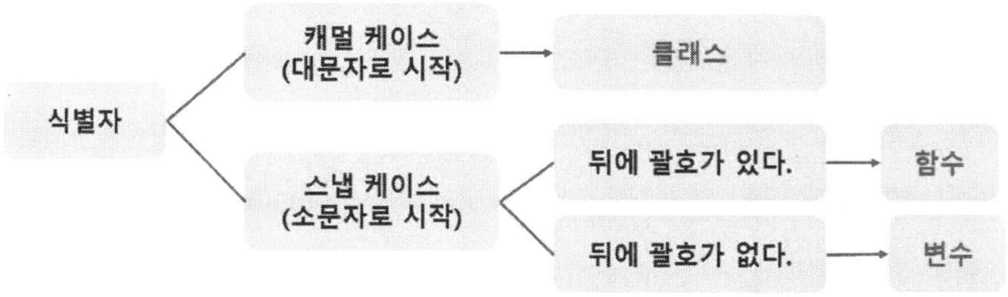

[그림 4-1] 식별자의 구분

4. 주 석

프로그램의 진행에 전혀 영향을 주지 않는 #기호를 사용함으로써 프로그램, 코드 등을 설명하기 위해 사용하는 것을 주석(Comment)이라고 한다. 파이썬은 주석 처리를 위해 사용하고자 하는 부분 앞에 #기호를 사용하여 주석 처리하고 # 이후의 글자는 주석처리되어 프로그램의 흐름에 영향을 받지 않는다.

〈표 4-5〉 주석 처리의 사례

〉〉〉 # 간단한 출력하는 예이다.	# 기호 뒷부분을 주석처리
〉〉〉 print(“Hell Python World ...“) # 문자열을 출력한다.	
Hell Python World ...	

5. 출력 : print()

파이썬에서 가장 기본적인 출력방법은 print()함수를 사용하는 것이다.

print() 함수(Function)는 함수 괄호 안에 출력하고 싶은 것을 나열해서 사용한다. print()는 식별자에서 괄호가 있으므로 함수이다.

print(출력1, 출력2, ...)	출력1, 출력2, ... 출력하고자 하는 내용을 적으면 여러 개를 넣어도 된다.

〈표 4-6〉 print() 함수 처리 사례

1) 하나만 출력	실 행
〉〉〉print("Hello World Best ...!") Hello World Best ...!" 〉〉〉print(10) 10 〉〉〉print(333) 333	print 명령어 뒤의 괄호안에 출력하고 싶은 내용을 적어서 출력한다.
2) 여러 개 출력	**실 행**
〉〉〉print(10, 333, "Best ") 10, 333, "Best " 〉〉〉print("안녕하세요", "오늘은","날씨") 안녕하세요 오늘은 날씨	
3) 줄 바꿈 출력하기	
〉〉〉print() ------〉 빈줄을 출력한다. 〉〉〉	print 명령의 괄호 안에 아무것도 입력하지 않으면 빈 한줄을 만든 후에 프롬프트를 표시한다. 단순한 줄바꿈이다.

4-2 Python 자료형

1. 자료형과 문자열

1) 자료형

기본적인 자료형(Data Type)은 문자열(String), 숫자(Number), 블리안(Boolean)이 있다. 문자열(String)을 짧게 표현하면 str로 사용하고 정수(Integer)는 int로 사용한다.

2) 문자열

프로그램에서 문자의 나열을 따옴표로 둘러싸여 입력하는 모든 것을 문자열(string; 스트링)이고 문자열은 큰따옴표(" ") 혹은 작은따옴표(' ')로 입력한다.

"Hello" 'string' '반갑습니다' "Hello world"

문자열에서 큰따옴표와 작은 따옴표를 지원한다. 그 예는 다음과 같다.

1	>>> print("" 안녕하세요"라고 말했다")	구문 오류(Syntax Error) 문자열을 나열할 수 없다.
2	>>> print('"안녕하세요"라고 말했다') "안녕하세요"라고 말했다.	작은 따옴표 문자열을 만든다.
3	>>> print("'배가 부르다'라고 생각한다") '배가 부르다'라고 생각했다	큰 따옴표로 문자열을 만든다

1의 경우 아무 글자도 없는 문자열(" "), "라고 말했다" 라는 문자열을 의미함으로 문자열과 문자열를 단순하게 나열할 수 없다. 그러므로 구문 오류이다.

3) 이스케이프 문자

문자열 내부에서 특수한 기능을 수행하는 문자열을 이스케이프(Escape Character) 문자라고 한다. 이스케이프 문자는 역슬래시(back slash,\)기호와 함께 조합해서 사용하는 특수문자이다.

\"	큰 따옴표를 의미
>>> print("\"안녕하세요\"라고 말했다") "안녕하세요"라고 말했다	
\'	작은 따옴표를 의미
>>> print('\'배가 고프다\'라고 말했다') '배가 고프다'라고 말했다	

Tip

한국형 키보드는 \는 원화 기호(₩)이다.

\n	줄 바꿈을 의미한다.

```
>>> print("안녕하세요\n안녕하세요")
안녕하세요
안녕하세요
```

\t	탭(tab)을 의미한다.

```
>>> print("안녕하세요\t안녕하세요")
안녕하세요	안녕하세요
```

\\	역슬래시(\)를 의미한다.

```
>>> print("\\ \\ \\ \\")
\\\\
```

4) 문자열 연산자

문자열 연결 연산자(+), 문자열 반복 연산자(*), 문자열 선택 연산자([]), 문자열 범위 선택 연산자([:])가 있다.

문자열 연결 연산자(+)	

>>> print("안녕" + "하세요")
안녕하세요
>>> print("안녕하세요" + "!")
안녕하세요!
	두 문자열을 연결하여 새로운 문자열을 만든다

>>> print("안녕하세요" + 5) TypeError	문자열과 숫자는 에러이고 수정하면 print("안녕하세요" +"5"); OK

문자열 반복 연산자(*)	
>>> print("감사합니다" *3) 감사합니다감사합니다감사합니다	문자열이 반복한다. (문자열*숫자, 혹은 숫자*문자열 순서가 바꿔서 입력해도 좋다.)

문자열 선택 연산자(인덱싱)([])	

>>> print("문자열 선택 연산자")
문자열 선택 연산자
>>> print("감사합니다"[0])
감
>>> print("감사합니다"[1])
사
>>> print("감사합니다"[2])
합
>>> print("감사합니다"[3])
니
>>> print("감사합니다"[4])
다
	문자열 내부의 문자를 하나 선택하는 연산자가 문자선택 연산자이다.
	대괄호[ ] 안에 선택할 문자의 위치를 지정하는데 숫자를 인덱스(index)라 한다.
	- 제로 인덱스; 숫자를 0부터 센다.
	- 원 익덱스; 숫자를 1부터 센다.
	** 파이썬은 제로 인덱스 유형이다.

문자열 범위 선택 연산자([:])	
>>> print("감사합니다"[1:4]) 사합니	문자열의 대괄호 안의 범위를 콜론(:)으로 구분하여 지정한다. [:]는 슬라이싱(slicing)이라 한다.

>>> print("감사합니다"[1:])
사합니다
>>> print("감사합니다"[:3])
감사합
	문자열의 대괄호 안에 넣는 수자 둘 중 하나를 생략하는 형태로 사용한다.
	[1:]뒤를 생략하면 1을 제외하고 [:3]은0부터 3번 앞(2번)까지 선택한다.

IndexError(index out of range) 예외처리	
>>> print("감사합니다"[10]) IndexError: string index out of range	IndexError 예외는 리스트/문자열의 수를 넘는 요소/글자를 선택할 때 발생

5) type()와 len()함수

자료의 형식을 확인하는 함수가 type()함수를 사용하고, 문자열의 길이를 구하는 함수가 len()함수이다.

문자열의 길이를 구하는 len()함수	
>>> print(len("감사합니다")) 5	괄호 내부에 문자열을 넣으면 '문자열에 들어있는 문자의 개수(=문자열의 길이)

2. 숫 자

1) 숫자 자료형

소수점이 있는 정수형과 소수점이 있는 실수형(부동소수점)이 있다.

소수점이 없는 숫자_정수int(intger)	ⓔ 0,1, 333, -66 〉〉〉 print(333) 333 〉〉〉 print(type(333)) 〈class 'int'〉
소수점이 있는 숫자_실수float(floating point부동 소수점)	ⓔ 0.0, 33.43, -1.2 〉〉〉 print(66.33) 66.33 〉〉〉 print(type 33.43)) 〈class 'float"〉

파이썬에서 지수표현은 0.23456 x 102 = 0.23456e2 또는 0.23456E2로 표현한다.

2) 숫자 연산자

숫자 연산자는 +. -. *. /와 같은 사칙 연산자와 //(정수 나누기 연산자), %/(나머지 연산자), **(제곱 연산자)가 있다.

숫자 연사자 예제	
〉〉〉 print("9+3=",9+3) 9+3=12 〉〉〉 print("9-3=",9-3) 9-3=6 〉〉〉 print("9*3=",9*3) 9*3=27 〉〉〉 print("9/3=",9/3) 9/3=3	사칙 연산자(+, -. *, /)
〉〉〉 print(" 3 / 2 =", 3 / 2) 3 / 2 = 1.5 〉〉〉 print(" 3 // 2 =", 3 // 2) 3 // 2= 1	정수 나누기 연산자는 정수부분만 남기는 정수 ⓔ 3 / 2는 1.5를 계산하지만 3 // 2는 수소 점을 뺀 1만 결과로 나타낸다.
〉〉〉 print(" 5 % 2 =", 5 % 2) 5 % 2 = 1	나머지 연산자; 나머지를 구하는 % 연산자(5를 3로 나누면 몫은 2이고 나머지가 1이므로 결과는 1을 출력

숫자 연사자 예제	
〉〉〉 print(" 2 * *4 =", 2 ** 4) 2 ** 4 = 16	제곱 연산자: 숫자를 제곱하는 **연산자

3) 연산자 우선순위

연산자에는 우선순위가 있다. ①곱하기와 나누기가 우선이고 ② 더하기와 빼기가 다음으로 우선이고 ③ 잘 모른 때는 괄호를 쳐서 나타낸다. 우선순위가 같은 경우에는 왼쪽에서 오른쪽 순서로 계산된다.

학습 4

연산자 우선순위	
〉〉〉 print(2 + 2 - 2 * 2 / 2 * 2) 0.0	〉〉〉 print(2 - 2 + 2 / 2 * 2 + 2) 4.0

3. 변수와 입력

1) 변수활용

(1) 변수활용 방법

① 변수를 선언하는 방법

② 변수에 값을 할당하는 방법

③ 변수를 참조하는 방법

변수선언은 변수를 생성하는 것이고 변수할당은 변수에 값을 넣는 것이다. 변수참조는 변수에서 값을 꺼내는 것이다.

면수 활용 예	실행결과

#변수 선업과 할당
pi = 3.1459265
r = 10
 	
# 변수 참조 	
print(" 원주율 =", pi)
print(" 반지름 =", r)
print("원의 둘레 =", 2*pi*r) # 원의 둘레
print("원의 넓이 =", pi*r*r) # 원의 넓이
	원주율 = 3.1459265
	반지름 =10
	원의 둘레 = 62.831852
	원의 넓이 = 314.159265

2) 복수 대입 연산자

기본연산자(+, -, *, /, %, **)와 =연산자를 함께 사용하는 연산자가 있다.

연산자 이름	설 명
+=	숫자 덧셈 후 대입
-=	숫자 뺄셈 후 대입
*=	숫자 곱셈 후 대입
/=	숫자 나눗셈 후 대입
%=	숫자의 나머지를 구한 후 대입
**=	숫자 제곱 후 대입

숫자를 적용한 복합 대입 연산자	문자열 복합 대입 연산자
〉〉〉 number = 100 〉〉〉 number +=10 〉〉〉 number +=20 〉〉〉 number +=30 〉〉〉 print("number:", number) number: 160	〉〉〉 string = "감사합니다" 〉〉〉 string += " ! " 〉〉〉 string += " ! " 〉〉〉 print("string:", string) string: 감사합니다!!

3) input() 함수

파이썬은 명령 프롬프트에서 사용자로부터 데이터를 입력받을 때 input() 함수를 사용한다. 입력을 위하여 프로그램이 잠시 멈추는 것을 블록(block)라고 한다.

input() 함수 예제	실행결과1	실행결과2
〉〉〉 # 입력을 넣는다. 〉〉〉 string = input("입력〉 ") 〉〉〉 # 출력한다. 〉〉〉 print("자료:".string) 〉〉〉 print("자료형:", type(string))	입력〉13337 Enter↲ 자료: 13337 자료형: 〈class 'str'〉	입력〉True Enter↲ 자료: True 자료형: 〈class 'str'〉

4) int() 함수/float() 함수

int() 함수는 문자열을 int 자료형으로 변환하고 float() 함수는 문자열을 float

자료형으로 변환한다.

문자열을 숫자로 변환하야 숫자연산에 화용하는 것을 캐스트(Cast)라고 한다.

파이썬에서는 입력함수(input())을 사용하는 경우에 문자열과 숫자는 연산을 할 경우에는 TypeError가 발생한다. 그러므로 반드시 문자열과 문자열끼리, 숫자는 숫자끼리 연산이 가능하다.

문자열을 숫자로 바꾸기	실행결과

>>> 입력을 넣는다
>>> string = input("입력> ")
 	
>>> # 출력한다.
>>> print("입력 + 200::"., string +200)
	입력> 500 Enter↵
	TypeError 발생
	500+200을 더하기 위한 것인데..문자열을 숫자로 바꿔야 한다.

>>> string_a +input("입력 A> ")
>>> int_a = int(string_a)
 	
>>> string_a +input("입력 B> ")
>>> int_a = int(string_b)
 	
>>> print("문자열 자료:", string_a _string_b)
>>> print("숫자 자료:",int_a +int_b)
	압력 A> 300 Enter↵
	압력 B> 500 Enter↵
	문자열 자료: 300500
	숫자 자료: 800

5) str() 함수

str() 함수의 매개변수에 넣으면 숫자를 문자열로 변환한다.

자료형에서 숫자가 아닌 것을 숫자로 변환하거나 소수점이 있는 숫자 형식의 문자열을 int()함수로 변환할 때는 '변환할 수 없는 것'을 변환하면 ValueError 예외가 발생한다.

숫자를 문자열로 바꾸기	실행결과
int("감사합니다") float("감사합니다") int{"3.1459265"}	ValueError 즉 str(다른 자료형) 숫자를 문자로 변환

>>> output_a = str(333)
>>> output_b = str(3.1459265)
>>> print(type(output_a), output_a)
>>> print(type(output_b), output_b)
	<class 'str>333
	<class 'str>3.1459265

4. 숫자와 문자열의 다양한 기능

1) format()함수

format()함수는 숫자와 문자열을 다양한 형태로 출력한다. 형식은 중괄호{}뒤에 마침표(.)찍는 형태로 사용한다. 그런데 중괄호{}갯수와 fommat함수 괄호 안에 매개변수의 개수가 같아야 한다. 중괄호{}의 개수가 format()함수의 ()안에 매개변수보다 많으면 IndexError예외가 발생한다.

숫자를 문자로 변환하기	실행결과
"{}".format(20) "{} {}".format(20, 30) "{} {} {} {} {}".format(100,200,300,400,500)	㉮ indexError예외 "{}{}{}".format(3.4)

#format()함수로 숫자를 문자열로 변환하기
>>> format_a = "{}점".format(100)
>>> format_b = "창의공학설계 {}점",format(100)
>>> format_c = "{} {} {}".format(80, 90, 100)
>>> format_d = "{} {} {}".format(10, "성적", True)
# 출력 	
>>> print(format_a)
>>> print(format_b)
>>> print(format_c)
>>> print(format_d)
	100점
	창의공학설계 100점
	80, 90, 100
	10 성적 True

format() 함수의 정수를 특정 칸 출력	실행결과
# 정수	
>>> output_a ="{:d}".format(37)	37
# 특정 칸에 출력	
>>> output_b ="{:5d}".format(37) #5칸	>>>37
>>> output_c ="{:10d}".format(37) #10칸	>>>>>>>>37
# 빈칸을 0으로 채우기	
>>> output_d ="{:05d}".format(37) #양수	00037
>>> output_e ="{:05d}".format(-37) #음수	-0037

format() 함수의 정수 기호 붙여 출력	실행결과
〉〉〉 output_f ="{:+d}".format(37) #양수	+37
〉〉〉 output_g ="{:-d}".format(37) #음수	-37
〉〉〉 output_h ="{: d}".format(37) #양수: 기호 부분 공백	37
〉〉〉 output_i ="{: d}".format(-37) #음수: 기호 부분 공백	-37

format() 함수의 정수 조합하여 출력	실행결과
〉〉〉 output_j ="{:+5d}".format(37) # 기호를 뒤로 밀기: 양수	〉〉+37
〉〉〉 output_k ="{:+5d}".format(-37) # 기호를 뒤로 밀기: 음수	〉〉-37
〉〉〉 output_l ="{:=+5d}".format(37) # 기호를 뒤로 밀기: 양수	+〉〉37
〉〉〉 output_m="{:=+5d}".format(-37) # 기호를 뒤로 밀기: 음수	-〉〉37
〉〉〉 output_n ="{:+05d}".format(37) # 0으로 채우기: 양수	+0037
〉〉〉 output_o ="{:+05d}".format(-37) # 0으로 채우기: 음수	-0037

format() 함수의 부동 소수점 특정 칸 출력	실행결과
〉〉〉 output_a ="{:f}".format(32.289)	32.289000
〉〉〉 output_b ="{:15f}".format(32.289) #15칸 만들기	〉〉〉〉〉〉32.289000
〉〉〉 output_c ="{:+15f}".format(32.289) #15칸 부호추가	〉〉〉〉〉+32.289000
〉〉〉 output_d ="{:+015f}".format(32.2897) #15칸 부호추가 하고 0으로 채우기	+0000032.289000

format() 함수의 소수점 아래 자릿수 지정 출력	실행결과
〉〉〉 output_a ="{:15.3f}".format(32.289)	〉〉〉〉〉〉〉〉〉32.298
〉〉〉 output_b ="{:15.2f}".format(32.289)	〉〉〉〉〉〉〉〉〉〉32.28
〉〉〉 output_c ="{:15.1f}".format(32.289)	〉〉〉〉〉〉〉〉〉〉〉32.2

format() 함수의 의미없는 소수점 제거 출력	실행결과
〉〉〉 output_a = 32.0 〉〉〉 output_b ="{:g}".format(output_a) #음수 〉〉〉 print(output_a) 〉〉〉 print(output_b)	52.0 52

파이썬은 0과 0.0을 출력할 때 다르게 출력된다. 그러므로 의미없는 소수점 0을 제거하는데 [:g]를 사용한다.

2) upper()와 lower()함수

upper()는 문자열의 알파벳을 대문자로 변경하고 lower()함수는 문자열의 알파벳을 소문자로 변경한다. 단 원본은 절대로 변하지 않는 비파괴함수이다.

대소문자 바꾸기 사례	실행결과
〉〉〉 a = " Good Morning Alfred...!!" 〉〉〉 a.upper()	'GOOD MORNING ALFRED...!!'
〉〉〉 a.lower()	'good morning alfred...!!'

3) strip()함수

strip()함수는 문자열 양옆의 공백을 제거한다.

문자열 양옆의 공백 제거하기	실행결과
〉〉〉 input_a = """ 〉〉〉〉〉감사합니다 """ 〉〉〉 print(input_a)	〉〉〉〉〉감사합니다 # 〉〉〉〉〉 5칸을 띄우고 출력
〉〉〉 print(input_a.strip())	감사합니다 # 5칸 공배을 제거하고 출력

4) isOO 함수(is로 시작하는 함수)

is로 시작하는 이름의 함수	기 능
isalnum()	문자열이 알파벳 또는 숫자로만 구성되어 있는지 확인한다.
isalpha()	문자열이 알파벳으로만 구성되어 있는지 확인한다.
isidentifier()	문자열이 식별자로만 사용할 수 있는지 확인한다.
isdecimal()	문자열이 정수 형태인지 확인한다.
isdigit()	문자열이 숫자로 인식될 수 있는지 확인한다.
isspace()	문자열이 공백으로만 구성되어 있는지 확인한다.
islower()	문자열이 소문자로만 구성되어 있는지 확인한다.
isupper()	문자열이 대문자로만 구성되어 있는지 확인한다.

출력은 True 또는 Falde라고 나온다.

문자열 구성 파악하기 사례	실행결과
〉〉〉 print{"TrainA10".isalnum()}	True
〉〉〉 print("10"isdigit())	True

4) find()함수

find()함수는 문자열 내부에 특정 문자가 왼쪽부터 찾아서 처음 등장하는 위치를 찾고, rfind()는 오른 쪽부터 찾아서 처음 등장하는 위치를 찾아서 어디에 있는지 찾을 때 사용한다.

문자열의 가장 첫 글자는 0번째부터 시작한다.

문자열 찾기 사례	실행결과
〉〉〉 output_a = "정말감사합니다".find("정말") 〉〉〉 print(output_a)	#0123456(정말감사합니다) 0
〉〉〉 output_b = "정말감사합니다".rfind("감사") 〉〉〉 print(output_b)	#0123456(정말감사합니다) 2

5) in연산자

in연산자는 문자열 내부에 어떤 문자열이 있는지 확인할 때 사용한다.

문자열의 특정 문자 확인하기 사례	실행결과
〉〉〉 print("감사" in "감사합니다")	True
〉〉〉 print("정말" in "감사합니다")	False

6) split()함수

split()함수는 문자열을 특정 문자를 자를 때 사용한다. 실행결과로 리스트(List)가 나온다.

문자열을 특정 문자를 자를 때	실행결과
〉〉〉 a = "60 70 80 90 100".split{" "} 〉〉〉 print(a)	['60,'70','80','90','100']

학습 4

수행 내용

재료 · 자료

- Python, EV3 레고 마인드스톰 관련 자료

기기(장비 · 공구)

- 컴퓨터, USB 케이블, 충전 어댑터, 프린터, 주변기기

안전 · 유의사항

- EV3 로봇 플랫폼의 외형을 관리하고 P브릭에 전원을 충분히 충전한다.

수행 순서

01 다음 코드에서 표시된 식별자가 클래스, 변수, 함수인지를 구분하라.

1. print()
2. List()
3. soup.select()
4. math.pi
5. math..e
6. class Animal:
7. BeautifukSoup()

ANS; 1,2,3, 스냅케이스 뒤에 괄호가 있으므로 함수, 4.5는 스냅케이스 뒤에 괄호가 없으므로 변수, 6.,7은 커멀 케이스이므로 클래스인데 ()가 있어서 클래스 생성자라는 특수 형태의 함수이다.

02 숫자형(변수)의 프로그램을 구현하라.

숫자형(Number)이란 숫자 형태로 이루어진 자료형으로 123 같은 정수, 12.34 같은 실수 등이 있다.

프로그램 작성

```
a = 10              #정수형 자료형
b = -12.5           #실수형 자료형

print(a)            #정수 자료를 출력한다.
print(b)            #실수 자료를 출력한다.
```

출력 화면

```
PROBLEMS   OUTPUT   DEBUG CONSOLE   TERMINAL
Starting: brickrun --directory="/home/robot/my_project"
----------
10
-12.5
----------
Completed successfully.
```

03 숫자형 연산의 프로그램을 실행하라.

숫자형 연산은 +, -, *, / 를 이용하여 연산을 할 수 있다. 나머지는 % 를 이용하여 구할 수 있다.

프로그램 작성

```
a= 10
b= 3

print(a+b)
print (a-b)
print(a*b)
print(a/b)
print(a%b)
```

출력 화면

```
----------
13
7
30
3.3333333333333333
1
----------
```

04 문자열 자료형(변수)의 프로그램을 실행하라.

문자열 자료형은 큰따옴표(") 나 작은 따옴표(')에 둘러싸여 있다.

프로그램 작성

```
hello ='Hello'
world = "World"
day =20

print(hello)            #Hello 출력
print(hello+world)      #HelloWorld 출력
print(hello+' '+world)  #Hello World 출력
print(hello +str(20))   #Hello20
                        #-> 숫자형이 문자열과 같이 출력하려면 str(숫자)
```

출력 화면

```
----------
Hello
HelloWorld
Hello World
Hello20
----------
```

학습 4

05 숫자형, 문자형, 자료형의 예제 프로그램을 실행하라.

컬러센서의 센서 값은 다음과 같다. 두 값의 평균을 출력해 보자.

색 상	센서 값
흰색	62.2321
검은색	20.121

〈정답〉 숫자형, 문자열 자료형

프로그램 작성

```
white = 62.2321
black = 20.121
avg = (white+black)/2
print(avg)
```

학습활동.4 교수 · 학습 방법

교수 방법

- Python 기초 프로그래밍(1)_자료형에 대한 관련 용어, 구성, 방식 이해 정도를 파악한 후 수업을 진행한다.
- 교수자의 주도로 Python 기초 프로그래밍(1)_자료형 등의 내용을 PPT 자료로 제시한 후 설명한다.
- 가능하면 사전에 개인별 학습 자료를 준비하여 모든 학생이 참여할 수 있는 문제 해결식 수업, 협력 수업이 가능하도록 한다.
- Python 기초 프로그래밍(1)_자료형 전 과정을 작업의 순서에 따라 단계적으로 실습이 이루어질 수 있도록 지도한다.
- 이 책을 통해 수업을 준비하는데 있어서 필요한 모든 정보나 팁, 힌트 등 도움이 될 만한 내용들을 확인할 수 있다.
- 학생들이 만들게 될 각 모델들은 수업시간에 중점적으로 다뤄질 부분과 어휘, 질문, 답을 포함하고 있으며 또한 탐구할만한 추가적인 아이디어들도 포함하고 있다.

학습 방법

- Python 기초 프로그래밍(1)_자료형에 대한 관련 용어를 숙지하고, Python 기초 프로그래밍(1)에 대해 이해한다.
- Python 기초 프로그래밍(1)_자료형의 각 단계별 중점 사항을 체계적으로 학습한다.
- Python 기초 프로그래밍(1)_자료형의 수행순서의 전 과정을 실습한다.
- Python 기초 프로그래밍(1)_자료형의 내용을 이해한다.
- Python 기초 프로그래밍(1)_자료형을 이해하고 숙달이 될 때까지 학습한다.

학습활동.4 평가 및 피드백

평가 준거

- 평가자는 피평가자가 수행 준거 및 평가 내용에 제시되어 있는 내용을 성공적으로 수행할 수 있는 지를 평가해야 한다.

학습내용	평가항목	성취수준		
		상	중	하
Python 기초 프로그래밍(1)_ 자료형	Python 기초 프로그래밍(1)_자료형을 이해할 수 있다.			

평가 방법

- 작업 포트폴리오

학습내용	평가항목	성취수준		
		상	중	하
Python 기초 프로그래밍(1)_ 자료형	Python 기초 프로그래밍(1)_자료형을 이해할 수 있다.			

- 필기시험

학습내용	평가항목	성취수준		
		상	중	하
Python 기초 프로그래밍(1)_ 자료형	Python 기초 프로그래밍(1)_자료형을 이해할 수 있다.			

- 체크리스트를 통한 관찰

학습내용	평가항목	성취수준		
		상	중	하
Python 기초 프로그래밍(1)_ 자료형	Python 기초 프로그래밍(1)_자료형을 이해할 수 있다.			

- 피드백

1. 작업 포트폴리오
   - 제출한 보고서를 평가한 후 주요 사항에 대하여 표시하여 돌려준다.
2. 필기시험
   - 평가 결과 성적이 저조한 학생은 보고서 제출 기회를 부여한다.
3. 체크리스트를 통한 관찰
   - 실습 과정에서 평가한 후 개선해야 할 사항 등을 정리하여 돌려준다.

참 | 고 | 문 | 헌

1. 남상엽 외, 창의공학, 상학당, 2016.3.10.
2. 남상엽 외, 스마트로봇 EV3를 활용한 C언어 프로그래밍, 상학당, 2016.7.16.
3. 남상엽 외, 스마트로봇 EV3, 이지테크, 2014. 3.10
4. https://education.lego.com/ko-kr/support/mindstorms-ev3/python-for-ev3
5. https://www.balena.io/etcher/
6. https://code.visualstudio.com/
7. getting-started-with-MicroPython ver 1.0
8. https://www.atlabme.com/easy-program-python-ev3/
9. 헬로코딩_한입에 쏙 파이썬
10. 윤인성, 혼자 공부하는 파이썬, 한빛미디어
11. https://cafe.naver.com/handsontechnology
12. 마인크래프트로 배우는 파이썬 프로그래밍, 제이펍, 크레이크 리처드슨
13. 컴퓨팅 사고와 함께하는 파이썬 기초부터 인공지능 응용까지, 연두에디션
14. 스마트로봇 EV3, 이지테크
15. LEGO MINDSTORMS Education EV3
16. www.hansoncampus.co.kr, 핸즈온 캠퍼스
17. http://www.robowell.co.kr/, 로보웰 코리아
18. https://sites.google.com/site/ev3devpython/introduction,EV3Python(v2)
19. https://sites.google.com/site/ev3python/,EV3ptyhon(v1)
20. https://www.ev3dev.org/

학습 4

학습 1	스마트로봇 EV3의 개요 및 구성
학습 2	파이썬의 개요 및 설정
학습 3	파이썬 프로그램 작성과 실행
학습 4	파이썬 기초 프로그래밍(1)_자료형
학습 5	**파이썬 기초 프로그래밍(2)_조건문**
학습 6	파이썬 기초 프로그래밍(3)_반복문
학습 7	EV3 브릭 프로그래밍과 함수
학습 8	EV3 모터 주행 제어 프로그래밍과 모듈
학습 9	EV3 터치센서 제어 프로그래밍과 클래스
학습 10	EV3 초음파센서 제어 프로그래밍과 예외처리
학습 11	EV3 컬러센서와 자이로센서 프로그래밍
학습 12	EV3 응용 제어 프로그래밍

학습 목표

1. 파이썬 기초 프로그래밍(2)_조건문을 이해할 수 있다.

5-1 Python 연산자

1. Python의 연산자

1) 부 울

부울(Boolean)은 파이선의 기본적인 자료형으로 True(참)와 False(거짓)을 나타낸다. 항상 파이썬은 Ture와 False의 첫 글자를 대문자로 표시한다.

2) 비교연산자

비교연산자는 숫자 또는 문자열에 적용하여 대소를 비교하는 연산자이다. 이것은 반복문 또는 조건문에서 사용할 수 있는데 로봇에 연결된 센서의 입력값의 크기나 조건 등을 비교하여 사용할 수 있다. 파이썬에서는 6개의 연산자를 사용한다.

〈표 5-1〉 비교연산자

연산자	내 용	연산자	내 용
==	같다	〉	크다
!=	다르다	〈=	작거나 같다
〈	작다	〉=	크거나 같다

비교연산자 사례	실행결과
〉〉〉 print(20 == 200)	False # 20과 200은 같다.
〉〉〉 print(20 != 200)	True # 20과 200은 다르다.
〉〉〉 print(20 〈 200)	True # 20과 200보다 작다.
〉〉〉 print(20 〉 200)	False # 20과 200보다 크다.
〉〉〉 print(20 〈= 200)	True # 20과 200보다 작거나 크다.
〉〉〉 print(20 〉= 200)	False # 20과 200보다 크거나 같다.

학습 5

2) 논리연산자

파이선은 3개의 논리연산자(not, and, or 연산자)가 있다. 논리연산자에는 그 결과값이 참이면 1(True), 거짓이면 0(False) 값을 갖는다.

〈표 5-2〉 논리연산자

논리연산자	의 미	연산 결과 내용
not	아니다	불리언을 반대로 전환
and	그리고	피연산자가 2개가 모두 참일 때 True, 그 외 모두 False
or	또는	피연산자가 2개중 하나만 참이면 True, 2개 모두 거짓일 때만 False

5-2 Python의 조건문

1. if 조건문

파이썬에서 if 조건문은 조건에 따라 코드를 실행하거나 실행하지 않게 만들고 싶을 때 판단한 결과에 따라 코드의 실행 흐름을 변경하기 위하여 사용한다.

조건이 참인지 거짓인지에 따라서 코드블록의 실행여부를 결정한다.

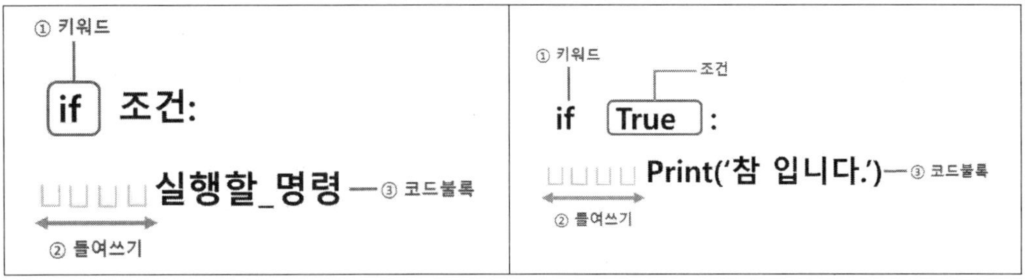

if 조건(참)일 경우_명령문 실행	if 조건(거짓)일 경우_명령문 실행 안함
〉〉〉 if True: Enter↵ print("true이다...!")Enter↵ print"정말 True이다...!)Enter↵	〉〉〉 if False Enter↵ print("False이다...!")Enter↵ Enter↵
true이다...! 정말 True이다...!	〉〉〉

Tip 인터렉티브 셀

인터렉티브 셀에서 if 조건문을 입력하고 Enter↵키를 누르면 다음 줄의 프롬프트 위치에 ...이 나타나는데 이는 코드 입력이 끝나지 않았다는 것을 알려주는 표시이다. 이 위치부터 4칸 들여쓰기 실행할 명령을 입력하면 된다.

2. if else 조건문

if else문에서 if문과 달리 조건없이 사용한다.

else 문은 if 조건문 뒤에 사용하며 if 조건문의 조건이 거짓일 때 실행된다. 오르지 2가지의 조건으로 구분되면 if else 조건문을 사용한다.

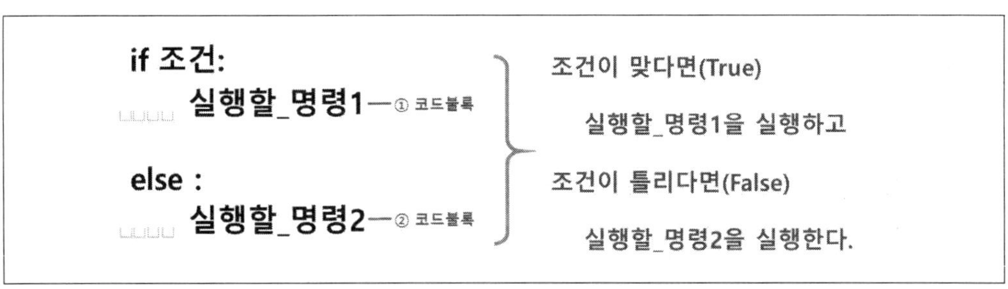

If ~else 조건문 사례	실행 결과

# 입력을 받는다. 	
number = input("정수 입력〉 ")
number = int(number)
#조건문을 사용
if number % 2 == 0:
  #조건이 참(True)이면 즉 짝수 조건
    print("짝수이다")
else
  #조건이 거짓일 때, 즉 홀수 조건
    print("홀수이다")
	정수 입력〉 13 Enter↵
	홀수이다

3. if elif 조건문

조건문에서 2가지만으로 구분이 될 수 없는 3가지 이상의 조건을 연결해서 사용하는 방법이 elif 구문이다.

if 옆의 조건1이 False일 때 동작을 처리한다.

조건1이 True이면 if 바로 아래의 첫 코드블록을 실행한다.

조건2이 False이면 두번째 코드블록을 실행한다.

조건2이 False이면 세번째 코드블록을 실행한다.

모든 조건이 거짓이면 else 다음의 실행할 코드블록이 실행한다.

elif는 3개 이상의 조건을 연결해서 사용하는 방법에 필요하다.

if elif else문에서 if문과 달리 조건없이 사용한다.

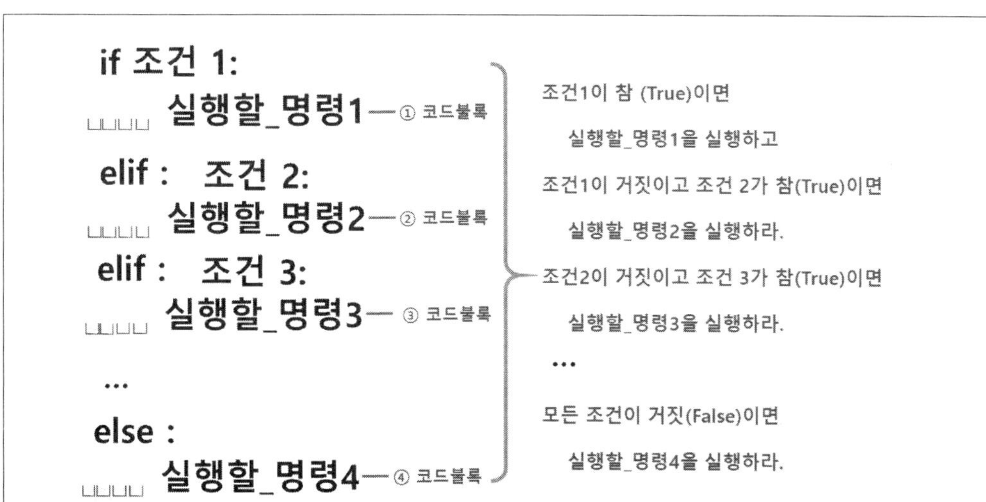

① if의 조건1이 True면 바로 아래의 첫 코드블록을 실행한다.
두번째와 세번째의 elif와 마지막 else의 코드블록은 실행하지 않는다.

② if의 조건2, 3이 False면 elif의 조건으로 넘어간다.

㉠ 이 때 elif의 조건이 참(True)이면 바로 아래의 두번째~ 세번째 코드블록 실행한다

㉡ False면 세번째 코드블록으로 넘어간다.

③ elif의 조건이 모두 거짓이면 마지막 else의 코드블록은 실행한다.
elif와 else는 반드시 if와 함께 사용해야 한다.

4. False로 변환되는 값

if 조건문의 매개변수에 블리언이 아닌 다른 값이 오면 자동으로 이들을 블리언으로 처리한다. 그래서 어떤 값이 True로 변환되고 어떤 값이 False로 변환되는지 알고 있어야 코드를 이해할 수 있다.

if 조건문의 조건식에서 False로 변환되는 값은 None, 0, 0.0과 빈컨테이나(빈문자열, 빈 바이트열, 빈 리스트, 빈 튜플, 빈 딕셔너리 등)이다. 이외에는 모두 True로 변환된다.

<table>
<tr><th>False로 변환되는 값</th><th>실행결과</th></tr>
<tr><td><pre>print("#if 조건문에 0 넣기")
if 0:
    print("0은 True로 변환된다")
else:
    Print("0은 False로 변환된다")
print()

print("# if 조건문에 빈 문자열 넣기")
if "":
    print("빈 문자열은 True로 변환")
else:
    print("빈 문자열은 False로 변환")</pre></td><td><pre># if 조건문에 0 넣기
0은 False로 변환된다

if 조건문에 빈 문자열 넣기
빈 문자열은 False로 변환된다</pre></td></tr>
</table>

5. pass 키워드

pass 키워드는 프로그래밍의 전체 골격(조건문, 반복문, 함수, 클래스 등)을 잡아놓고 내부에 처리할 내용은 나중에 만들고자 할 때 pass라는 키워드를 입력해 둔다.

pass 키워드를 입력해 놓아도 잊어버리는 경우가 종종 생기므로 raise 키워드와 미구현 상태를 표시하는 reise NotImplementedError 사용하여 아직 구현되지 않은 부분을 강제로 오류가 발생시킬 수 있는 구문을 사용한다.

pass 키워드 사용 사례	실행결과

# 입력을 받는다 	
number = input(" 정수 입력〉 "
number = int(number)
# 조건문 사용 	
 if number 〉 0
    # 양수일 때: 아직 미구현 상태
else:
    # 음수일 때: 아직 미구현 상태
	# 아직 정상적으로 실행이 안되고 if 조건문 사이에 4칸을 넣어야만 구문이 성립되지 않아서 IndentationError가 발생한다.

# 입력을 받는다 	
number = input(" 정수 입력〉 "
number = int(number)
# 조건문 사용 	
 if number 〉 0
    # 양수일 때: 아직 미구현 상태
    pass
else:
    # 음수일 때: 아직 미구현 상태
    pass
	보통 개발자들이
	if문 다음에 0을 넣어서 일단 정상적으로 사용하지만
	파이썬에서는 pass 키워드를 제공한다.
	그러므로 pass를 사용하면 정상적으로 실해은 된다.

# 입력을 받는다 	
number = input(" 정수 입력〉 "
number = int(number)
# 조건문 사용 	
 if number 〉 0
    # 양수일 때: 아직 미구현 상태
    reise NotImplementedError
else:
    # 음수일 때: 아직 미구현 상태
    reise NotImplementedError
	정수 입력〉 10 [Enter↵]
	
	NotImplementatedError
	발생한다.

학습 5

수행 내용

재료 · 자료

- Python, EV3 레고 마인드스톰 관련 자료

기기(장비 · 공구)

- 컴퓨터, USB 케이블, 충전 어댑터, 프린터, 주변기기

안전 · 유의사항

- EV3 로봇 플랫폼의 외형을 관리하고 P브릭에 전원을 충분히 충전한다.

수행 순서

01 비교연산자의 프로그램을 실행하라.

비교연산자는 작다, 크다, 같다, 다르다, 같거나 작다, 같거나 크다로 구성되어 있다.
x가 20이고, y가 30일 경우
x가 y보다 크면 이 값은 거짓이므로 False이다.
x가 y보다 작으면 이 값은 참이므로 True이다.
나머지 비교연산자들도 화면에 출력하는 코드를 작성하여 수행해 보자.

프로그램 작성

```
x = 20
y = 30

print(x > y)          #x 가 y 보다 크다.
print (x < y)         #x 가 y 보다 작다.
print (x == y)        #x 와 y 는 같다.
print (x != y)        #x 와 y 는 다르다.
print (x >= y)        #x 는 y 보다 크거나 같다.
print (x <= y)        #x 는 y 보다 작거나 같다.
```

실행결과(출력 화면)

False
True
False
True
False
True

학습 5

02 비교연산자의 사자와 코끼리 비교 프로그램을 실행하라.

논리연산자 프로그램 작성	실행결과(출력화면)
〉〉〉 print(“사자” == “코끼리”)	True
〉〉〉 print(“사자” != “코끼리”)	True
〉〉〉 print(“사자” 〈 “코끼리”)	True
〉〉〉 print(“사자” 〉 “코끼리”)	False
〉〉〉 print(“사자” 〈= “코끼리”)	False
〉〉〉 print(“사자” 〉= “코끼리”)	False

03 비교연산자의 범위를 구하는 프로그램을 실행하라.

범위를 구하는 프로그램 작성	실행결과(출력화면)
〉〉〉 x = 25 〉〉〉 print(20 〈 x 〈 90) 〉〉〉 print(30 〈 x 〈 40)	 True False

04 논리연산자의 not 연산자 프로그램을 실행하라.

범위를 구하는 프로그램 작성	실행결과(출력화면)
〉〉〉 x = 25 〉〉〉 under_30 = x 〈 30 〉〉〉 print("under_30:", under_30) 〉〉〉 print("not under_30:", not under_30))	under_30: True not under_30: False

05 논리연산자의 and or 연산자 프로그램을 실행하라.

범위를 구하는 프로그램 작성	실행결과(출력화면)
〉〉〉 print(True and True)	True
〉〉〉 print(True and False)	False
〉〉〉 print(False and True)	False
〉〉〉 print(False and False)	False
〉〉〉 print(True or True)	True
〉〉〉 print(True or False)	True
〉〉〉 print(False or True)	True
〉〉〉 print(False or False)	False

06 논리연산자의 프로그램을 실행하라.

논리연산자 and, or, not를 설명하겠다.

한 친구가 피자는 좋아하고 토마토는 좋아하지 않는다.

and는 피자와 토마토를 동시에 좋아하는 경우에 참이다. 이 친구는 토마토를 좋아하지 않아서 거짓인 False이다.

or은 피자나 토마토 둘 중 하나만 좋아하는 경우에 참이다. 이 친구는 피자를 좋아하여 참인 True이다.

not은 반대 값을 반환한다. 참인 경우 거짓을, 거짓인 경우 참이다.

프로그램 작성

```
like_pizza = True
like_tomato = False

print(like_pizza and like_tomato)    #피자와 토마토 둘 다 좋아하면 -> 참
print(like_pizza or like_tomato)     #피자, 토마토 둘 중 하나만 좋아해도 -> 참
print(not like_tomato)               #토마토를 좋아하지 않으면 -> 참
```

실행결과(출력 화면)

```
----------
False
True
True
----------
```

학습 5

07 태어난 연도를 입력받아 띠를 출력하는 프로그램을 실행하라.

프로그램 작성	실행결과(출력화면)

str_input = input("태어난 해를 입력하라〉")
birth_year = int(str_input) % 12
 	
if birth_year == 0:
    print("원숭이 띠.")
elif birth_year == 1:
   print("닭 띠"0
elif birth_year == 2:
   print("개 띠")
elif birth_year == 3:
   print("돼지 띠")
	태어난 해를 입력하라〉
	1958 Enter↵
	개 띠

프로그램 작성	실행결과(출력화면)

elif birth_year == 4:
    print("쥐 띠")
elif birth_year == 5:
    print("소 띠")
elif birth_year == 6:
    print("호랑이 띠")
elif birth_year == 7:
    print("토끼 띠")
elif birth_year == 8:
    print("용 띠")
elif birth_year == 9:
    print("뱀 띠")
elif birth_year == 10:
    print("말 띠")
elif birth_year == 11:
    print("양 띠")	

08 주변에서 자주 보는 조건문의 자판기 프로그램을 실행하라.

음료수 가격 : 200
투입 금액 :

[조건문]

1. 만약 투입 금액이 음료수 가격보다 작으면
   → "금액이 부족합니다." 출력한다.
2. 만약 투입 금액이 음료수 가격보다 같으면
   → "음료수가 나옵니다." 출력한다.
3. 만약 투입 금액이 음료수 가격보다 크다면
   → "음료수가 나옵니다. 잔돈을 가져가세요." 출력한다.

〈힌트〉

음료수 가격을 price라고 정의하고 200을 대입한다.

투입 금액을 money라고 정의하고 300을 대입한다.

만약 money가 price보다 작다면, 금액이 부족합니다를 출력한다.

그렇지 않고 money가 price보다 같다면, 음료수가 나옵니다 를 출력한다.

위 두 가지 경우가 아니라면, 즉 money가 price보다 많다면 음료수가 나옵니다.

잔돈을 가져가세요 를 출력한다.

프로그램 작성

```
price = 200
money  =300

if money < price:
    print('금액이 부족합니다.')
elif money == price :
    print('음료수가 나옵니다.')
else :
    print('음료수가 나옵니다. 잔돈을 가져가세요.')
```

〈추가 도전〉

100, 200으로 변경해서 실행해 보자.

학습활동.5 교수 · 학습 방법

교수 방법

- Python 기초 프로그래밍(2)_조건문에 대한 관련 용어, 구성, 방식 이해 정도를 파악한 후 수업을 진행한다.
- 교수자의 주도로 Python 기초 프로그래밍(2)_조건문 등의 내용을 PPT 자료로 제시한 후 설명한다.
- 가능하면 사전에 개인별 학습 자료를 준비하여 모든 학생이 참여할 수 있는 문제 해결식 수업, 협력 수업이 가능하도록 한다.
- Python 기초 프로그래밍(2)_조건문 전 과정을 작업의 순서에 따라 단계적으로 실습이 이루어질 수 있도록 지도한다.
- 이 책을 통해 수업을 준비하는데 있어서 필요한 모든 정보나 팁, 힌트 등 도움이 될 만한 내용들을 확인할 수 있다.
- 학생들이 만들게 될 각 모델들은 수업시간에 중점적으로 다뤄질 부분과 어휘, 질문, 답을 포함하고 있으며 또한 탐구할만한 추가적인 아이디어들도 포함하고 있다.

학습 방법

- Python 기초 프로그래밍(2)_조건문에 대한 관련 용어를 숙지하고, Python 기초 프로그래밍(2)_조건문에 대해 이해한다.
- Python 기초 프로그래밍(2)_조건문의 각 단계별 중점 사항을 체계적으로 학습한다.
- Python 기초 프로그래밍(2)_조건문의 수행순서의 전 과정을 실습한다.
- Python 기초 프로그래밍(2)_조건문의 내용을 이해한다.
- Python 기초 프로그래밍(2)_조건문을 이해하고 숙달이 될 때까지 학습한다.

학습활동.5 평가 및 피드백

평가 준거

- 평가자는 피평가자가 수행 준거 및 평가 내용에 제시되어 있는 내용을 성공적으로 수행할 수 있는 지를 평가해야 한다.

학습내용	평가항목	성취수준		
		상	중	하
Python 기초 프로그래밍(2)_조건문	Python 기초 프로그래밍(2)_조건문를 이해할 수 있다.			

평가 방법

• 작업 포트폴리오

학습내용	평가항목	성취수준		
		상	중	하
Python 기초 프로그래밍(2)_조건문	Python 기초 프로그래밍(2)_조건문를 이해할 수 있다.			

• 필기시험

학습내용	평가항목	성취수준		
		상	중	하
Python 기초 프로그래밍(2)_조건문	Python 기초 프로그래밍(2)_조건문를 이해할 수 있다.			

• 체크리스트를 통한 관찰

학습내용	평가항목	성취수준		
		상	중	하
Python 기초 프로그래밍(2)_조건문	Python 기초 프로그래밍(2)_조건문를 이해할 수 있다.			

• 피드백

1. 작업 포트폴리오
   - 제출한 보고서를 평가한 후 주요 사항에 대하여 표시하여 돌려준다.
2. 필기시험
   - 평가 결과 성적이 저조한 학생은 보고서 제출 기회를 부여한다.
3. 체크리스트를 통한 관찰
   - 실습 과정에서 평가한 후 개선해야 할 사항 등을 정리하여 돌려준다.

참 | 고 | 문 | 헌

1. 남상엽 외, 창의공학, 상학당, 2016.3.10.
2. 남상엽 외, 스마트로봇 EV3를 활용한 C언어 프로그래밍, 상학당, 2016.7.16.
3. 남상엽 외, 스마트로봇 EV3, 이지테크, 2014.3.10
4. https://education.lego.com/ko-kr/support/mindstorms-ev3/python-for-ev3
5. https://www.balena.io/etcher/
6. https://code.visualstudio.com/
7. getting-started-with-MicroPython ver 1.0
8. https://www.atlabme.com/easy-program-python-ev3/
9. 헬로코딩_한입에 쏙 파이썬
10. 윤인성, 혼자 공부하는 파이썬, 한빛미디어
11. https://cafe.naver.com/handsontechnology
12. 마인크래프트로 배우는 파이썬 프로그래밍, 제이펍, 크레이크 리처드슨
13. 컴퓨팅 사고와 함께하는 파이썬 기초부터 인공지능 응용까지, 연두에디션
14. 스마트로봇 EV3, 이지테크
15. LEGO MINDSTORMS Education EV3
16. www.hansoncampus.co.kr, 핸즈온 캠퍼스
17. http://www.robowell.co.kr/, 로보웰 코리아
18. https://sites.google.com/site/ev3devpython/introduction,EV3Python(v2)
19. https://sites.google.com/site/ev3python/,EV3ptyhon(v1)
20. https://www.ev3dev.org/

학습 목표

1. 파이썬 기초 프로그래밍(3)_반복문과 함수를 이해할 수 있다.

6-1 리스트와 딕셔너리

파이썬에서는 여러 개의 값을 나타낼 수 있는 자료형은 여러 가지 자료를 저장할 수 있는 리스트(List)와 키를 기반으로 여러 가지 자료를 저장하는 딕셔너리(Dictionary) 등이다.

1. 리스트

1) 리스트 선언과 요소

리스트는 대괄호[]의 내부에 있는 각각의 내용을 의미하는 요소(Elelment)를 쉼표로 구분해서 입력한다.

리스트 선언의 요소 예
list_a = [234. 34. 236, "문자열", True, False]

파이썬은 0부터 센다. 각 요소가 들어 있는 위치는 다음과 같다.

리스트 기호인 대괄호[] 안에 들어간 숫자를 인덱스(index)라고 한다.

① 대괄호 안에 음수를 넣어 뒤에서 요소를 선택할 수 있다.

리스트 요소의 위치인 인덱스 예제

list_a	232	34	236	문자열	True	False
요소선택	[0]	[1]	[2]	[3]	[4]	[5]
음수요소	[-6]	[-5]	[-4]	[-3]	[-2]	[-1]

② 리스트 접근 연산자를 이중으로 사용할 수 있다.

리스트 접근 연산자를 이중으로 사용 예제

```
>>> list_a = [234. 34. 236, "문자열", True, False]
>>> list_a[3]
'문자열'
>>> list_a[3][0]
'문'
```

③ 리스트 안에 리스트를 사용할 수 있다.

리스트 안에 리스트를 사용 예제

```
>>> list_b = [[1.2.3],[4.5.6],[7,8,9]]
>>> list_b[1]
[4,5,6]
>>> list_b[1][1]
5
```

2) 리스트의 IndexError 예외

리스트의 길이를 넘는 인덱스로 요소가 존재하지 않는 위치에서 요소를 커내려고 하면 발생하는 에러이다.

리스트의 IndexError 예제	실행결과
>>> list_k = [333, 44, 405] >>> list_k[3]	IndexError: list index out of range

3) 리스트 연산자 : 연결(+), 반복(*), len()

문자열 연산자(+)를 사용해서 리스트를 연결하고 문자열 반복 연산자(*)를 사용하여 반복하고 len()함수를 사용하여 괄호() 안에 리스트 변수를 넣으면 요소의 개수를 세어 준다.

리스트 연산자 : 연결(+), 반복(*), len()	실행결과

# 리스트를 선언한다. 	
list_n = [2, 3, 4]
list_m = [5, 6, 7]
# 출력한다. 	
print("#리스트")
print("list_n =", list_n)
print("list_m =", list_m)
print()
# 기본 연산자 연결(+) 반복(*) 	
print("#리스트 기본 연산자")
print("list_n + list_m =", list_n + list_m)
print("list_n * 3 =', list_n * 3)
print()
# len()함수 	
print("#길이 구하기")
print("len(list_n) =", len(list_n))
	# 리스트
	list_n = [2, 3, 4]
	list_m = [5, 6, 7]
	#리스트 기본 연산자
	list_n + list_m = [2, 3, 4, 5, 6, 7]
	list_n * 3 = [2, 3, 4, 2, 3, 4, 2, 3, 4]
	#길이 구하기
	len(list_n) = 3

4) 리스트에 요소 추가 : append(), insert(), extend()

리스트에 요소를 추가하는 2가지 방법은 append()함수를 리스트 뒤에 요소를 추가(예 리스트명.append(요소))하거나 insert()함수를 리스트 중간에 요소를 추가(예 리스트명.insert(위치, 요소))하는 방법이다.

append()함수와 insert()함수는 리스트에 요소 하나를 추가하는데 extend()함수를 사용하면 여러 개 요소를 추가(예 리스트명.extend(요소))하는 방법이다.

리스트 연결 연산자(+)와 extend()함수는 비슷하게 동작한다. 리스트를 연결하는 것은 같다. 단지 큰 차이점은 원본 리스트 파일에 직접적인 영향을 준다. 이러한 함수나 연산을 파괴적이다. 리스트는 용량이 클 수 있으므로 원복과 결과라는 2가지로 생성하는 것은 위험할 수 있다. 그래서 파이썬은 원본을 직접 조작하는 기능을 제공하여 이러한 위험을 피하는 것이다.

학습 6

리스트에 요소 추가	실행결과

list_p = [5. 6. 7]
# 리스트 뒤에 요소 추가 	
print("# 리스트 뒤에 요소 추가")
list_p.append(8)
list_p.append(9)
print(list_p)
print()
#리스트 중간에 요소추가
print("# 리스트 중간에 요소추가")
list_p.insert(0, 10)
print(list_p)
	# 리스트 뒤에 요소 추가
	[5. 6. 7, 8, 9]
	
	# 리스트 중간에 요소추가
	[10, 5. 6. 7, 8, 9]

list_p = [5. 6. 7]
#리스트 뒤에 다수 요소추가
print("# 리스트 뒤에 다수 요소추가")
list_p.extend([8, 9, 10]
	# 리스트 뒤에 다수 요소추가
	[5. 6. 7, 8, 9, 10]

리스트 연결 연산자 예	expend()함수 원본 변화 사용예

>>> list_n = [2, 3, 4]
>>> list_m = [5, 6, 7]
>>> list_n + list_m
[2, 3, 4, 5, 6, 7]
>>> list_n
[2, 3, 4]
>>> list_m
[5, 6, 7]
	>>> list_n = [2, 3, 4]
	>>> list_m = [5, 6, 7]
	>>> list_n.extend(list_m)
	>>> list_n
	[2, 3, 4, 5, 6, 7]
	>>> list_m
	[5, 6, 7]

5) 리스트의 요소 제거 : del, pop(), remove(), clear()

파이썬에서 리스트의 요소를 제거하는 2가지 방법은 인덱스로 제거(del키나 pop()함수)하거나 값으로 제거(일부 제거하는 remove()함수나 모두 제거하는 clear())하는 방법이 있다.

del 키워드는 리스트의 특정 인덱스에 있는 요소를 제거(예 del 리스트명[인덱스])하고 pop()함수는 제거할 위치에 있는 요소를 제거(예 리스트명.pop(인덱스))한다.

del 키워드는 범위를 지정(예 [3:6], [:3], [3:])해 리스트의 요소를 모두 및 일부를 제거할 수 있다.

pop()함수는 매개변수가 입력되지 않으면 자동으로 -1이 들어가서 마지막 요소가 제거된다.

remove()함수는 리스트 내부의 값을 지정하여 제거(예 리스트.remove(값)) 하고 clear()함수는 리스트 내부의 요소를 모두 제거(예 리스트.clear())할 때 사용한다.

리스트의 요소 제거 : del, pop() 예제	실행결과
list_x = [3, 4, 5, 6, 7, 8] print("#리스트의 요소 하나 제거") #제거 방법[1] - del del list_x[1] print("del list_x[1]:", list_x) #제거 방법[2] - pop() del list_pop(2) print("pop(2):", list_x)	#리스트의 요소 하나 제거 del list_x[1]: [3, 5, 6, 7, 8] pop(2): [3, 5, 7, 8]

del 키워드는 범위를 지정 예제	실행결과

>>> list_t = [2, 3, 4, 5, 6, 7, 8, 9]
>>> del list_t[3:6]
>>> list_t
	[2, 4, 7, 8, 9]
	#[3:6]지정하면 마지막 요소를 포함하지 않으므로 [4,5,6]만 제거한다.

>>> list_y = [2, 3, 4, 5, 6, 7, 8, 9]
>>> del list_y[:3]
>>> list_y
	[5, 6, 7, 8, 9]
	#[:3]을 지정하면 3을 기준(3번째 불포함)으로 왼쪽 모두 제거한다.

>>> list_z = [2, 3, 4, 5, 6, 7, 8, 9]
>>> del list_z[3:6]
>>> list_z
	[2, 3, 4]
	[3:]를 지정하면 3을 기준(3번째 포함)으로 오른쪽 모두 제거한다.

리스트의 요소 제거 : remove(), clear() 예제	실행결과
list_a = [9, 8. 7, 7, 6. 5, 4] list_a.remove(7) list_a	[9, 8, 7, 6, 5, 4] # 리스트 내부에 7이 2개 있는데 먼저 발견한 1개만 제거한다.
list_b = [10, 9, 8. 7, 7, 6. 5, 4] list_b.clear() list_b	[] # 모두 제거되었다.

학습 6

6) 리스트 내부에 있는지 확인 : in/not in 연산자

파이썬은 특정 값이 리스트 내부에 있는지 없는지 확인하는 2가지 방법은 in 연산자(예 값 in 리스트)는 리스트 내부에 값이 있으면 True, 없으면 False를 출력하고 not in 연산자(예 값 not in 리스트)는 리스트 내부에 값이 있으면 False, 없으면 True를 출력한다.

리스트 내부에 있는지 확인 예제	실행결과
list_c = [99, 88. 75, 272, 346. 565, 674] 88 in list_c 76 in list)c	True False
list_d = [219, 28. 37, 47, 66. 75, 84] 219 not in list_d 77 not in list_d	False True

2. 딕셔너리

1) 딕셔너리의 선언

키(key : 문자열, 숫자, 불리언 등으로) 인덱스를 기반으로 값을 저장하는 딕셔너리(Dictionary)는 중괄호{}로 선언하고 '키 : 값' 형태로 쉼표(,)로 연결해서 만든다.

```
변수 = {
    키: 값,
    키: 값,
      ...
    키: 값,
}
```

코드	설명

>>> dic_a = {
"name": "카카오 게임",
"type": "블록쌓기"
}
	# 인테랙티브 셀에서 딕셔너리를 만들 때는 닫는 괄호를 들여쓰기 뒤에 붙인다. 파일에서는 하지 않아도 된다.

2) 딕셔너리의 요소 접근

딕셔너리의 요소에 접근할 때는 리스트처럼 딕셔너리 뒤에 대괄호[ ]를 입력하고 내부에 인텍스처럼 키를 입력한다.

구분비교	요소선언 형식비교	사용 예제	틀린 예제
리스트	list_a = [ ]	list_a[1]	
딕셔너리	dict_a ={}	dict_a["name"]	dict_a{"name"}

> **Tip**
>
> 딕셔너리를 선언할 때는 중괄호{ }를 사용하고 딕셔너리의 요소로 접근할 때는 딕셔너리 뒤에 대괄호[ ]를 입력하고 내부에 인덱스처럼 키를 입력한다.

딕셔너리의 요소 접근 예제	실행결과

# 딕셔너리를 선언한다. 	
dictionary = {
    "name": "120 당도 제주귤",
    "type": "하우스귤",
    "ingredient": ["제주귤", "꿀", "신선도", "황금색"],
    "origin": "대한민국"
}
# 출력한다. 	
print("name:", dictionary["name"])
print("type:", dictionary["type"])
print("ingredient:":, dictionary["ingredient"])
print("origin:", dictionary["origin"])
print()
#값을 변경한다.
dictionary["name"] = "130 룩스 제주귤"
print["name:", dictionary["name"])
	name: 120 당도 제주귤
	type: 하우스귤
	ingredient: ['제주귤', '꿀', '신선도', '황금색']
	origin: 대한민국
	
	name: 130 룩스 제주귤

>>> dictionary["ingredient"]
["제주귤", "꿀", "신선도", "황금색"]
>>> dictionary["ingredient"][1]
'꿀'
	# ingredient는 딕셔너리의 키이기도 하지만 여러 개의 자료를 가지는 리스트이므로 인텍스를 지정하여 리스트 안의 특정 값을 출력할 수 있다.

3) 딕셔너리의 NameError

name이라는 이름이 정의되지 않는다는 오류이다.

파이썬은 딕셔너리의 키에 단순한 식별자를 입력하면 이것을 변수로 인식한다.

딕셔너리의 NameError 예제	딕셔너리의 NameError 예제 수정

>>> dictionary_key = {
name: "120 당도 제주귤",
type: "하우스귤"
}
 	
NameError: name 'name' is not defined
	>>> name = "이름"
	>>> dictionary_key = {
	name: "120당도 제주귤",
	type: "하우스귤"
	}
	>>> dictionary_key
	{'이름':'120당도 제주귤', <class 'type'>: '하우스귤'}

오류해결을 위해 name이라는 이름을 변수로 만들어 주면 된다. type은 type() 함수라는 기본 식별자이므로 이것이 키로 들어가면 오류가 발생하지 않는다.

4) 딕셔너리에 값을 추가 및 제거

딕셔너리에 값을 추가할 때는 키를 기반으로 값을 입력(예 딕셔너리[새로운 키] = 새로운 값)하면 된다.

이미 존재하고 키를 지정하고 값을 새로 넣으면 기존의 값이 새로운 값으로 변경된다.

딕셔너리에 요소 추가 예제	실행결과

# 딕셔너리를 선언한다. 	
dictionary = {}
 	
#요소 추가 전에 내용을 출력해 본다.
print("요소 추가 이전:", dictionary)
 	
#딕셔너리에 요소를 추가한다.
dictionary["name"] = "새로운 이름"
dictionary["color"] = "새로운 색상"
dictionary["texture"] = "새로운 식감"
 	
#출력한다.
print("요소 추가 이후:", dictionary)
	요소 추가 이전: {}
	요소 추가 이후: {name: '새로운 이름', color: '새로운 색상', texture: '새로운 식감'}

딕셔너리 요소를 제거는 리스트 때처럼 del 키워드를 사용하여 특정 키를 지정하면 해당요소가 제거된다.

딕셔너리에 요소제거	실행결과

# 딕셔너리를 선언한다. 	
dictionary = {
    "name": "120 당도 제주귤",
    "type": "하우스귤"
}
#요소 제거 전에 내용을 출력해 본다.
print("요소 추가 이전:", dictionary)
 	
#딕셔너리에 요소를 제거한다.
del dictionary["name"]
del dictionary["type"]
 	
#출력한다.
print("요소 추가 이후:", dictionary)
	요소 추가 이전: {'name': '120 당도 제주귤', 'type': '하우스귤' }
	요소 추가 이후: {}

5) 딕셔너리의 KeyError

리스트의 길이가 넘는 인덱스에 접근하면 IndexError가 발생하고 딕셔너리에 존재하지 않는 키가 접근하면 KeyError가 발생한다.

즉 리스트는 인덱스를 기반으로 값을 저장하므로 IndexError, 딕셔너리는 키를 기반으로 값을 저장하므로 KeyError가 발생한다.

딕셔너리의 KeyError	실행결과
>>> dictionary = {} >>> dictionary["key]	keyError: 'key'

6) 딕셔너리 내부에 키의 존재 확인 : in키워드, get()함수

딕셔너리 내부에 키가 있는지 없는지 확인할 때에는 in 키워드를 사용하여 존재 여부를 확인한다.

학습 6

키의 존재 확인하고 값에 접근 예제	실행결과

# 딕셔너리를 선언한다. 	
dictionary = {
    "name": "120 당도 제주귤",
    "type": "하우스귤",
    "ingredient": ["제주귤", "꿀", "신선도", "황금색"],
    "origin": "대한민국"
}
# 사용자로부터 입력을 받는다. 	
key = input(">접근하고자 하는 키:")
#출력한다.
if key in dictionary:
    print(dictionary[key])
else:
    print("존재하지 않는 키에 접근하고 있다.")
	>접근하고자 하는 키: name Enter↵
	120 당도 제주귤
	
	>접근하고자 하는 키: ㅇㅂㅇ Enter↵
	존재하지 않는 키에 접근하고 있다.

존재하지 않는 키에 접근하는 상황에 대처하는 방법은 get()함수를 사용하는 방법이다. get()함수는 딕셔너리의 키로 값을 추출하는 기능으로 딕셔너리[키]를 입력할 때와 같은 기능을 수행하지만 존재하지 않는 키에 접근할 경우 KeyError를 발생시키지 않고 None을 출력한다.

키의 존재 확인하고 값에 접근 예제	실행결과

# 딕셔너리를 선언한다. 	
dictionary = {
    "name": "120 당도 제주귤",
    "type": "하우스귤",
    "ingredient": ["제주귤", "꿀", "신선도", "황금색"],
    "origin": "대한민국"
}
# 존재하지않는 키에 접근해 본다. 	
value = dictionary.get("존재하지 않는 키")
print("값:",value)
 	
#None확인 방법
if value == None:
    print("존재하지 않는 키에 접근했다.")
	값: None
	존재하지 않는 키에 접근했다.

6-2 for 반복문

1. for 반복문의 구조

for 문의 조건식을 이용해 원하는 프로그램을 수행할 수 있으며, 반복 실행할 회수가 정해져 있을 경우 주로 사용되는 반복문이다. 리스트의 각 값을 순서대로 가져와서 반복 작업 처리한다. 코드블록(Code Block)은 실행할 명령이고 리스트의 마지막 값을 가져올 때까지 코드블록을 반복한다.

들여쓰기는 코드블록을 구분하기 위하여 사용한다. 띄어쓰기는 4칸으로 쓰거나 혹은 탭(Tab)만큼 띄어 쓴다. 하나의 프로그램 안에서 한 가지 방법으로 띄어쓰기를 통일해야 한다.


```
for 반복자 in 반복할 수 있는 것
 >>>>수행할 코드
```

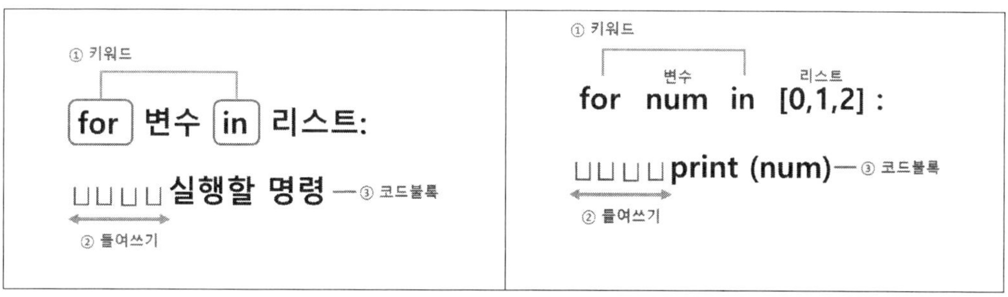

문장 형식에서 in 이후 리스트 대신 이를 저장한 변수가 올 수도 있다.

프로그램 작성 예	실행화면
characters = ['홍길동', '김갑돌', '이갑분'] for character in characters: print(character)	홍길동 김갑돌 이갑분

문자열 반복하기에 문자열을 for문과 함께 사용할 수 있다.

for 변수 in 문자열 : ␣␣␣␣ 실행할 명령

프로그램 작성 예	실행화면
for letter in '대한민국': print(letter)	대 한 민 국

프로그램 작성 예1	실행화면
nums = [0, 1, 2] for num in nums print(num) print(nums)	0 1 2 [0, 1, 2]
프로그램 작성 예2	**실행화면**

nums = [0, 1, 2]
for num in nums
    print(num)
    print(nums)
	0
	[0, 1, 2]
	1
	[0, 1, 2]
	2
	[0, 1, 2]

① 예1은 2번과 3번 라인 모두 실행한 후 4번 라인을 실행한다.

② 한 가지 방법으로 띄어쓰기를 통일해야 한다.

2. for 반복문 : 범위와 함께 사용

for 반복문과 범위를 조합하여 사용하면 다음과 같다.

범위(range)의 자료형은 범위(시작. 끝, 증가폭)으로 구성된다.

```
for 숫자변수 in 범위
〉〉〉〉실행할 명령코드
```

범위의 매개변수에 숫자를 한 개, 두 개, 세 개 넣는 방법은 다음 예제에서 확인할 수 있다.

for 반복문과 범위 매개변수 1개 예제	실행결과
for i in range(5): print(str(i) + "대한민국") # 매개변수 5는 5개를 의미한다.	0 = 대한민국 1 = 대한민국 2 = 대한민국 3 = 대한민국 4 = 대한민국

for 반복문과 범위 매개변수 2개 예제	실행결과
for i in range(5, 10): print(str(i) + "우리나라") # 매개변수(5, 10)은 5부터 시작해서(10-1)인 9까지를 의미한다.	5 = 우리나라 6 = 우리나라 7 = 우리나라 8 = 우리나라 9 = 우리나라

for 반복문과 범위 매개변수 3개 예제	실행결과
for I in range(0, 10, 3): print(str(i) + "서울특별시") # 매개변수(0, 10, 3)은 0에서 시작해서 (10-1)인 9까지 3씩 증가한다는 의미이다.	0 = 서울특별시 3 = 서울특별시 6 = 서울특별시 9 = 서울특별시

3. for 반복문의 리스트와 범위를 조합하여 사용

리스트와 범위를 조합하여 사용 예제	실행결과

# 리스트를 선언한다. 	
array = [234, 345, 45, 56, 678]
 	
# 리스트에 반복문을 적용한다. 	
for I in range(len(array)):
#출력한다.
    print("{}번째 반복: {}".format(i, array[i]))
	0번째 반복: 234
	1번째 반복: 345
	2번째 반복: 45
	3번째 반복: 56
	4번째 반복: 678

학습 6

4. for 반복문을 반대로 반복(역반복문)

역반복문은 큰숫자에서 작은 숫자로 반복하는 경우로써 range()함수의 매개변수를 3개 사용하는 방법과 reversed()함수를 사용하는 2개의 방법이 있다. reversed()함수를 적용하면 [0, 1, 2, 3, 4]의 형태의 범위가 [4, 3, 2, 1, 0]으로 뒤집어 진다.

반대로 반복 예제1	실행결과

#역반복문
for i in range(3,0-1, -1):
# 출력한다, 	
    print("Seoul Korea: {}".format(i))
	Seoul Korea: 3
	Seoul Korea: 2
	Seoul Korea: 1
	Seoul Korea: 0

반대로 반복 예제2	실행결과

#역반복문
for i in reversed(range(5)):
# 출력한다, 	
    print("Seoul Korea: {}".format(i))
	Seoul Korea: 4
	Seoul Korea: 3
	Seoul Korea: 2
	Seoul Korea: 1
	Seoul Korea: 0

6-3 while 반복문

1. while 반복문의 구조

for 반복문은 리스트나 딕셔너리 내부의 요소를 모두 특정 횟수만큼 반복하는 경우에 사용하고 그 외에 무한반복, 조건을 반복하는 경우 등 범용적으로 while 반복문을 사용한다.

while 문은 조건이 정해진 경우에 주로 사용한 것으로 조건의 값이 불리언 표현식인 'True, False'에 따라 반복하거나 빠져나와 수행문장을 제어할 수 있다.

① while 명령문은 ( ) 안의 조건식이 참(True)일 동안은 { } 안의 내용을 반복을 수행하는 제어문이다.

② 무조건 반복 실행하기 위해서는 조건식의 값이 '참'이어야 하는데 이때는 "true" 혹은 '1'을, 거짓일 경우는 "false" 혹은 '0'을 넣으면 된다.

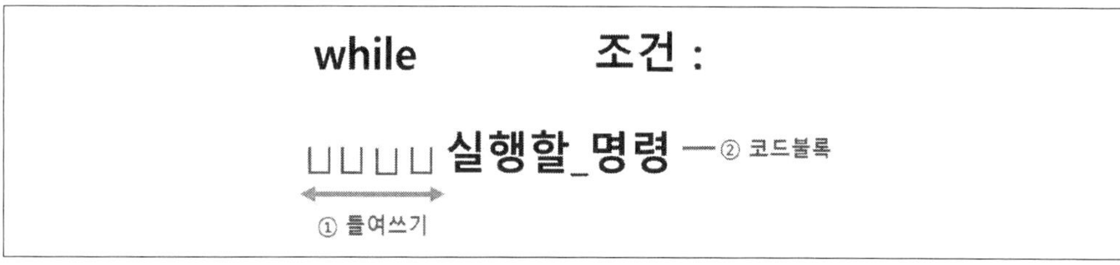

③ 주로 반복 회수가 정해져 있지 않고 { }안의 프로그램을 실행 중 조건식을 만족시키지 못할 경우는 반복을 멈추고 while(){}; 다음 명령으로 프로그램을 진행한다.

2. while 반복문 조건이 리스트의 요소가 있는 동안으로 지정

remove()함수는 리스트 내부에 해당하는 값을 하나만 제거할 수 있지만, while 반복문을 사용하면 여러 개 제거가 가능함으로 해당 리스트 값을 모두 제거 가능하다.

해당 리스트 값을 모두 제거	실행결과

list _num = [3, 6, 3, 6, 3, 6]
value = 3
# list_num 내부에 value가 있다면 반복 	
while value in list_num:
    list_num.remove(value)
#출력
print(list_num)
	[6, 6, 6]
	# 리스트 내부에 있는 모든 3이 제거될 때지 반복하기 때문에 3이 모두 제거된 결과 출력

3. while 반복문을 시간 기반으로 반복

파이썬에서는 유닉스 타임(Unix Time; 1970년 1월1일 0시 0분 0초를 기분으로 몇 초가 지났는지를 정수로 나타낸 것)을 구한 때는 파이썬의 기본적으로 내장된 모듈(Module)인 Time 모듈을 읽어 들릴 때 사용하는 import 구문을 사용한다(예 import 모듈 이름, import time).

이러한 유닉스 타임과 while 반복문으로 특정 시간 동안 프로그램을 정지를 시킬 수 있다.

다음 예제의 5초 동안 반복횟수는 컴퓨터의 성능과 상황에 따라 반복횟수는 계속 달라진다.

이와 같은 프로그램은 통신할 때 시간을 기반으로 조건을 걸 때 while 반복문의 자주 쓰는 코드 응용으로 사용된다.

<table>
<tr><th>5초 동안 반복하기</th><th>실행결과</th></tr>
<tr><td><pre>
# 시간 관련 모듈 가져온다.
import time
# 변수를 선언한다.
number = 0
# 5초 동안 반복한다.
target-tick = time.time() + 5
while time.time() 〈 target_tick:
    number += 1
# 출력한다.
print("5초 동안 {}번 반복했다.".format(number))
</pre></td><td>5초 동안 15662378번 반목했다.</td></tr>
</table>

4. while 반복문의 정지(break 키워드)와 계속(continue 키워드)

반복문 내부에서만 사용할 수 있는 break 키워드는 반복문을 벗어날 때 사용하고 혀재 반복을 생략하고 다음 반복으로 넘어갈 때 continue 키워드를 사용한다.

<table>
<tr><th>break 키워드 사용 예제</th><th>실행결과</th></tr>
<tr><td><pre>
I = 0
# 무한 반복한다.
while True
   # 몇 번째 반복인지 출력한다.
    print("{}번째 반복문이디.".format(i)
    I = I +1
   # 반복을 종료한다.
    input_text = input("〉종료합니까?(y): ")
    if input_text in ["y", "Y"]:
        print("반복을 종료한다.")
        break
</pre></td><td>0번째 반복문이다.
〉종료합니까?(y/n): n Enter↵
1번째 반복문이다.
〉종료합니까?(y/n): n Enter↵
2번째 반복문이다.
〉종료합니까?(y/n): n Enter↵
3번째 반복문이다.
〉종료합니까?(y/n): y Enter↵
반복을 종료한다.</td></tr>
</table>

continue 키워드 사용 예제	실행결과

# 변수 선언 	
numbers = [4, 49, 9, 15, 30, 35, 25]
# 반복을 돌린다. 	
for number in numbers:
    # number가 20보다 작으면 다음 반복으로 넘어간다.
    if number < 20
        continue
# 출력한다. 	
    print(number)
	49
	30
	35

continue 키워드를 사용하면 이후 처리의 들여쓰기 하나 줄일 수 있다.

continue 키워드 사용하지 않는 경우	continue 키워드 사용한 경우

# 반복을 돌린다. 	
for number in numbers:
    # 반복 대상을 한정한다.
    if number < 20
        # 문장
        # 문장
        # 문장
        # 문장
        # 문장
	# 반복을 돌린다.
	for number in numbers:
	    # 반복 대상에서 제외해버린다.
	    if number < 20
	        continue
	    # 문장
	    # 문장
	    # 문장
	    # 문장
	    # 문장

6-4 문자열, 리스트, 딕셔너리 관련 함수

1. 리스트에 적용하는 기본 함수 : min(), max(), sum()

min(), max(), sum()	실행결과
>>> numbers = [203, 44, 456, 45, 99]	
>>> min(numbers)	44
>>> max(numbers)	456
>>> sum(numbers)	847

리스트에 적용하는 기본 함수	설 명
min()	리스트 내부에서 최소 값을 찾는다.
max()	리스트 내부에서 최대 값을 찾는다.
sum()	리스트 내부에서 값을 모두 더 한다.

2. 리스트 뒤집기 : reversed()함수

리스트에서 요소의 순서를 뒤집고 싶을 때는 reversed()함수를 사용한다.

reversed()함수 사용 예제

```
# 리스트를 선언
list_a = [5, 6, 7, 8, 9]
list_reversed = reversed(list_a)
# 출력한다.
print("# reversed() 함수")
print("reversed([5, 6, 7, 8, 9]:", list_reversed)
print("list(reversed([5, 6, 7, 8, 9])):", list(list_reversed))
print()
# 반복문을 적요해 본다
print("#reversed() 함수와 반복문")
print("for i in reversed([5, 6, 7, 8, 9]):")
for i in reversed(list_a):
    print("_", i)
```

실행결과

```
# reversed() 함수
reversed([5, 6, 7, 8, 9]): <list_reverseiterator object at 0x031F21D0>
list(reversed([5, 6, 7, 8, 9])): [9, 8, 7, 6, 5]
#reversed() 함수와 반복문
for i in reversed([5, 6, 7, 8, 9]):
- 9
-  8
-  7
-  6
-  5
```

reversed() 함수는 제너레이터(Generator)라는 파이썬의 특수한 문법구조이다. 반복할 수 있는 것이라는 프로그램 용어인 이터러블(Iterable)은 리스트, 딕셔너리,

문자열 튜플 등의 내부 요소들을 차례로 꺼낼 수 있는 객체이다. 이터러블 중에서 next()함수를 적용해 하나 하나 커넬 수 있는 요소을 이터레이터(iterator)라고 한다. 이터레이터를 직접 만들 때 사용하는 코드로써 함수 내부에 yield키워드를 사용하면 해당 함수는 제너레이터 함수가 되며 일반함수와는 달리 함수 호출해도 함수 내부의 코드를 실행되지 않는다.

reversed()함수와 반복문을 조합할 때

```
numbers = [1, 2, 3, 4, 5, 6]
for i in reversed(numbers):
    print("첫번째 반목문: {}" .format(i))

for i in reversed(numbers):
    print("두번째 반목문: {}" .format(i))
```


3. 현재 인덱스가 몇 번째인지 확인 : enumerate()함수

리스트의 요소를 반복할 때를 현재 인덱스가 몇 번째인지 확인해야하는 경우가 많은데 파이썬은 이런 코드를 쉽게 작성할 수 있도록 enumerate()함수를 제공한다. enumerate()함수는 매개변수로 넣을 경우 인덱스와 값을 쌍으로 사용해 반복문을 돌릴 수 있게 해주는 함수이다.

enumerate()함수와 리스트 예제

```
example_list = ["요소 A", "요소 B", "요소 C"]

print("# 단순출력")
print(example_list)
print()

# emumerate()함수를 적용해 출력한다.
print(" #enumerate()함수 적응 출력")
print(enumerate(example_list))
print()

# list()함수로 강제 변환해 출력한다.
print(" # list() 함수로 강제 변환 출력")
print(list(enumerate(example_list)))
```

```
print()

# for 반복문과 enumerate()함 수 조합해서 사용
print(:# 반복문과 조합하기")
for i, value in enumerate(example_list):
    print("{}번째 요소는 {}dlek.".format(i, value))
```

실행결과

```
# 단순출력
['요소 A', '요소 B', '요소 C']

#enumerate()함수 적응 출력
<enumerate object at 0x02A43CB0>

# list() 함수로 강제 변환 출력
[(0, '요소 A'), (1, '요소 B'), (2, '요소 C')]

# 반복문과 조합하기
0번째 요소는 요소 A이다.
1번째 요소는 요소 B이다.
2번째 요소는 요소 C이다.
```

4. 딕셔너리로 쉽게 반복문 작성 : items()함수

딕셔너리의 items()함수는 키와 쌍으로 사용해 반복문을 돌릴 수 있게 해주는 딕셔너리 함수이다.

딕셔너리의 items()함수와 반복문의 예제

```
example_dictionary = {
    "키A": "값A",
    "키B": "값B",
    "키C": "값C",
}

# 딕셔너리의 items() 함수 결과 출력
print('# 딕셔너리의 items() 함수")
print("items():", example_dictionary.items())
print()
```

```
#for 반복문과 items()함수 조합해서 사용
print("# 딕셔너리의 items() 함수와 반복문 조합하기")

for key, element in example_dictionary.items():
    print("dictionary[{}] = {}".format(key, element))
```

실행결과

```
# 딕셔너리의 items() 함수
items(): dict_items([('키A', '값A'), ('키B', '값B), ('키C', '값C)])

# 딕셔너리의 items() 함수와 반복문 조합하기
dictionary[키A] = 값A
dictionary[키B] = 값B
dictionary[키C] = 값C
```

학습 6

5. 리스트 안에 for문 사용 : 리스트 내표

프로그램을 할 대 반복문을 사용해 리스트를 재조합하는 경우가 많다.

리스트 내포는 반복문과 조건물을 대괄호[]안에 넣는 형태를 사용해서 리스트를 생성하는 파이썬의 특수 구문이다(예 list comprehensions).

if 구문을 포함한 리스트 내포는 다음과 같은 형식으로 사용한다.

```
리스트 이름 = [표현식 for 반목자 in 반복할 수 있는 것 if 조건식]
```

if 구문을 포함한 리스트 내포 예제

```
#리스트를 선언한다.
array = ["볼펜", "시계", "지우개", "연필", "칼"]
output = [stationary for stationary in array if stationary != "시계"]

print(output)
```

실행결과

```
['볼펜', '지우개', '연필', '칼']
```

array의 요솔를 sationary이라고 할 때 시계가 아닌 stationary으로 리스트를 제조합해주세요" 라는 코드이다. 다라서 실해하면 시계를 제외한 요소만 모인 리스트를 만들어 주면 된다.

수행 내용

재료 · 자료

- Python, EV3 레고 마인드스톰 관련 자료

기기(장비 · 공구)

- 컴퓨터, USB 케이블, 충전 어댑터, 프린터, 주변기기

안전 · 유의사항

- EV3 로봇 플랫폼의 외형을 관리하고 P브릭에 전원을 충분히 충전한다.

수행 순서

01

list_n = [0, 1, 2, 3, 4, 5. 6, 7]이다. 다음 표의 함수들을 실행했을 때 list_n의 결과 프로그램을 구현하라.

함수 예제	실행결과
list_n.extend(list_n)	[0, 1, 2, 3, 4, 5. 6, 7 0, 1, 2, 3, 4, 5. 6, 7]
list_n.append(10)	[0, 1, 2, 3, 4, 5. 6, 7,10]
list_n.insert(3,0)	[0, 1, 2, 0, 3, 4, 5. 6, 7]
list_n.remove(3)	[0, 1, 2, 4, 5. 6, 7]
list_n.pop(3)	[0, 1, 2, 4, 5. 6, 7]
list_n.clear(l)	[]

extend(), append(), insert()함수는 요소추가이고 remove()와 pop()함수는 요소 제거할 때 사용한다.

02 for 반복문을 리스트와 함께 사용하는 프로그램을 구현하라.

for 반복문과 리스트 예제	실행결과

# 리스트를 선언 	
array = [233, 34, 2003, 357, 532]
#리스트에 반복문 적용
for element in array
    print(element)
	233
	34
	2003
	357
	532

for 반복문은 리스트에 있는 요소 하나하나가 element라는 변수가 들어가며 차례로 반복한다. print()함수로 element를 출력하므로 리스트의 요소를 차례로 출력된다.

학습 6

03 for 반복문과 문자열을 함께 사용하는 프로그램을 구현하라.

문자열은 for 반복문의 뒤에 넣으면 글자가 하나 하나에 반복이 적용된다.

for 반복문과 문자열	실행결과
for character in "감사합니다": 〉〉〉〉print("_", character)	-감 -사 -합 -니 -다

04 for 반복문과 if 조건문의 조건식이 100 이상의 숫자만 출력하는 프로그램을 구현하라.

for 반복문과 if 조건문의 조건식 예제	실행결과

numbers = [233, 109, 55, 43, 78, 900, 98]
for number in numbers:
    if number 〉 100
        print("-100 이상의 수:", number)
	-100 이상의 수: 233
	-100 이상의 수: 109
	-100 이상의 수: 900

05 for 반복문과 if~else 조건문의 홀수, 짝수 조건으로 출력하는 프로그램을 구현하라.

for 반복문과 if~else 조건문	실행결과

numbers = [233, 203, 55, 34, 75, 7, 700, 99]
for number in numbers:
    if number % 2 == 1:
        print(number, "는 홀수이다.")
    else:
        print(number, "는 짝수이다.")
	233 는 홀수이다.
	203 는 홀수이다.
	55 는 홀수이다.
	34 는 짝수이다.
	75 는 홀수이다.
	7 는 홀수이다.
	700 는 짝수이다.
	99 는 홀수이다.

06 for 반복문을 이용하여 하나의 리스트 내부에 있는 값을 모두 출력하는 프로그램을 구현하라.

리스트 내부에 있는 값을 모두 출력	실행결과

list_of_list = [
[1, 2, 3],
[4, 5, 6, 7],
[8, 9],
]
for line in list_of_list:
    for item in line:
        print(item)
	1
	2
	3
	4
	5
	6
	7
	8
	9

07 for 반복문을 이용하여 리스트 인덱스에서 중첩 리스트의 중첩을 해제할 때 출력하는 프로그램을 구현하라.

중첩 리스트의 중첩을 해제할 때	실행결과
numbers = [1, 2, 3, 4, 5, 6, 7, 8, 9] output = [[ ], [ ]. [ ]] for number in numbers: output[(number + 2) % 3].append(number) print(output)	[1, 4, 7], [2, 5, 8], [3. 6. 9]

08 for 반복문과 딕셔너리를 조합한 내부에 키변수가 들어간 프로그램을 구현하라.

프로그램 작성

```
# 딕셔너리를 선언한다.
dictionary = {
    "name": "120 당도 제주귤",
    "type": "하우스귤",
    "ingredient": ["제주귤", "꿀", "신선도", "황금색"],
    "origin": "대한민국"
    }
# for 반복문을 사용한다.
for key in dictionary:
#출력한다.
    print(key, ":", dictionary[key])
```

실행결과

```
name: 120 당도 제주귤
type: 하우스귤
ingredient: ['제주귤', '꿀', '신선도', '황금색']
origin: 대한민국
```

학습 6

09 Hello World 4번을 출력하는 프로그램을 구현하라.

이때는 while보다 for를 사용하는 것이 편리하다.

프로그램 작성	실행결과
for i in range (4): print('Hello World')	Hello World Hello World Hello World Hello World

프로그램 구조
for i in range(횟수): 〉〉〉〉수행할 코드

10 1부터 10까지 짝수의 수를 출력하는 프로그램을 구현하라.

프로그램 작성	수행결과
for i in range (2, 11, 2): 〉〉〉〉print(i)	2 4 6 8 10

for 문의 구조
for I in range(시작, 끝, 증가폭): 〉〉〉〉수행할 코드

① "i" 변수 값으로, 시작 값이 대입된다.

② 반복문이 수행할 때마다, "i" 변수에 증가폭 값이 더해진다.

③ 끝 값은 포함되지 않는다(예 11이면, 11 값은 포함되지 않는다).

④ 증가폭이 1인 경우, 증가폭을 표시하지 않는다.

11

1부터 100까지 더하여 그 값을 출력하는 프로그램을 실행하라.
(힌트) for 반복문을 이용하라.

프로그램 작성
sum = 0 for i in range (1, 101):   sum = sum+ I print(sum)

12

while 반복문을 사용하여 코드와 나타내는 값을 구현하라.

코 드	나타내는 값
6range(7)	[0, 1, 2, 3, 4, 5, 6]
range(4, 6)	[4, 5]
range(7, 0-1)	[7, 6, 5, 4, 3, 2, 1,]
range(3,8)	[3, 4, 5, 6, 7]
range(3, 9+1, 3)	[3, 6, 9]

13

while 반복문을 사용하여 무한반복하는 프로그램을 구현하라.

while 반복문을 사용하여 무한반복	실행결과
# while 반목문 사용한다. while True # “ ㅎ ” 출력한다. # 기본적으로 end가 “\n”이라는 줄바꿈이 일어나는데 # 빈 문자열 “”로 바꿔서 줄바꿈이 일어나 않게 한다. 〉〉〉print(“ㅎ”, end=“”)	ㅎㅎㅎㅎㅎㅎㅎㅎㅎㅎㅎㅎㅎㅎㅎㅎㅎㅎㅎㅎ ㅎㅎㅎㅎㅎㅎㅎㅎㅎㅎㅎㅎㅎㅎㅎㅎㅎㅎㅎㅎ ㅎㅎㅎㅎㅎㅎㅎㅎㅎㅎㅎㅎㅎㅎㅎㅎㅎㅎㅎㅎ ㅎㅎㅎㅎㅎㅎㅎㅎㅎㅎㅎㅎㅎㅎㅎㅎㅎㅎㅎㅎ ㅎㅎㅎㅎㅎㅎㅎㅎㅎㅎㅎㅎㅎㅎㅎㅎㅎㅎㅎㅎ ㅎㅎㅎ

무한 반복되므로 Ctrl + C를 눌러서 강제 종료한다.

학습 6

14

while 반복을 사용하여 “대한민국 짝짝짝”을 5번 반복하는 프로그램을 구현하라.

while 반복을 사용하여 “대한민국 짝짝짝”을 5번	실행결과

i = 0
while i 〈 5:
    print(“{}번 대한민국 짝 짝 짝.”.format(i))
    i +=1
	0번 대한민국 짝 짝 짝.
	1번 대한민국 짝 짝 짝.
	2번 대한민국 짝 짝 짝.
	3번 대한민국 짝 짝 짝.
	4번 대한민국 짝 짝 짝.

15

카드에 잔액이 있을 때 까지 카드금액을 사용하는 프로그램을 구현하라.

프로그램 작성

```
card = 1000

while card 〉 0:
    print('카드 금액을 사용합니다.')
    card = card * 100
print('잔액이 부족합니다.')
```

white 반복문의 구조

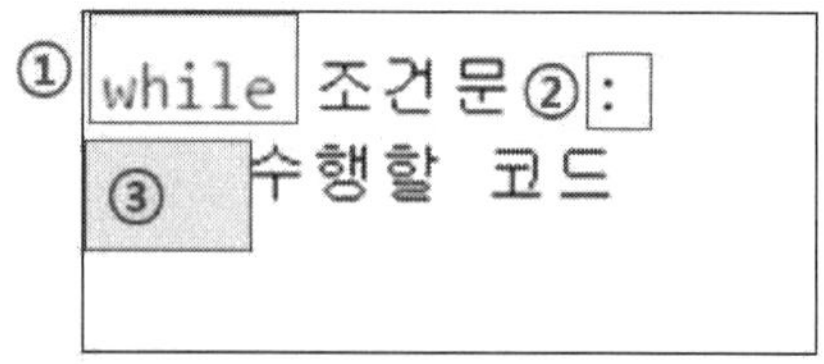

① 반복문 앞에 while로 시작한다.

② 조건문 문장 마지막에 :를 입력한다.

③ 반복문의 수행 코드는 들여쓰기를 해야 한다.

〈무한 반복〉

프로그램 작성

```
while True: 항상 참 -> 무한 반복
    수행할 코드
    수행할 코드
    수행할 코드
```

16

국악기인 편경의 경석을 각퇴로 쳐서 소리를 내며 두꺼울수록 높음을 내는 프로그램을 구현하라.

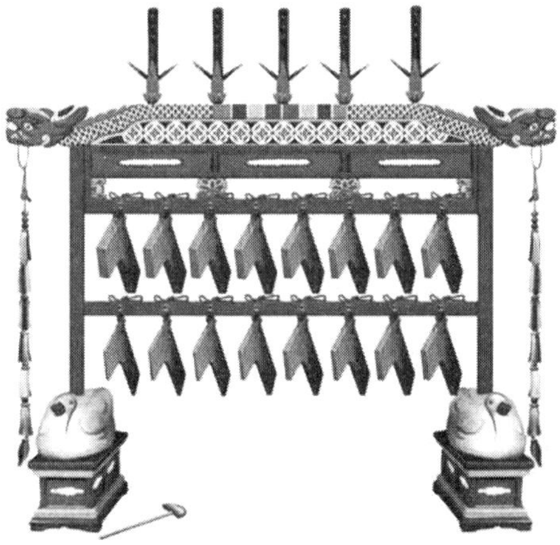

주파수 50, 0.1 초 재생
주파수 150, 0.1 초 재생
주파수 200, 0.1 초 재생
주파수 250, 0.1 초 재생
...
주파수 15000, 0.1 초 재생

프로그램 작성

```
for i in range (1, 301):

#인덱스 *50으로 주파수를 재생한다.
    ev3.speaker.beep(i * 50, 100)
```

학습 6

학습활동.6 교수 · 학습 방법

교수 방법

- Python 기초 프로그래밍(3)_반복문에 대한 관련 용어, 구성, 방식 이해 정도를 파악한 후 수업을 진행한다.
- 교수자의 주도로 Python 기초 프로그래밍(3)_반복문 등의 내용을 PPT 자료로 제시한 후 설명한다.
- 가능하면 사전에 개인별 학습 자료를 준비하여 모든 학생이 참여할 수 있는 문제 해결식 수업, 협력 수업이 가능하도록 한다.
- Python 기초 프로그래밍(3)_반복문 전 과정을 작업의 순서에 따라 단계적으로 실습이 이루어질 수 있도록 지도한다.
- 이 책을 통해 수업을 준비하는데 있어서 필요한 모든 정보나 팁, 힌트 등 도움이 될 만한 내용들을 확인할 수 있다.
- 학생들이 만들게 될 각 모델들은 수업시간에 중점적으로 다뤄질 부분과 어휘, 질문, 답을 포함하고 있으며 또한 탐구할만한 추가적인 아이디어들도 포함하고 있다.

학습 방법

- Python 기초 프로그래밍(3)_반복문에 대한 관련 용어를 숙지하고, Python 기초 프로그래밍(3)_반복문에 대해 이해한다.
- Python 기초 프로그래밍(3)_반복문의 각 단계별 중점 사항을 체계적으로 학습한다.
- Python 기초 프로그래밍(3)_반복문의 수행순서의 전 과정을 실습한다.
- Python 기초 프로그래밍(3)_반복문의 내용을 이해한다.
- Python 기초 프로그래밍(3)_반복문을 이해하고 숙달이 될 때까지 학습한다.

학습활동.6 평가 및 피드백

평가 준거

- 평가자는 피평가자가 수행 준거 및 평가 내용에 제시되어 있는 내용을 성공적으로 수행할 수 있는 지를 평가해야 한다.

학습내용	평가항목	성취수준		
		상	중	하
Python 기초 프로그래밍(3)_반복문	Python 기초 프로그래밍(3)_반복문을 이해할 수 있다.			

평가 방법

• 작업 포트폴리오

학습내용	평가항목	성취수준		
		상	중	하
Python 기초 프로그래밍(3)_반복문	Python 기초 프로그래밍(3)_반복문을 이해할 수 있다.			

• 필기시험

학습내용	평가항목	성취수준		
		상	중	하
Python 기초 프로그래밍(3)_반복문	Python 기초 프로그래밍(3)_반복문을 이해할 수 있다.			

• 체크리스트를 통한 관찰

학습내용	평가항목	성취수준		
		상	중	하
Python 기초 프로그래밍(3)_반복문	Python 기초 프로그래밍(3)_반복문을 이해할 수 있다.			

• 피드백

1. 작업 포트폴리오
   - 제출한 보고서를 평가한 후 주요 사항에 대하여 표시하여 돌려준다.
2. 필기시험
   - 평가 결과 성적이 저조한 학생은 보고서 제출 기회를 부여한다.
3. 체크리스트를 통한 관찰
   - 실습 과정에서 평가한 후 개선해야 할 사항 등을 정리하여 돌려준다.

참 | 고 | 문 | 헌

1. 남상엽 외(2016.3.10), 창의공학, 상학당.
2. 남상엽 외(2016.7.16), 스마트로봇 EV3를 활용한 C언어 프로그래밍, 상학당.
3. 남상엽 외(2014.3.10), 스마트로봇 EV3. 이지테크.
4. https://education.lego.com/ko-kr/support/mindstorms-ev3/python-for-ev3
5. https://www.balena.io/etcher/
6. https://code.visualstudio.com/
7. getting-started-with-MicroPython ver 1.0
8. https://www.atlabme.com/easy-program-python-ev3/
9. 헬로코딩_한입에 쏙 파이썬
10. 윤인성, 혼자 공부하는 파이썬 한빛미디어
11. https://cafe.naver.com/handsontechnology
12. 마인크래프트로 배우는 파이썬 프로그래밍, 제이펍, 크레이크 리처드슨
13. 컴퓨팅 사고와 함께하는 파이썬 기초부터 인공지능 응용까지, 연두에디션
14. 스마트로봇 EV3, 이지테크
15. LEGO MINDSTORMS Education EV3
16. www.hansoncampus.co.kr, 핸즈온 캠퍼스
17. http://www.robowell.co.kr/, 로보웰 코리아
18. https://sites.google.com/site/ev3devpython/introduction,EV3Python(v2)
19. https://sites.google.com/site/ev3python/,EV3ptyhon(v1)
20. https://www.ev3dev.org/

학습 1	스마트로봇 EV3의 개요 및 구성
학습 2	파이썬의 개요 및 설정
학습 3	파이썬 프로그램 작성과 실행
학습 4	파이썬 기초 프로그래밍(1)_자료형
학습 5	파이썬 기초 프로그래밍(2)_조건문
학습 6	파이썬 기초 프로그래밍(3)_반복문
학습 7	**EV3 브릭 프로그래밍과 함수**
학습 8	EV3 모터 주행 제어 프로그래밍과 모듈
학습 9	EV3 터치센서 제어 프로그래밍과 클래스
학습 10	EV3 초음파센서 제어 프로그래밍과 예외처리
학습 11	EV3 컬러센서와 자이로센서 프로그래밍
학습 12	EV3 응용 제어 프로그래밍

학습 목표

1. EV3 브릭 프로그래밍과 함수를 이해할 수 있다.

학습 7

7-1 EV3 허브(huns)모듈과 main.py 파일 생성

Visual Studio Code로 마이크로 파이썬 프로젝트를 생성하면, main.py 기본 파일이 생성된다.

```
#!/usr/bin/env pybricks-micropython          pybricks –micropython 으로실행

from pybricks.hubs import EV3Brick
  -> 스피커, 화면, 브릭등, 브릭 버튼, 배터리를 제어
from pybricks.ev3devices import (Motor, TouchSensor, ColorSensor,
 -> 모터, 센서를 제어                        InfraredSensor, UltrasonicSensor, GyroSensor)

from pybricks.parameters import Port, Stop, Direction, Button, Color
 -> 모터/센서 포트, 정지, 방향, 버튼, 색상의 매개변수
from pybricks.tools import wait, StopWatch, DataLog
 -> 시간, 타이머, 데이터 로깅
from pybricks.robotics import DriveBase
  -> 모터 2개를 제어
from pybricks.media.ev3dev import SoundFile, ImageFile
 -> EV3 내장된 사운드 파일, 이미지 파일
```

[그림 7-1] main.py 파일

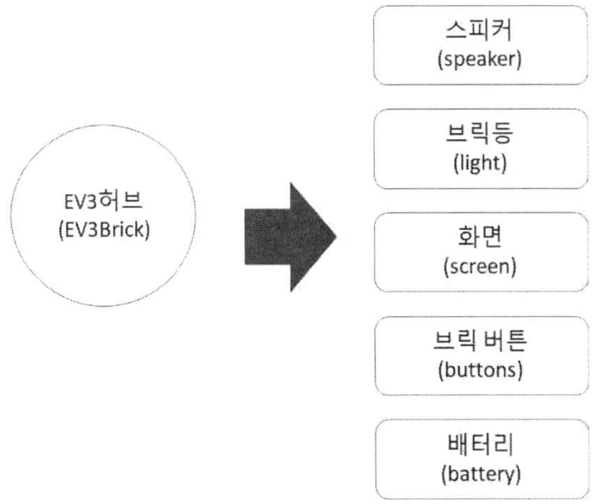

[그림 7-2] EV3 허브 모듈의 구성

스마트로봇 EV3에 제공되는 마이크로 파이썬의 피브릭 모듈(PYBRICK Modules)의 프로그램 가능한 허브 모듈은 EV3Brick의 클래스를 사용한다.

〈표 7-1〉 pybricks.hubs 모듈

모듈이름	모듈내용	클래스	디바이스
hubs	Programmable Huns	EV3Brick	EV3 Brick.; button, light, speaker, screen, battery

EV3 허브를 제어하기 위해서는 EV3Brick의 객체를 생성해야 한다.

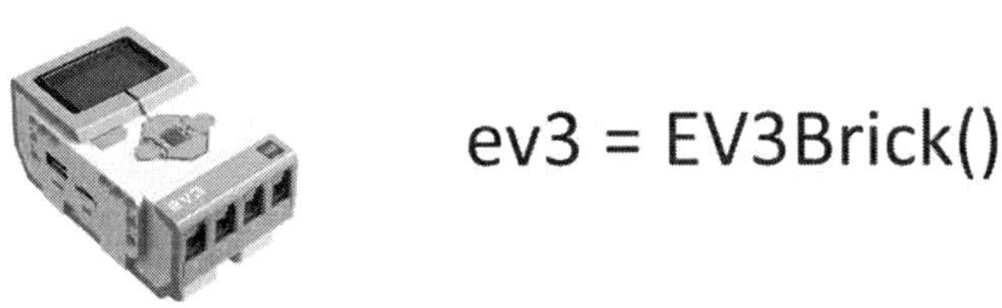

그러므로 허브모듈 사용 시에 다음같이 형식의 구문을 반드시 넣어야 한다.

```
from pybricks.hubs import EV3Brick
```

[그림 7-3]은 프로그램을 처음 시작하면 나오는 main.py이다.

```
#!/usr/bin/env pybricks-MicroPython
from pybricks.hubs import EV3Brick
from pybricks.ev3devices import (Motor, TouchSensor, ColorSensor,
                                 InfraredSensor, UltrasonicSensor, GyroSensor)
from pybricks.parameters import Port, Stop, Direction, Button, Color
from pybricks.tools import wait, StopWatch, DataLog
from pybricks.robotics import DriveBase
from pybricks.media.ev3dev import SoundFile, ImageFile

# This program requires LEGO EV3 MicroPython v2.0 or higher.
# Click "Open user guide" on the EV3 extension tab for more information.

# Create your objects here.
ev3 = EV3Brick()

# Write your program here.
ev3.speaker.beep()
```

[그림 7-3] EV3 hubs의 객체생성 main.py

7-2 EV3 브릭_스피커 프로그래밍

1. EV3 브릭의 스피커의 개요 및 설정

EV3는 내장 스피커를 포함하고 있다. Sound는 음계 또는 톤을 지정해서 음을 만들 수 있다. 사운드 관련 함수를 이용하기 위해서는 먼저 EV3 hubs를 임포트(import)해야 한다.

pbricks.hub모듈에서 프로그램 개발 프로젝트에서 사용할 수 있는 '내장 사운드'의 음계 나 톤를 사용하는데 쓸 수 있다. 그러나 EV3 표준음 파일은 media 모듈의 EV3 MicroPython은 다양한 이미지 및 사운드 파일과 함께 제공되는 pybricks.media.ev3dev 위에 구축되었다. 또한 SoundFile 클래스를 사용하여 표준 EV3 사운드를 액세스할 수 있다. 프로젝트 폴더에 배치하여 자신만의 사운드 및 이미지 파일을 사용할 수도 있다.

```
from pybricks.hubs import EV3Brick
from pybricks.media.ev3dev import SoundFile
```

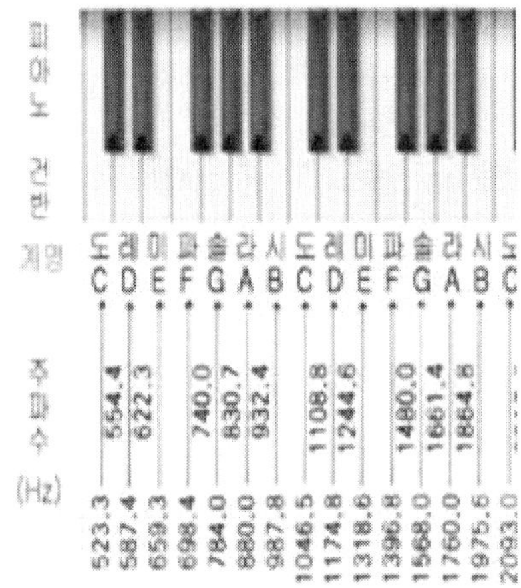

[그림 7-4] 피아노 건반에 따른 주파수(Hz)

2. EV3 브릭의 스피커의 명령어

1) 신호음과 톤 재생

speaker.beep(frequency=500, duration=100)
신호음 / 톤을 재생한다.
Parameters • frequency (frequency : Hz) - 신호음 주파수, 100 미만의 주파수는 100으로 처리된다. • duration (time : ms) - 신호음의 지속 시간이다. 기간이 0보다 작으면 메서드가 즉시 반환되고 주파수 재생이 계속해서 무한정 재생된다.
예제)
ev3.speaker.beep(1500, 1000) # 1500Hz의 주파수를 1000ms(1초)동안 재생

2) 음표 연주음 재생

speaker.play_notes(notes, tempo=120)
음표 순서를 재생한다. 예를 들어: ['C4/4', 'C4/4', 'G4/4', 'G4/4']를 재생할 수 있다.
Parameters • notes (iter) - 연주할 음표 순서 (아래 형식 참조). • tempo (int) - 4분 음표가 1 비트 인 분당 비트.

Tip 음표 형식 표시

각 note는 다음 형식의 문자열이다.

- 첫번째 문자는 음표의 이름이다. 나머지는 A에서 G 또는 R이다.
- 음표 이름에는 실수로 # (sharp) 또는 b (flat)가 포함될 수도 있다. B # / Cb 및 E # / Fb는 허용되지 않는다.
- 음표 이름은 옥타브 번호 2 ~ 8이 온다. 예를 들어 C4는 middle C이다. 옥타브는 음표 C에서 다음 번호로 변경된다. 예를 들어 B3은 중간 C (C4) 아래 음표이다.
- 옥타브 다음에는 /와 음표의 크기를 나타내는 숫자가 나온다. 예를 들어 /4는 4분 음표이고 /8은 8분 음표이다.
- 이것은 . 점으로 된 음표를 만들기 위해 .에 의해 선택적으로 허용된다. 점이 있는 음표는 점이 없는 음표의 1~1/2 배이다.
- 음표는 tie 또는 slur인 _의 끝에 옵션일 수 있다. 이로 인해 이 음표와 다음 음표사이에 일시 중지가 없다.

3) 텍스트 문자열 재생

speaker.say(text)
주어진 텍스트 문자열을 재생한다. set_speech_options ()를 사용하여 텍스트 음성과 언어를 재생할 수 있다.
Parameters • text (str) ;택스트 음성을 재생
예제)
ev3.speaker.say('blue'), ev3.speaker.say('green') ev3.speaker.say('yellow'), ev3.speaker.say('red')

4) say()의 지원국가 언어 설정

speaker.set_speech_options(language=None,voice=None,speed=None, pitch=None)
say () 메서드에서 사용하는 음성 설정을 구성한다. 하나의 옵션으로 변경하지 않는 것을 None로 설정할 것이다. 만약 옵션을 유효하지 않은 값으로 설정되면 say()는 대신에 기본 값으로 사용한다.
Parameters • language (str) – 텍스트의 언어이다. 예를 들어 'en'(영어) 또는 'de'(독일어)를 선택할 수 있다. 사용 가능한 모든 언어 목록이 〈표 7-1〉에 나와 있다. • voice (str) – 사용할 음성이다. 예를 들어 'f1'(여성 음성 변형 1) 또는 'm3'(남성 음성 변형3)을 선택할 수 있다. 사용 가능한 모든 음성 목록이 〈표 7-2〉에 나와 있다. • speed (int) – 분당 단어 수. • pitch (int) – Pitch (0 to 99). 숫자가 크면 목소리가 높아지고 숫자가 낮으면 목소리가 낮아진다.

Show/hide available languages and voices

〈표 7-2〉 지원 언어 선택

'af': Afrikaan	'an': Aragonese	'bg': Bulgarian	'bs': Bosnian
'ca': Catalan	'cs': Czech	'cy': Welsh	'da': Danish
'de': German	'el': Greek	en': English (default)	'en-gb': English (United Kingdom)
'en-sc': English (Scotland)	'en-uk-north': English (United Kingdom, Northern)	'en-uk-rp': English (United Kingdom, Received Pronunciation)	'en-uk-wmids': English (United Kingdom, West Midlands)
'en-us': English (United States)	'en-wi': English (West Indies)	'eo': Esperanto	'es': Spanish
'es-la': Spanish (Latin America)	'et': Estonian	'fa': Persian	'fa-pin': Persian
'fi': Finnish	'fr-be': French (Belgium)	'fr-fr': French (France)	'ga': Irish
'grc': Greek	'hi': Hindi	'hr': Croatian	'hu': Hungarian
'hy': Armenian	hy-west': Armenian (Western)	'id': Indonesian	'is': Icelandic
'it': Italian	'jbo': Lojban	'ka': Georgian	'kn': Kannada
'ku': Kurdish	'la': Latin	'lfn': Lingua Franca Nova	'lt': Lithuanian
'lv': Latvian	'mk': Macedonian	'ml': Malayalam	'ms': Malay
'ne': Nepali	'nl': Dutch	'no': Norwegian	'pa': Punjabi
'pl': Polish	'pt-br': Portuguese (Brazil)	'pt-pt': Portuguese (Portugal)	'ro': Romanian
'ru': Russian	'sk': Slovak	'sq': Albanian	'sr': Serbian

'sv': Swedish	'sw': Swahili	'ta': Tamil	'tr': Turkish
'vi': Vietnamese	'vi-hue': Vietnamese (Hue)	'vi-sgn': Vietnamese (Saigon)	zh': Mandarin Chinese
'zh-yue': Cantonese Chinese			

〈표 7-3〉 지원 음성 선택

'f1': female variant 1	'f2': female variant 2	f3': female variant 3
'f4': female variant 4	'f5': female variant 5	'm1': male variant 1
'm2': male variant 2	'm3': male variant 3	'm4': male variant 4
'm5': male variant 5	'm6': male variant 6	'm7': male variant 7
'croak': croak	'whisper': whisper	'whisperf': female whisper

5) 음성 볼륨 설정

speaker.set_volume(volume, which='_all_')
스피커 볼륨을 설정한다.
Parameters • volume (percentage: %) - 스피커의 볼륨 • which (str) - 설정할 볼륨. 'Beep'은 beep () 및 play_notes ()의 볼륨을 설정한다. 'PCM'은 play_file () 및 say ()의 볼륨을 설정한다. '_all_'은 두 가지를 동시에 설정한다.

학습 7

7-3 EV3 브릭_버튼 프로그래밍

1. EV3의 브릭 버튼의 개요

EV3 브릭의 버튼은 [그림 7-5]과 같이 5개의 버튼으로 구성되어 있다.

① 뒤로 ② 가운데 ③ 왼쪽 오른쪽, 위, 아래 버튼이다.

그렇지만 pbricks.parameters 모듈에서 지원하고 있는 Button은 [그림 7-6]처럼 10가지를 지원한다(LEFT_DOWN, DOWN. RIGHT_DOWN, LEFT, CENTER, RIGHT, LEFT_UP, UP, BEACON, RIGHT_UP).

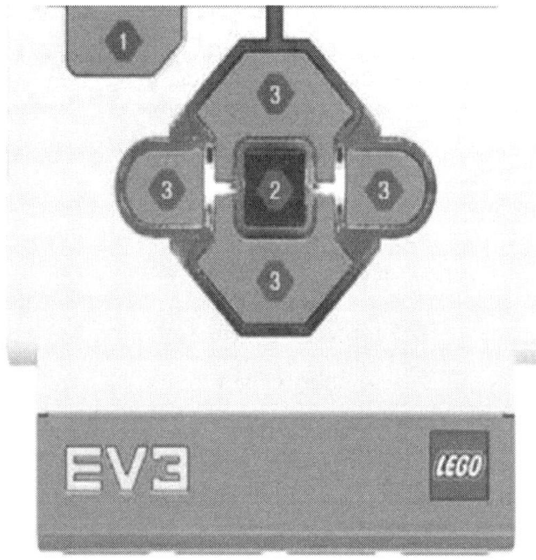

[그림 7-5] EV3의 브릭버튼

일반적으로 뒤로 버튼은 실행 중인 프로그램을 중단하고 EV3 블릭을 종료하는 등 이전 상태 작업을 하는데 사용된다. 가운데 버튼은 종료, 원하는 설정 선택, 다양한 인터액티브에 대한 확인으로 동작 한다. 왼쪽, 오른쪽, 위, 아래 버튼은 브라우저 탬색을 할 때 사용된다.

버튼 관련 함수를 이용하기 위해서는 먼저 EV3 hubs를 임포트(import)해야 한다. 그런데 버튼 관련 Pybricks API를 위해서는pybricks.parameters모듈을 임포트하고 Button클래스를 반드시 첫 줄에 사용해야 한다.

```
from pybricks.hubs import EV3Brick
from pybricks.parameters import Button
```

2. EV3 브릭의 버튼의 명령어

1) 누른 버튼 확인

브릭 버튼은 buttons.pressed() 함수를 이용하여, 사용자가 입력한 버튼의 목록을 가져올 수 있다.

buttons.pressed()
현재 눌러 진 버튼을 확인한다.
Returns; 누른 버튼의 목록 Return type; Button 목록
예제)

# Initialize the EV3 brick. 	
ev3 = EV3Brick()
 	
while True:
    buttons = self.ev3.buttons.pressed()
    if Button.CENTER in buttons:
        break
    elif Button.UP in buttons:
        self.head_motor.run(20)
    elif Button.DOWN in buttons:
        self.head_motor.run(-20)

2) parameters 모듈의 Button 클래스

class Button
브릭 또는 리모컨의 버튼
10가지 지원(LEFT_DOWN, DOWN. RIGHT_DOWN, LEFT, CENTER, RIGHT, LEFT_UP, UP, BEACON, RIGHT_UP)

〈표 7-4〉 Button 클래스 제공하는 버튼의 종류

LEFT_UP	UP/BEACON	RIGHT_UP
LEFT	CENTER	RIGHT
LEFT_DOWN	DOWN	RIGHT_DOWN

7-4 EV3 브릭_LED 프로그래밍

1. EV3 브릭의 LED 개요

LED는 브릭버튼을 둘러싼 LED로서 버튼 주위에 두 쌍의 LED가 있다. 왼쪽과 오른쪽 LED 각각은 빨간색 LED와 녹색 LED를 가지고 있다. 따라서 빨강색과 녹색 색상을 서로 다른 비율로 출력하면 빨간색, 녹색, 노랑색, 오렌지색, 황색, 흑색을 만들 수 있다. EV3의 LED는 브릭의 현재 상태를 보여준다. 일반적인 브릭 상태표시등의 의미는 다음과 같다.

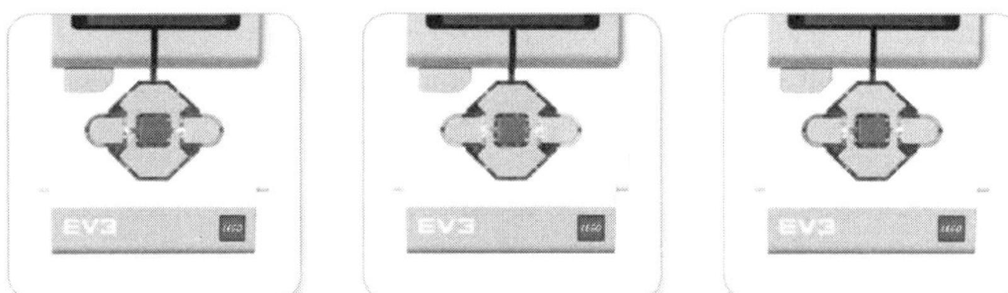

[그림 7-6] EV3 브릭의 LED 상태표시등

〈표 7-5〉 브릭 상태 표시등

브릭 상태 표시등 색상		EV3 동작상태
1	빨강	구동, 업데이트 중, 종료
2	빨강 점멸	작동 중
3	주황	경고, 준비
4	주황 점멸	경고, 실행 중
5	초록	준비
6	초록 점멸	프로그램 실행 중

라이트(LED) 관련 함수를 이용하기 위해서는 먼저 EV3 hubs를 임포트(import)해야 한다. 라이트의 색상 관련 Pybricks API를 위해서는 pybricks.parameters모듈을 임포트하고 Color 클래스를 반드시 첫 줄에 사용해야 한다. 그리고 라이트의 대기시간과 관련한 Pybricks API를 위해서는 pybricks.tools 모듈을 임포트하고 wait변수명을 역시 첫 줄에 사용해야 한다. pbricks.parameters 모듈에서 지원하고 있는 Color는 9가지 색상을 지원한다(BLACK, BLUE, GREEN, YELLOW, RED, WHITE, BROWN, ORANGE, PURPLE).

```
from pybricks.hubs import EV3Brick
from pybricks.parameters import Color
from pybricks.tools import wait
```

2. EV3 브릭의 light 상태의 명령어

1) 라이트 On

light.on(color)
지정된 색상으로 라이트를 켠다.
Parameters • color (Color)-라이트의 색상이다. None 또는 사용할 수 없는 색상을 선택하면 표시등이 꺼진다. 예) Color.RED, Color.GREEN, Color.YELLOW

2) 라이트 Off

light.off()
라이트를 끈다.
예제) 라이트을 켜고 색상을 변경한다.

```
#!/usr/bin/env pybricks-MicroPython

from pybricks.hubs import EV3Brick
from pybricks.tools import wait
from pybricks.parameters import Color

# EV3 초기화
ev3 = EV3Brick()

# 빨간색 라이트를 켠다.
ev3.light.on(Color.RED

# Wait
wait(1000)

# 라이트를 끈다.
ev3.light.off()
```

학습 7

3) parameters 모듈의 Color 클래스

class Color
라이트 색상 또는 표면 색상
9가지 지원(BLACK, BLUE, GREEN, YELLOW, RED, WHITE, BROWN, ORANGE, PURPLE)

4) tools 모듈의 wait 클래스

wait(time)
지정된 시간 동안 사용자 프로그램을 일시 중지한다.
Parameters: time (time: ms) - 기다리는 시간이다. 모든 시간 및 기간 값은 밀리세컨드 (ms)로 측정된다. 예를 들어, run_time이 있는 동작 기간과 대기 기간은 밀리 세컨트(ms)로 표시된다.

7-5 EV3 브릭 디스플레이(스크린) 프로그래밍

1. EV3 브릭의 LCD 개요 및 설정

EV3는 178×128 픽셀의 흑백 LCD 화면을 가지고 있다. 왼쪽 위 픽셀의 좌표는 (0, 0)이고 오른쪽 아래 픽셀의 좌표는 (177, 127)이다.

디스플레이(스크린) 관련 함수를 이용하기 위해서는 먼저 EV3 hubs를 임포트(import)해야 한다. 그런데 스크린의 폰트 관련 Pybricks API를 위해서는 pybricks.media.ev3dev 모듈을 임포트하고 Font 클래스 또는 Image, ImageFile 클래스를 반드시 첫 줄에 사용해야 한다. 그리고 화면의 대기시간과 관련한 Pybricks API를 위해서는 pybricks.tools모듈을 임포트하고 wait 변수명을 역시 첫 줄에 사용해야 한다.

```
from pybricks.hubs import EV3Brick
from pybricks.media.ev3dev import Font
from pybricks.media.ev3dev import Image, ImageFile
from pybricks.tools import wait
```

```
                        X
            ---------------->|
(0, 0)    _____________________
          |                    |
      |   |                    |
  y   |   |      Hello         |
      |   |      World         |
      v   |                    |
          |____________________| (177, 127)
```

[그림 7-7] EV3 브릭의 LCD

2. EV3 브릭의 디스플레이(화면)의 명령어

1) 화면 삭제

screen.clear()
화면을 지운다. 화면의 모든 픽셀은 Color.WHITE로 설정된다.

2) 화면에 텍스트 그리기

screen.draw_text(x, y, text, text_color=Color.BLACK, background_color=None)
화면에 텍스트를 그린다. set_font ()를 사용하는 최신 글꼴 세트가 사용되거나 글꼴이 아직 설정되지 않은 경우 Font.DEFAULT가 사용된다.
Parameters: • x (int) - 텍스트의 왼쪽이 시작되는 x축 값이다. • y (int) - 텍스트 상단이 시작되는 y 축 값이다. • text (str) - 그릴 텍스트이다. • text_color (Color) - 텍스트를 그리는 데 사용되는 색상이다. • background_color (Color) - 텍스트 뒤의 사각형을 채우는 데 사용되는 색상 또는 투명한 배경의 경우 None(없음)이다.

3) 화면에 텍스트 한줄 인쇄

screen.print(*args, sep=' ', end='\n')
화면에 텍스트 한 줄을 인쇄한다. 이 메서드는 내장 print () 함수처럼 작동하지만 대신 화면에 기록한다.
Parameters: • * (object) - 인쇄 할 0개 이상의 개체. • sep (str) - 인쇄되는 각 개체 사이에 놓일 구분 기호이다. • end (str) - 마지막 개체 뒤에 인쇄 될 줄의 끝이다.
예제)

# Say hello 	
ev3.screen.print('Hello!')
 	
# Say tiny hello 	
ev3.screen.set_font(tiny_font)
ev3.screen.print('hello')
 	
# Say big hello 	
ev3.screen.set_font(big_font)
ev3.screen.print('HELLO')
 	
# Say Chinese hello 	
ev3.screen.set_font(chinese_font)
ev3.screen.print('你好')

4) 화면에 사용되는 글꼴 설정

screen.set_font(font)
화면에 쓰는 데 사용되는 글꼴을 설정한다. 글꼴은 draw_text () 및 print () 모두에 사용된다.
Parameters: font (Font) -사용할 글꼴이다. Example: print ()의 예제를 참조하라.

5) 화면 중앙에 소스 이미지 그리기

screen.load_image(source)
이 이미지를 지운 다음 화면 중앙에 source 이미지를 그린다.
Parameters: source (Image or str) - 소스 이미지이다. 인수가 문자열이면 소스 이미지가 파일에서 로드된다.
예제)

# EV3 내장된 이미지를 표시한다. 	
ev3.screen.load_image(ImageFile.LEFT)
# Show an image 	
ev3.screen.load_image(ev3_img)

6) 화면에 소스 이미지 그리기

screen.draw_image(x, y, source, transparent=None)
화면에 소스 이미지를 그린다.
Parameters: • x (int) - 이미지의 왼쪽이 시작되는 x 축 값이다. • y (int) - 이미지 상단이 시작되는 y 축 값이다. • source (Image or str) - 소스 이미지이다. 인수가 문자열이면 소스 이미지가 파일에서 로드된다. • transparent (Color) - 투명하게 처리할 이미지의 색상 또는 투명하지 않은 경우 None(없음)이다.

7) 화면에 단일 픽셀로 그리기

screen.draw_pixel(x, y, color=Color.BLACK)
화면에 단일 픽셀을 그린다.
Parameters: • x (int) - 픽셀의 x 좌표이다. • y (int) - 픽셀의 y 좌표이다. • color (Color) - 픽셀의 색상이다.

8) 화면에 선 그리기

screen.draw_line(x1, y1, x2, y2, width=1, color=Color.BLACK
화면에 선을 그린다
Parameters: • x1 (int) - 선 시작점의 x 좌표이다. • y1 (int) - 선 시작점의 y 좌표이다. • x2 (int) - 선 끝점의 x 좌표이다. • y2 (int) - 선 끝점의 y 좌표이다. • width (int) - 선의 넓이 (픽셀)이다. • color (Color) - 선의 색상이다.
예제)

```
# 직사각형 그리기
ev3.screen.draw_box(10, 10, 40, 40)

# 단색 직사각형 그리기
ev3.screen.draw_box(20, 20, 30, 30, fill=True)

# 모서리가 둥근 직사각형을 그린다.
ev3.screen.draw_box(50, 10, 80, 40, 5)

# 원 그리기
ev3.screen.draw_circle(25, 75, 20)

# 선을 사용하여 삼각형 그리기
x1, y1 = 65, 55
x2, y2 = 50, 95
x3, y3 = 80, 95
ev3.screen.draw_line(x1, y1, x2, y2)
ev3.screen.draw_line(x2, y2, x3, y3)
ev3.screen.draw_line(x3, y3, x1, y1)
```

9) 화면에 상자를 그리기

screen.draw_box(x1, y1, x2, y2, r=0, fill=False, color=Color.BLACK)
화면에 상자를 그린다.
Parameters: • x1 (int) – 상자 왼쪽의 x 좌표이다. • y1 (int) – 상자 상단의 y 좌표이다. • x2 (int) – 상자 오른쪽의 x 좌표이다. • y2 (int) – 상자 하단의 y 좌표이다. • r (int) – 상자 모서리의 반경이다. • fill (bool) – True이면 상자가 색으로 채워지고 그렇지 않으면 상자의 윤곽선 만 그려진다. • color (Color) – 상자의 색상이다. Example: draw_line ()의 예를 참조하라

10) 화면에 원 그리기

screen.draw_circle(x, y, r, fill=False, color=Color.BLACK
화면에 원을 그린다.
Parameters: • x (int) – 원 중심의 x 좌표이다. • y (int) – 원 중심의 y 좌표이다. • r (int) – 원의 반경이다. • fill (bool) – True이면 원이 색상으로 채워지고 그렇지 않으면 원주만 그려진다. • color (Color) – 원의 색상이다. Example: draw_line ()의 예를 참조하라

11) 화면의 넓이(픽셀)

screen.width
화면의 넓이 (픽셀)를 가져온다.

12) 화면의 높이(픽셀)

screen.height
화면의 높이(픽셀 단위)를 가져온다.

13) 화면을 png파일로 저장

screen.save(filename)
화면을 .png 파일로 저장한다.
Parameters: filename (str) - 저장할 파일의 경로이다. Raises: • TypeError - 파일 이름은 문자열이 아니다. • OSError - 파일을 저장하는 중에 문제가 발생했다.

7-6 EV3 브릭 배터리 프로그래밍

1. EV3 브릭 배터리의 개요

배터리 관련 함수를 이용하기 위해서는 먼저 EV3 hubs를 임포트(import)해야 한다. 전압은 밀리 볼트(mV)로 표시되고, 배터리의 전압을 확인할 수 있다. 전류는 밀리 암페어(mA)로 표시되고 배터리에서 공급되는 전류를 확인할 수 있다.

2. EV3 브릭의 배터리의 명령어

1) 배터리 전압

battery.voltage()
배터리의 전압을 가져온다.
Returns: 배터리 전압. Return type: voltage: mV
예제)

```
# 배터리 전압이 올 때 경고음 재생
# 7V 미만 (7000mV = 7V)
if ev3.battery.voltage() < 7000:
    ev3.speaker.beep()
```

2) 배터리 전류

battery.current()
배터리에서 공급하는 전류를 가져온다.
Returns: 배터리 전류(Battery current) Return type: current: mA

7-7 EV3 브릭의 media 모듈 프로그래밍

1. EV3 브릭의 media 모듈 Sounds와 Images 명령어

이 모듈은 프로젝트에서 사용할 수 있는 사운드 및 이미지와 같은 미디어를 설명한다. media는 사용 가능한 플랫폼을 나타내는 하위 모듈로 나눈다.

2. EV3 브릭의 media.ev3dev 모듈 Sounds와 Images 명령어

EV3 MicroPython은 다양한 이미지 및 사운드 파일과 함께 제공되는 media.ev3dev 위에 구축되었다. 아래 클래스를 사용하여 액세스할 수 있다.

1) Image Files

class ImageFile
표준 EV3 이미지에 대한 경로.
Information, LEGO, Objects, Eyes

2) Sound Files

class SoundFile
표준 EV3 사운드 경로.
Expressions, Information, Communication, Movement sounds, Colors, Mechanical Animal sounds, Numbers, System sounds

학습 7

3) Fonts

class Font(family=None, size=12, bold=False, monospace=False, lang=None, script=None)
텍스트를 작성하기 위한 글꼴을 나타내는 개체이다. 글꼴 개체는 제공된 매개 변수 및 설치된 사용 가능한 글꼴을 기반으로 "가장 좋은"글꼴이 된다.
Parameters: • family (str) – 기본 설정 글꼴 패밀리 또는 기본값을 사용하려면 None(없음). • size (int) – 기본 글꼴 크기이다. 대부분의 글꼴 크기는 6에서 24 사이이다. 이것은 "포인트"크기이며 높이와 다르다. • bold (bool) – True이면 굵은 글꼴을 선호한다. • monospace (bool) – True 인 경우 고정 폭 글꼴을 선호한다. 여러 행의 텍스트를 정렬하는 데 유용하다. • lang (str) – 기본 언어를 사용하려면 'en' 또는 'zh-cn'또는 None과 같은 언어 코드이다. • script (str) – 'Runr'또는 None과 같은 유니 코드 스크립트 식별자.

(1) 기본 글꼴

DEFAULT= Font('Lucida', 12)
기본 글꼴이다.

(2) 글꼴의 패밀리

family
글꼴의 패밀리 이름을 가져온다.

(3) 글꼴의 스타일

style
글꼴 스타일을 설명하는 문자열을 가져온다. "일반" 또는 "굵게"일 수 있다.

(4) 글꼴의 넓이

width
글꼴에서 가장 넓은 문자의 넓이를 가져온다.

(5) 글꼴의 높이

height
글꼴의 높이를 가져온다.

(6) 텍스트의 넓이

text_width(text)
이 글꼴을 사용하여 텍스트를 그릴 때 텍스트의 넓이를 가져온다.
Parameters: text (str) - 텍스트. Returns: 넓이 (픽셀)이다. Return type: int

(7) 텍스트의 높이

text_height(text)
이 글꼴을 사용하여 텍스트를 그릴 때 텍스트의 높이를 가져온다.
Parameters: text (str) - 텍스트. Returns: 픽셀 단위의 높이이다. Return type: int

학습 7

4) 더 많은 글꼴 탐색(Exploring more fonts)

배후에서 Pybricks는 글꼴에 Fontconfig를 사용한다. Fontconfig 명령 줄 도구를 사용하여 사용 가능한 글꼴을 더 자세히 탐색할 수 있다. 이렇게 하려면 ev3dev 장치 브라우저로 이동하여 EV3 브릭을 마우스 오른쪽 버튼으로 클릭한 다음 SSH 터미널 열기를 클릭한다. 그런 다음 명령 중 하나를 입력할 수 있다.

```
# List available font families.
fc-list :scalable=false family
# Perform lookup similar to Font.DEFAULT
fc-match :scalable=false:dpi=119:family=Lucida:size=12
# Perform lookup similar to Font(size=24,lang=zh-cn)
fc-match :scalable=false:dpi=119:size=24:lang=zh-cn
```

Pybricks는 비트 맵 글꼴(scalable = false)만 사용할 수 있으며 EV3의 화면에는 인치당 119 픽셀(dpi = 119)이 있다.

5) 이미지 조작(Image Manipulation)

EV3 화면에 직접 그리는 대신 아래 제공된 Image 클래스를 사용하여 이미지 파일을 만들고 상호 작용할 수 있다.

class Image(source, sub=False)
그래픽 이미지를 나타내는 개체이다. 이는 이미지의 메모리 내 사본이거나 화면에 표시된 이미지일 수 있다.
Parameters: • source (str or Image) – 이미지의 소스이다. 소스가 문자열이면 이미지는 문자열로 지정된 파일 경로에서 로드된다. .png 파일만 지원된다. 특별한 경우로 문자열이 _screen_이면 이미지가 화면에 직접 그리도록 구성된다. Image가 주어지면 새 개체에는 원본 이미지 개체의 복사본이 포함된다. • sub (bool) – sub가 True이면 이미지 객체는 소스 이미지의 하위 이미지로 작동한다(소스 유형이 이미지인 경우에만 작동하고 str인 경우에는 작동하지 않음). sub = True인 경우 추가 키워드 인수 x1, y1, x2, y2가 필요하다. 이들은 하위 이미지의 경계로 사용될 소스 이미지의 왼쪽 상단 및 오른쪽 하단 좌표를 지정한다.

1) 정적인 공간

static empty(width=〈screen width〉, height=〈screen height〉)
비어있는 새 Image 객체를 만든다.
Parameters: • width (int) – 이미지의 넓이 (픽셀)이다. • height (int) – 이미지의 높이 (픽셀)이다. Returns: 모든 픽셀이 Color.WHITE로 설정된 새 이미지. Return type: Image Raises: • TypeError – 너비 또는 높이가 숫자가 아니다. • ValueError – 너비 또는 높이가 1보다 작다. • RuntimeError – 새 이미지를 할당하는 중에 문제가 발생했다.

6) Drawing text

이미지에 텍스트를 그리는 방법에는 두 가지가 있다. draw_text ()를 사용하면 텍스트를 이미지에 정확하게 배치하거나 print ()를 사용하여 새 줄에 텍스트를 자동으로 인쇄할 수 있다.

(1) draw_text(x, y, text, text_color=Color.BLACK, background_color=None)

draw_text(x, y, text, text_color=Color.BLACK, background_color=None)
이 이미지에 텍스트를 그린다. set_font ()를 사용하여 가장 최근에 설정된 글꼴이 사용되거나 글꼴이 아직 설정되지 않은 경우 Font.DEFAULT가 사용된다.
Parameters: •x (int) - 텍스트의 왼쪽이 시작되는 x 축 값이다. • y (int) - 텍스트 상단이 시작되는 y 축 값이다. • text (str) - 그릴 텍스트이다. • text_color (Color) - 텍스트를 그리는 데 사용되는 색상이다. • background_color (Color) - 텍스트 뒤의 사각형을 채우는 데 사용되는 색상 또는 투명한 배경의 경우 None(없음)이다.

(2) print(*args, sep=' ', end='\n')

print(*args, sep=' ', end='\n')
이 이미지에 텍스트 한 줄을 인쇄한다. 이 메서드는 내장 print () 함수처럼 작동하지만 대신이 이미지에 프린트한다. set_font ()를 사용하여 글꼴을 설정할 수 있다. 글꼴이 설정되지 않은 경우 Font.DEFAULT가 사용된다. 텍스트는 항상 흰색 배경에 검정색 텍스트를 사용하여 인쇄된다. 내장 print ()와 달리 텍스트가 너무 넓어서 이 이미지에 맞지 않으면 줄 바꿈 되지 않고 그냥 잘린다. 그러나 텍스트가 이 이미지의 하단을 벗어나면 전체 이미지가 위로 스크롤되고 텍스트가 이 이미지의 하단에 있는 새로운 빈 영역에 인쇄된다.
Parameters: • * (object) - 인쇄 할 0 개 이상의 개체. • sep (str) - 인쇄되는 각 개체 사이에 배치될 구분 기호이다. • end (str) - 마지막 개체 뒤에 인쇄 될 줄의 끝이다.

학습 7

(3) set_font(font)

set_font(font)
이 이미지에 쓰는 데 사용되는 글꼴을 설정한다. 글꼴은 draw_text () 및 print () 모두에 사용된다.
Parameters: font (Font) - 사용할 글꼴이다.

7) 이미지 그리기(Drawing images)

다른 이미지의 사본을 이미지에 그릴 수 있다. 또한 하위 이미지를 사용하여 이미지의 일부를 복사 할 수도 있다.

draw_image(x, y, source, transparent=None)
이 이미지에 소스 이미지를 그린다.
Parameters: • x (int) – 이미지의 왼쪽이 시작되는 x 축 값이다. • y (int) – 이미지 상단이 시작되는 y 축 값이다. • source (Image or str) – 소스 이미지이다. 인수가 문자열이면 소스 이미지가 파일에서로드된다. • transparent (Color) – 투명으로 처리 할 이미지의 색상 또는 투명하지 않은 경우 None(없음)이다.

8) 도형 그리기(Drawing shapes)

점, 선, 직사각형, 원 등 기본 도형을 그리는 방법이다.

(1) draw_pixel(x, y, color=Color.BLACK)

draw_pixel(x, y, color=Color.BLACK)
이 이미지에 단일 픽셀을 그린다.
Parameters: • x (int) – 픽셀의 x 좌표이다. • y (int) – 픽셀의 y 좌표이다. • color (Color) – 픽셀의 색상이다.

(2) draw_line(x1, y1, x2, y2, width=1, color=Color.BLACK)

draw_line(x1, y1, x2, y2, width=1, color=Color.BLACK)
이 이미지에 선을 그린다.
Parameters: • x1 (int) – 선 시작점의 x 좌표이다. • y1 (int) – 선 시작점의 y 좌표이다. • x2 (int) – 선 끝점의 x 좌표이다. • y2 (int) – 선 끝점의 y 좌표이다. • width (int) – 선의 너비 (픽셀)이다. • color (Color) – 선의 색상이다.

(3) draw_box(x1, y1, x2, y2, r=0, fill=False, color=Color.BLACK)

draw_circle(x, y, r, fill=False, color=Color.BLACK)
이 이미지에 상자를 그린다.
Parameters: • x1 (int) - 상자 왼쪽의 x 좌표이다. • y1 (int) - 상자 상단의 y 좌표이다. • x2 (int) - 상자 오른쪽의 x 좌표이다. • y2 (int) - 상자 하단의 y 좌표이다. • r (int) - 상자 모서리의 반경이다. • fill (bool) - True이면 상자가 색으로 채워지고 그렇지 않으면 상자의 윤곽선 만 그려진다. • color (Color) -상자의 색상이다.

(4) draw_circle(x, y, r, fill=False, color=Color.BLACK)

draw_circle(x, y, r, fill=False, color=Color.BLACK)
이 이미지에 원을 그린다.
Parameters: • x (int) - 원 중심의 x 좌표이다. • y (int) - 원 중심의 y 좌표이다. • r (int) - 원의 반경이다. • fill (bool) - True이면 원이 색상으로 채워지고 그렇지 않으면 원주만 그려진다. • color (Color) - 원의 색상이다.

9) 이미지 속성(Image properties)

(1) width

이 이미지의 너비(픽셀)를 가져온다.

(2) height

이 이미지의 높이(픽셀 단위)를 가져온다.

10) Replacing the entire image

(1) clear()

이 이미지를 지운다. 이 이미지의 모든 픽셀은 Color.WHITE로 설정된다.

(2) load_image(source)

load_image(source)
이 이미지를 지운 다음이 이미지의 중앙에 소스 이미지를 그린다.
Parameters: source (Image or str) – 소스 이미지이다. 인수가 문자열이면 소스 이미지가 파일에서로드 된다.

11) 이미지 저장(Saving the image)

(1) 저 장

save(filename)
이 이미지를 .png 파일로 저장한다.
Parameters: filename (str) – 저장할 파일의 경로이다. Raises: • TypeError – 파일 이름은 문자열이 아니다. • OSError – 파일을 저장하는 중에 문제가 발생했다.

7-8 Python의 함수

1. 함수의 개념

함수(Function)를 실행하는 행위를 호출이라 한다. 함수를 호출할 때 괄호() 내부에 여러 가지 자료를 넣게 되는데 이러한 자료를 매개변수라고 한다.

함수를 호출할 때 최종적으로 나오는 결과를 리턴값이라고 한다.

함수는 코드의 집합이다. print()함수를 작성할 때도 괄호()안이 매개변수라고 한다.

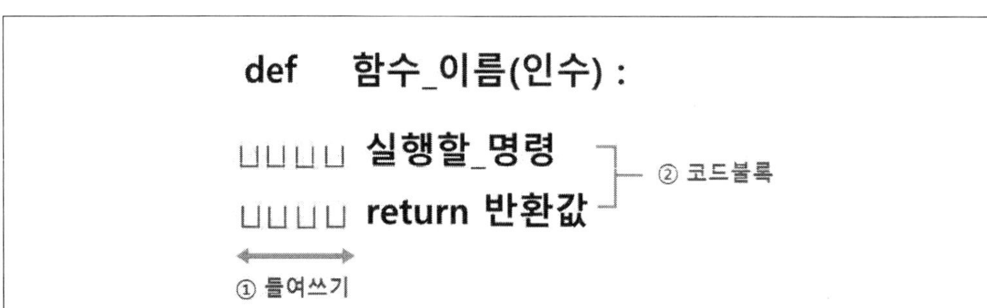

함수를 생성할 때 매개변수를 넣지 않거나 더 많이 넣으면 오류(TypeError)가 출력한다.

매개변수의 기본 예제	실행결과

def print_n_times(value, n)
    for i in range(n):
        print(value)
print_n_times("감사합니다", 4)
	감사합니다
	감사합니다
	감사합니다
	감사합니다

가변 매개함수는 print()함수와 같이 원하는 만큼 받을 수 있는 함수를 말한다.

기본 매개함수는 매개변수에 아무것도 넣지 않아도 들어가는 값이다.

매개변수 이름을 지정해서 입력하는 매개변수를 키워드 매개변수라고 한다.

여러 함수 호출 형태 예제	실행결과
def test(a, b=10, c=100): print(a + b + c) # 1) 기본 형태 test(30, 50, 20) # 2) 키워드 매개변수로 모든 매개변수를 지정한 형태 test(a=20, b=200, c=300) # 3) 키워드 매개변수로 모든 매개변수를 무작위 지정한 형태 test(c=50, a=150, b=250) # 4) 키워드 매개변수로 일부 매개변수만 지정한 형태 test(40, c=310)	100 320 450 350

2. 리 턴

input()함수는 함수를 실행하고 나면 다름 형태오 함수의 결과 받아서 사용한다. 이와 같은 함수의 결과를 리턴 값(return value)이라고 한다.

return 키워드는 함수를 실행했던 위치로 돌아가라는 의미와 여기서 끝내라는 의미를 가지고 있다. 그러므로 return 키워드를 만나면 함수가 종료된다.

return 뒤에 자료를 입력하면 자료를 가지고 리턴한다(예 return 100).

자료없이 리턴	실행결과

def return_test():
    print("나는 서울로 간다.")
    return
    print("나는 부산에 간다.")
return_test()
	나는 서울로 간다.

기본 함수의 형태 예제	실행결과

def sun_all(start, end):
# 변수 선언 	
    output = 0
# 반복문을 돌려 숫자를 더한다. 	
    for i in range(start, end + 1)
        output += I
    # 리턴한다.
    return output
#함수를 호출한다.
print("0 to 100:",sum_all(0, 100))
print("0 to 1000:",sum_all(0, 1000))
print("50 to 100:", sum_all(50, 100))
print("500 to 1000:", sum_all(500, 1000))
	0 to 100: 5050
	0 to 1000: 500500
	50 to 100: 3825
	500 to 1000: 375750

3. 재귀함수

내부에서 자신을 호출하는 함수를 재귀함수(Recursion Fuction)라 한다.

재귀함수는 상황에 따라 같은 것을 기하급수적으로 많이 반복한다는 문제가 있다.

파이썬은 함수 내부에서 함수 외부에 있는 변수에 접근하는 것을 참조(Reference)라고 한다(예 global 변수이름).

global 키워드는 파이썬 프로그래밍 언어만 있는 특이한 구조이다.

재귀함수의 예제	실행결과

def factorial(n)
    # n이 0이라면 1을 리턴
    if n == 0:
        return 1
    # n이 0 아니라면 n * (n-1)!을 리턴
    else:
        return n * factorial(n-1)
#함수를 호출한다.
print("1!:", factorial(1))
print("2!:", factorial(2))
print("3!:", factorial(3))
print("4!:", factorial(4))
print("5!:", factorial(5))
	1!: 1
	2!: 2
	3!: 6
	4!: 24
	5!: 120

4. 메모화

딕셔너리를 사용해서 한번 계산한 값을 저장한다. 이를 메모라고 한다. 딕셔너리에 갓이 메모되어 있으면 처리를 수행하지 않고 곧바로 메모리값을 돌려주면서 코드의 속도를 빠르게 만든다.

한 번 계산한 값을 저장해 놓은 후 이후에 다시 계산하지 않고 저장된 값을 활용하는 것을 메모화(Memoization)이다.

5. 조기리턴

예전에는 프로그램을 할 때 변수는 반드시 앞에서 선언하고 리턴(Return)은 반드시 뒤에서 프로그램을 작성했는데 요즘은 필요하면 중간에 리턴을 중간에 사용한다.

함수의 흐름 중간에 리턴 키워드를 사용해서 코드 들려쓰기를 줄이는 등의 효과를 가져오는 테크닉을 조기리턴(Early Returns)이다. 조기리턴을 하면 들여쓰기 단계가 줄기 때문에 코드를 더 쉽게 읽을 수 있다.

학습 7

예전 방식

```
def fibonacci(n):
    if n in dictionary:
       # 메모되어 있으면 메모된 값을 리턴
        return dictionary[n]
    else
    # 메모되어 있지 않으면 값을 구함
    output = fibonacci(n-1) + fibonacci(n-2)
    dictionary[n] = output
    return output
```

조기리턴 사용방식

```
def fibonacci(n):
    if n in dictionary:
       # 메모되어 있으면 메모된 값을 리턴
        return dictionary[n]
    # 메모되어 있지 않으면 값을 구함
    output = fibonacci(n-1) + fibonacci(n-2)
    dictionary[n] = output
    return output
```

6. 튜 플

튜플(Tuple)은 리스트와 비슷한 자료형으로 한번 결정된 요소를 수정할 수 없는 파이썬의 특별한 문법이고 괄호를 생략해서 다양하게 활용할 수 있다.

인공지능의 머신러닝 등에서 요소를 하나만 가지는 튜플을 선언하는 경우[㉠ (333,)]에는 괄호를 사용하는 경우[㉠ (a, b) = (10, 20)]와 괄호를 사용하지 않는 경우(㉠ a, b, c = 10, 20, 30)가 있다. 괄호를 생략해도 튜플로 인식할 수 있는 경우는 괄호를 생략해도 된다. 또한 튜플은 코드만으로 값을 바꾸는 값 교환방법(㉠ a, b = b, a)으로 특이한 기능을 사용한다.

튜플은 함수의 리턴에 많이 사용한다. 함수의 리턴에 튜플을 사용하면 여러 개의 값을 리턴을 할당할 수 있기 때문이다. 튜플은 리스트처럼 +와 * 연산자 등을 활용할 수 있다.

7. 람 다

최근 프로그램에서 함수의 기능을 매개변수로 전달하는 코드를 많이 사용한다. 파이썬에서는 코드를 좀 더 효율적으로 작성하도록 람다기능을 제공한다.

람다(Lambda)는 매개변수로 함수를 전달하기 위해 함수 구문을 자성하는 것이 번거롭고 코드 공간 낭비라는 생각이 들 때 함수를 간단하고 쉽게 선언하는 방법으로 파이썬의 특별한 문법이다. 함수를 매개변수로 전달하는 대표적인 표준함수는 map()함수[㉠ map(함수, 리스트)/예제 : output = map(power, list_input)]와 filter()함수[㉠ filter(함수, 리스트)/예제 : output = filter(under, list_input)]가 있다. 람다는 함수의 매개변수에 직접 넣을 수 있다[예제 : output = map(lamda x: x * x, list_input)]. output = filter(lambda x: x 〈 3, list_input)처럼 변수 power와 under 대신 직접 람다를 사용함으로 코드가 간단하게 구성되고 함수가 매개변수를 넣어졌다고 확인하고 함수의 기능을 알 수 있어 간편하다.

8. 파일처리

파일처리 함수는 파일을 처리하려면 파일 열기(Open), 파일 읽기(Read), 파일 쓰기(Write), 파일 닫기(Close)를 한다.

1) open()함수[예 파일객체 = open(문자열 : 파일경로, 문자열 : 읽기 모드)]

open()함수는 첫번째 매개변수는 파일 경로(Path)를 입력하고 두번째 매개변수는 모드(mode, 예 w; write 모드, a; append 모드, r; read 모드)를 지정한다.

2) close()함수[예 파일객체.close()]

파일을 닫을 때는 close()함수를 사용한다. 반드시 파일을 닫을 때는 close()함수를 사용한다.

3) with 키워드

프로그램이 길어지면 조건문과 반복문이 있어서 파일을 닫지 않는 실수가 종종 생긴다. 이런 것을 방지하기 위해 with 키워드를 사용한다.

with 구문[예 with open(파일경로, 모드), as 파일객체:]은 블록을 벗어날 때 close()함수를 자동으로 호출해 주는 구문이다.

4) 파일 읽기[read()]와 파일쓰기[write()]

학습 7

파일 읽기[예 파일객체.read()]는 파일을 열고 파일 객체의 read()함수를 호출하기만 하면 내부의 데이터를 모두 일어 출력한다.

read()함수 예제	실행결과

# 파일 열기 	
with open("basic.txt", "r") as file
#파일을 읽고 출력한다.
    contents = file.read()
print(contents)
	Hellow Python Programming ...!

수행 내용

재료 · 자료

- Python, EV3 레고 마인드스톰 관련 자료

기기(장비 · 공구)

- 컴퓨터, USB 케이블, 충전 어댑터, 프린터, 주변기기

안전 · 유의사항

- EV3 로봇 플랫폼의 외형을 관리하고 P브릭에 전원을 충분히 충전한다.

수행 순서

01 EV3 스피커를 통하여 "Hello"가 나오도록 프로그램을 구현해 보자.

프로그램 작성

```
#!/usr/bin/env pybricks-MicroPython
from pybricks.hubs import EV3Brick
from pybricks.ev3devices import (Motor, TouchSensor, ColorSensor,
                                 InfraredSensor, UltrasonicSensor, GyroSensor)
from pybricks.parameters import Port, Stop, Direction, Button, Color
from pybricks.tools import wait, StopWatch, DataLog
from pybricks.robotics import DriveBase
from pybricks.media.ev3dev import SoundFile, ImageFile


# This program requires LEGO EV3 MicroPython v2.0 or higher.
# Click "Open user guide" on the EV3 extension tab for more information.

# Create your objects here.
ev3 = EV3Brick()
```

```
# Write your program here.
ev3.speaker.beep()

# Hello 라고 말한다.
ev3.speaker.say('Hello')
```

처음하는 경우에는 ev3 = EV3Brick(), ev3.speaker.beep()가 기본적으로 파일이 쓰여져 있다. 그러므로 # Hello 라고 말한다.

ev3.speaker.say('Hello') 입력하고

F5 Enter↵ 하면 프로그램이 자동적으로 실행한다.

```
문제  출력  디버그 콘솔  터미널                ev3dev
Starting: brickrun --directory="/home/robot/synam" "/home/robot/synam/main.py"
----------
----------
Completed successfully.
```

성공적으로 실행한 결과화면이다.

Tip 공통적용

한 번 프로그램을 시작하면 매번 같은 화면을 반복할 필요가 없다. 그러므로 대부분 실습 시에는 앞에서 실행한 파일을 주석처리(Ctrl + /)하면 된다. 해당 파일 드래그하고 컨트롤 키와 백슬래시 키를 동시에 누르면 자동적으로 초록색으로 바뀌면서 주석처리가 된다.

```
# # Hello 라고 말한다.
# ev3.speaker.say('Hello')
```

잘못하여 앞에 하는 파일을 다시 하거나 지운 파일을 재생하고 싶은 때에는 Ctrl + Z 하면 된다.

```
# Hello 라고 말한다.
ev3.speaker.say('Hello')
```

```
main.py
#!/usr/bin/env pybricks-micropython
from pybricks.hubs import EV3Brick
from pybricks.ev3devices import (Motor, TouchSensor, ColorSensor,
                                 InfraredSensor, UltrasonicSensor, GyroSensor)
from pybricks.parameters import Port, Stop, Direction, Button, Color
from pybricks.tools import wait, StopWatch, DataLog
from pybricks.robotics import DriveBase
from pybricks.media.ev3dev import SoundFile, ImageFile


# This program requires LEGO EV3 MicroPython v2.0 or higher.
# Click "Open user guide" on the EV3 extension tab for more information.


# Create your objects here.
ev3 = EV3Brick()


# Write your program here.
ev3.speaker.beep()

# Hello 라고 말한다.
ev3.speaker.say('Hello')
```

```
문제   출력   디버그 콘솔   터미널                ev3dev
Starting: brickrun --directory="/home/robot/synam" "/home/robot/synam/main.py"
----------
----------
Completed successfully.
```

〈도전과제〉

ev3.speaker.say('좋아요')처럼 한글을 치면 한글 음성이 나온다.

```
# Hello 라고 말한다.
ev3.speaker.say('좋아요')
```

02 ev3.speaker.beep() 함수를 이용하여 다음 프로그램을 구현해 보자.

프로그램 작성

```
# Write your program here.
#기본 비프음을 1번 재생한다.
ev3.speaker.beep()

#20 ms 기다린다. (쉼표의 개념)
wait(20)

#1500 Hz의 주파수를 1000 ms 동안 재생한다.
ev3.speaker.beep(1500,1000)

#EV3 에 내장된 파일을 재생한다.
ev3.speaker.play_file(SoundFile.EV3)
```

학습 7

03 ev3.speaker.beep() 함수를 이용하여 떳다 덧다 비행기'를 연주하는 프로그램을 구현해 보자.

주파수 음계를 검색하면, 도 : 523, 레 : 587, 미 : 659이다.

프로그램 작성

```
do = 523
re = 587
mi = 659

ev3.speaker.beep(mi, 500)
wait(20)
ev3.speaker.beep(re, 500)
wait(20)
ev3.speaker.beep(do, 500)
wait(20)
ev3.speaker.beep(re, 500)
wait(20)
ev3.speaker.beep(mi, 500)
wait(20)
ev3.speaker.beep(mi, 500)
wait(20)
ev3.speaker.beep(mi, 500)
wait(20)
```

04 브릭버튼의 좌 · 우 · 상 · 하 및 가운데 버튼를 누루면 스피커에서 비프음이 나오는 프로그램을 구현해 보자.

프로그램 작성

```
#!/usr/bin/env pybricks-MicroPython

from pybricks.hubs import EV3Brick
from pybricks.parameters import Button

from menu import wait_for_button

# Initialize the EV3.
ev3 = EV3Brick()
```

```
while True:
    # Show the menu and wait for one button to be selected.
    button = wait_for_button(ev3)

    # Now you can do something, based on which button was pressed.

    # In this demo, we just play a different sound for each button.
    if button == Button.LEFT:
        ev3.speaker.beep(200)
    elif button == Button.RIGHT:
        ev3.speaker.beep(400)
    elif button == Button.UP:
        ev3.speaker.beep(600)
    elif button == Button.DOWN:
        ev3.speaker.beep(800)
    elif button == Button.CENTER:
        ev3.speaker.beep(1000)
```

05 브릭등 LED를 이용하여 다음 프로그램을 구현해 보자.

프로그램 작성

```
#빨간색으로 켜짐 (빨간, 노랑, 초록, 오렌지)
ev3.light.on(Color.RED)

#브럭등 꺼짐
ev3.light.off()
```

06 브릭 LED를 이용하여 신호등을 표현해 보자.

프로그램 작성

```
while true
    ev3.brick.on(Color.RED)
    wait(1000)
    ev3.brick.on(Color.YELLOW)
    wait(1000)
    ev3.brick.on(Color.GREEN)
    wait(1000)
```

07 브릭의 디스플레이에 글자, 그림, EV3에 내장된 이미지를 표시해 보자.

프로그램 작성

```
ev3.screen.print('World') # World 제일 위에 표시
wait(1000)
ev3.screen.clear() # 디스플레이 화면 지우기

ev3.screen.draw_text('Hello',(60, 50, 'Hello')) #( x=60, y=50) 위치에 Hello 출력
wait(1000)
ev3.screen.load_.image(ImageFile.LEFT) # EV3 내장된 이미지를 표시
wait(1000)
```

08 EV3 화면에 출력되는 글자 크기 변경에 대한 프로그램을 작성해 보자.

프로그램 작성

```
from pybricks.media.ev3dev import SoundFile, ImageFile, Font
```

Font 모듈 추가

```
#글자 크기 변경
#글자 크기 정의
font = Font(size=100)

#폰트 설정
ev3.screen.set_font(font)
#화면 지우기
ev3.screen.clear()
#글자 크기 확인
ev3.screen.print('Big Font')
wait(5000)
```

학습 7

09 브릭 버튼을 사용자에 따라서 프로그램을 작성해 보자.

사용자가 왼쪽 버튼을 누르면, EV3 화면에 왼쪽 화살표 ⇦ 사용자가 오른쪽 버튼을 누르면, EV3 화면에 오른쪽 화살표 ➡ 보이도록 프로그램을 작성해 보자.

브릭 버튼은 brick.buttons() 함수를 이용하여, 사용자가 입력한 버튼의 목록을 가져 올 수 있다. 버튼의 목록은 Button.LEFT, Button.RIGHT, Button.UP, Button.DOWN, Button.CENTER 등이 있다.

프로그램 작성

```
while True:
    if Button.LEFT in ev3.buttons.pressed():
        ev3.screen.load_image(ImageFile.LEFT)
    elif Button.RIGHT in ev3.buttons.pressed():
        ev3.screen.load_image(ImageFile.RIGHT)
```

10 브릭 버튼의 사용자 위쪽 버튼을 누르면 ImageFile.FORWARD 표시하고, 사용자 위쪽 버튼을 누르면 ImageFile.BACKWARD 표시되도록 프로그램을 작성해 보자.

프로그램 작성

```
while True:
    if Button.LEFT in ev3.buttons.pressed():
        ev3.screen.load_image(ImageFile.LEFT)
    elif Button.RIGHT in ev3.buttons.pressed():
        ev3.screen.load_image(ImageFile.RIGHT)
    elif Button.UP in ev3.buttons.pressed():
        ev3.screen.load_image(ImageFile.FORWARD)
    elif Button.DOWN in ev3.buttons.pressed():
        ev3.screen.load_image(ImageFile.BACKWARD)
```

11 화면을 사용하는 방법에서 Say hello를 표시하는 여러 가지 방법에 대하여 프로그램을 작성해 보자.

```
#!/usr/bin/env pybricks-MicroPython

from pybricks.hubs import EV3Brick
from pybricks.tools import wait
```

```
from pybricks.media.ev3dev import Font

# It takes some time for fonts to load from file, so it is best to only
# load them once at the beginning of the program like this:
tiny_font = Font(size=6)
big_font = Font(size=24, bold=True)
chinese_font = Font(size=24, lang='zh-cn')

# Initialize the EV3
ev3 = EV3Brick()

# Say hello
ev3.screen.print('Hello!')

# Say tiny hello
ev3.screen.set_font(tiny_font)
ev3.screen.print('hello')

# Say big hello
ev3.screen.set_font(big_font)
ev3.screen.print('HELLO')

# Say Chinese hello
ev3.screen.set_font(chinese_font)
ev3.screen.print('你好')

# Wait some time to look at the screen
wait(5000)
```

12 화면에 이미지 표시하는 방법에 대하여 프로그램을 작성해 보자.

```
#!/usr/bin/env pybricks-MicroPython

from pybricks.hubs import EV3Brick
from pybricks.tools import wait
from pybricks.media.ev3dev import Image, ImageFile

# It takes some time to load images from the SD card, so it is best to load
```

```
# them once at the beginning of a program like this:
ev3_img = Image(ImageFile.EV3_ICON)

# Initialize the EV3
ev3 = EV3Brick()

# Show an image
ev3.screen.load_image(ev3_img)

# Wait some time to look at the image
wait(5000)
```

13 화면에 여러가지 모양을 그리는 방법에 대하여 프로그램을 작성해 보자.

```
#!/usr/bin/env pybricks-MicroPython

from pybricks.hubs import EV3Brick
from pybricks.tools import wait

# Initialize the EV3
ev3 = EV3Brick()

# Draw a rectangle
ev3.screen.draw_box(10, 10, 40, 40)

# Draw a solid rectangle
ev3.screen.draw_box(20, 20, 30, 30, fill=True)

# Draw a rectangle with rounded corners
ev3.screen.draw_box(50, 10, 80, 40, 5)

# Draw a circle
ev3.screen.draw_circle(25, 75, 20)

# Draw a triangle using lines
x1, y1 = 65, 55
x2, y2 = 50, 95
```

```
x3, y3 = 80, 95
ev3.screen.draw_line(x1, y1, x2, y2)
ev3.screen.draw_line(x2, y2, x3, y3)
ev3.screen.draw_line(x3, y3, x1, y1)

# Wait some time to look at the shapes
wait(5000)
```

14 식당에서 한 테이블에 앉을 수 있는 인원은 최대 10명이다. 100명이 하나 이상의 테이블에 나누어 앉는 패턴을 구하는 프로그램을 작성해 보자.

함수 활용 프로그램 작성	실행결과

앉힐 수 있는 최소 사람 수 = 2
앉힐 수 있는 최대 사람 수 = 100
전체 사람수 = 100
memo = {}
 	
def 문제(남은 사람 수, 앉힌 사람 수):
    key = str([남은 사람 수, 앉힌 사람 수])
    # 종료조건
    if key in memo:
        return memo[key]
    if 남은사람수 〈 0:
        return 0 # 무효하니깐 0을 리턴
    if 남은사람수 == 0:
       return 1 # 유효하니깐 수를 세면 1을 리턴
    #재귀처리
    count = 0
    for i in range(앉힌 사람 수, 앉힐 수 있는 최대 사람 수 + 1):
        count += 문제(남은 사람수 - i, i)
    # 메모화 처리
    memo[key] = count
    # 종료
    return count
 	
print(문제(전체 사람의 수, 앉힐 수 있는 최소 사람 수))
	437420

재귀함수를 사용해서 모든 경우를 구하는 문제이다. 메모화하지 않으면 실행시간이 오래 걸리므로 메모화를 함께 해야 한다.

학습활동.7 교수 · 학습 방법

교수 방법

- EV3 브릭 프로그래밍과 함수에 대한 관련 용어, 구성, 방식 이해 정도를 파악한 후 수업을 진행한다.
- 교수자의 주도로 EV3 브릭 프로그래밍과 함수 등의 내용을 PPT 자료로 제시한 후 설명한다.
- 가능하면 사전에 개인별 학습 자료를 준비하여 모든 학생이 참여할 수 있는 문제 해결식 수업, 협력 수업이 가능하도록 한다.
- EV3 브릭 프로그래밍과 함수 전 과정을 작업의 순서에 따라 단계적으로 실습이 이루어질 수 있도록 지도한다.
- 이 책을 통해 수업을 준비하는데 있어서 필요한 모든 정보나 팁, 힌트 등 도움이 될 만한 내용들을 확인할 수 있다.
- 학생들이 만들게 될 각 모델들은 수업시간에 중점적으로 다뤄질 부분과 어휘, 질문, 답을 포함하고 있으며 또한 탐구할만한 추가적인 아이디어들도 포함하고 있다.

학습 방법

- EV3 브릭 프로그래밍과 함수에 대한 관련 용어를 숙지하고, EV3 브릭 프로그래밍과 함수에 대해 이해한다.
- EV3 브릭 프로그래밍과 함수의 각 단계별 중점 사항을 체계적으로 학습한다.
- EV3 브릭 프로그래밍과 함수의 수행순서의 전 과정을 실습한다.
- EV3 브릭 프로그래밍과 함수의 내용을 이해한다.
- EV3 브릭 프로그래밍과 함수를 이해하고 숙달이 될 때까지 학습한다.

학습활동.7 평가 및 피드백

평가 준거

- 평가자는 피평가자가 수행 준거 및 평가 내용에 제시되어 있는 내용을 성공적으로 수행할 수 있는 지를 평가해야 한다.

학습내용	평가항목	성취수준		
		상	중	하
EV3 브릭 프로그래밍과 함수	EV3 브릭 프로그래밍과 함수을 이해할 수 있다.			

평가 방법

- 작업 포트폴리오

학습내용	평가항목	성취수준		
		상	중	하
EV3 브릭 프로그래밍과 함수	EV3 브릭 프로그래밍과 함수을 이해할 수 있다.			

- 필기시험

학습내용	평가항목	성취수준		
		상	중	하
EV3 브릭 프로그래밍과 함수	EV3 브릭 프로그래밍과 함수을 이해할 수 있다.			

- 체크리스트를 통한 관찰

학습내용	평가항목	성취수준		
		상	중	하
EV3 브릭 프로그래밍과 함수	EV3 브릭 프로그래밍과 함수을 이해할 수 있다.			

- 피드백

1. 작업 포트폴리오
   - 제출한 보고서를 평가한 후 주요 사항에 대하여 표시하여 돌려준다.
2. 필기시험
   - 평가 결과 성적이 저조한 학생은 보고서 제출 기회를 부여한다.
3. 체크리스트를 통한 관찰
   - 실습 과정에서 평가한 후 개선해야 할 사항 등을 정리하여 돌려준다.

학습 7

참 | 고 | 문 | 헌

1. 남상엽 외(2016.3.10), 창의공학, 상학당.
2. 남상엽 외(2016.7.16), 스마트로봇 EV3를 활용한 C언어 프로그래밍, 상학당.
3. 남상엽 외(2014.3.10), 스마트로봇 EV3, 이지테크.
4. https://education.lego.com/ko-kr/support/mindstorms-ev3/python-for-ev3
5. https://www.balena.io/etcher/
6. https://code.visualstudio.com/
7. getting-started-with-MicroPython ver 1.0
8. https://www.atlabme.com/easy-program-python-ev3/
9. 헬로코딩_한입에 쏙 파이썬
10. 윤인성, 혼자 공부하는 파이썬, 한빛미디어
11. https://cafe.naver.com/handsontechnology
12. 마인크래프트로 배우는 파이썬 프로그래밍, 제이펍, 크레이크 리처드슨
13. 컴퓨팅 사고와 함께하는 파이썬 기초부터 인공지능 응용까지, 연두에디션
14. 스마트로봇 EV3, 이지테크
15. LEGO MINDSTORMS Education EV3
16. www.hansoncampus.co.kr, 핸즈온 캠퍼스
17. http://www.robowell.co.kr/, 로보웰 코리아
18. https://sites.google.com/site/ev3devpython/introduction,EV3Python(v2)
19. https://sites.google.com/site/ev3python/,EV3ptyhon(v1)
20. https://www.ev3dev.org/

학습 1	스마트로봇 EV3의 개요 및 구성
학습 2	파이썬의 개요 및 설정
학습 3	파이썬 프로그램 작성과 실행
학습 4	파이썬 기초 프로그래밍(1)_자료형
학습 5	파이썬 기초 프로그래밍(2)_조건문
학습 6	파이썬 기초 프로그래밍(3)_반복문
학습 7	EV3 브릭 프로그래밍과 함수
학습 8	**EV3 모터 주행 제어 프로그래밍과 모듈**
학습 9	EV3 터치센서 제어 프로그래밍과 클래스
학습 10	EV3 초음파센서 제어 프로그래밍과 예외처리
학습 11	EV3 컬러센서와 자이로센서 프로그래밍
학습 12	EV3 응용 제어 프로그래밍

학습 목표

1. EV3 모터 주행 제어 프로그래밍과 모듈을 이해할 수 있다.

8-1 MicroPython 모듈

파이썬은 하나 이상의 모듈(Module)로 구성되며, 각 모듈은 파이썬 언어로 구현되어 있다. 프로그램 개발 시 import 문을 이용해 모듈을 불러와서 활용한다. 모듈은 기능별로 계층적으로 조직화되어 있다.

스마트로봇 EV3에 제공되는 마이크로 파이썬의 피브릭 모듈(PYBRICK Modules)은 〈표 8-1〉과 같다.

〈표 8-1〉 마이크로 파이썬의 피브릭 모듈

모듈이름	모듈내용	클래스	디바이스
hubs	Programmable Huns	EV3Brick	EV3 Brick.; button, light, speaker, screen, battery
ev3devices	EV3 Devices	Motor TouchSensor ColorSensor	EV3 motors and sensors; Motors, Touch Sensor Color Sensor, Infrared Sensor and

모듈이름	모듈내용	클래스	디바이스
		InfraredSensor UltrasonicSensor GyroSensor	Beacom. Ultrasonic Sensor, Gyroscopic Sensor
nxtdevices	NXT Devices	TouchSensor LightSensor ColorSensor UltrasonicSensor TemperatureSensor EnergyMeter VernierAdapter	NXT motors and sensors with the EV3 brick.; NXT Touch Sensor, NXT Light Sensor, NXT Color Sensor, NXT Ultrasonic Sensor, NXT Temperature Sensor, NXT Energy Meter, Vernier Adapter,
iodevices	Generic I/O Devices	LUMPDevice AnalogSensor I2CDevice UARTDevice DCMotor Ev3devSensor	Generic input/output devices; LUMP Device, Analog Sensor, I2C Device, UART Device, DC Motor, Ev3dev sensors,
parameters	Parameters and Constants	Port Direction Stop Color Button	Constant parameters/ arguments for the Pybricks API.
tools	Timing and Data logging	wait StopWatch DataLog	Common tools for timing and data logging
robotics	Robotics	DriveBase	Robotics module for the Pybricks API.
media	Sounds and Images	ImageFile SoundFile Font Image	Sounds and Images
messaging	Messaging	BluetoothMailboxServer BluetoothMailboxClient Mailbox LogicMailbox NumericMailbox TextMailbox	EV3 Brick using Bluetooth, EV3 Bricks acting as servers or clients, Mailboxes, mailbox containing boolean data mailbox containing numeric data, mailbox containing text data

새로운 프로그램을 위하여 New project를 시작하면 [그림 8-1]처럼 스마트로봇 EV3에 제공되는 마이크로 파이썬의 피브릭 모듈(PYBRICK Modules)이 나타난다.

해당 모듈이 없으면 from pybricks. 해당모듈 inport 해당 클래스 반드시 프로그램 첫 줄에 넣어 주어야 한다.

```
#!/usr/bin/env pybricks-micropython
from pybricks.hubs import EV3Brick
from pybricks.ev3devices import (Motor, TouchSensor, ColorSensor,
                                 InfraredSensor, UltrasonicSensor, GyroSensor)
from pybricks.parameters import Port, Stop, Direction, Button, Color
from pybricks.tools import wait, StopWatch, DataLog
from pybricks.robotics import DriveBase
from pybricks.media.ev3dev import SoundFile, ImageFile


# This program requires LEGO EV3 MicroPython v2.0 or higher.
# Click "Open user guide" on the EV3 extension tab for more information.


# Create your objects here.
ev3 = EV3Brick()


# Write your program here.
ev3.speaker.beep()
```

[그림 8-1] EV3의 마이크로 파이썬의 피브릭 모듈

8-2 EV3 모터의 개요

1. EV3 모터의 개요

EV3 로봇은 2개의 모터(Motor)를 가지고 있다. EV3 모터는 크게 라지 모터와 미디엄 모터로 구성되어 있다. 라지 모터는 강력한 파워를 가지고 있으며 내부에 분해력이 1/360인 회전센서가 내장되어 있어 정교하게 제어할 수 있다. 이 모터는 로봇 구동에 최적화 되어 있기 때문에 주행모드 또는 탱크모드 주행을 지원한다. 미디엄 모터는 라지 모터와 같이 내장회전센서(1도씩조절)가 포함되어있다. 그리고 라지 모터보다 작고 가볍기 때문에 보다 빨리 반응할 수 있다.

모터함수는 두 모터를 동시에 제어한다. 왼쪽 모터는 포트B(Port.B)에 연결하고 오른쪽 모터는 포트C(Port.C)에 연결한다. 클래스(Motor()은 Left=Motor(Port.B), right=Motor(Port.C)로 객체생성을 한다.

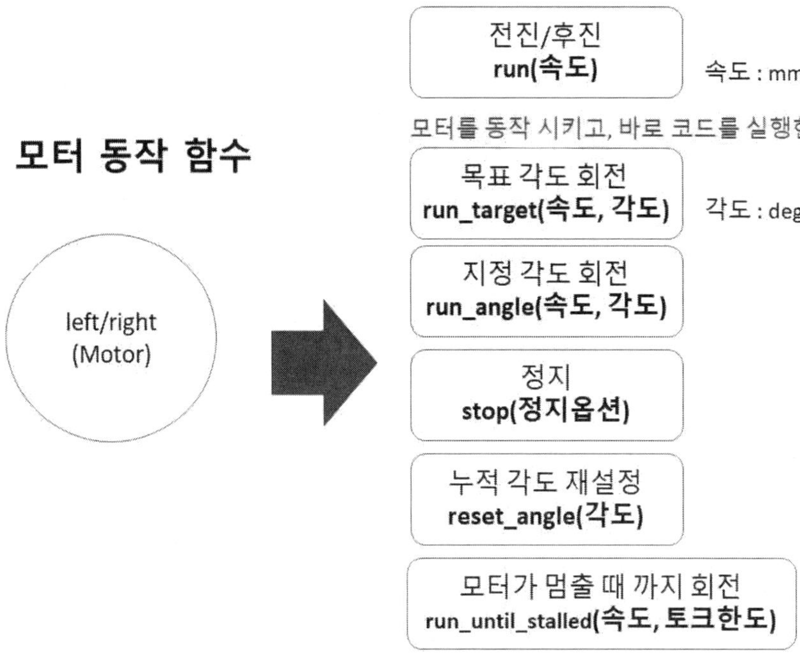

[그림 8-2] 모터 동작 함수

그러므로 모토 관련 함수를 이용하기 위해서는 먼저 pybricks.ev3devices 모듈 사용 시에 다음같이 형식의 구문을 반드시 넣어야 한다. 그런데 포트 관련 Pybricks API를 위해서는 pybricks.parameters 모듈을 임포트하고 Port 클래스를 반드시 첫 줄에 사용해야 한다.

```
from pybricks.ev3devices import Motor
from pybricks.parameters import Port
```

Tip 포트 설정

프로그래밍 가능한 브릭 또는 허브의 포트

Motor Ports	A, B, C, D
Sensor ports:	S1, S2, S3, S4

1) 라지 모터의 설정

라지 모터는 모터의 파워 레벨을 조절할 수 있고, 구동 시간, 구동 회전수, 구동 각도를 제어할 수 있다.

[그림 8-3] EV3의 라지 모터

라지 모터를 제어하기 위해 Motor() 클래스를 임포트해야 한다. 그리고 라지 모터가 연결된 출력포트를 지정하고, 인스턴스를 생성한다.

2) 미디엄 모터의 설정

미디엄 모터는 라지 모터와 같이 내장회전센서(1도씩 조절)가 포함되어있다. 그리고 라지 모터보다 작고 가볍기 때문에 보다 빨리 반응할 수 있다. 미디엄 모터는 모터의 파워 레벨을 조절할 수 있고, 구동 시간, 구동 회전수, 구동 각도를 제어할 수 있다.

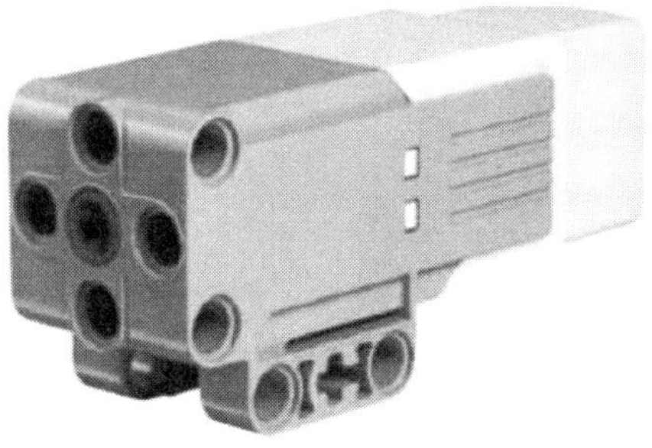

[그림 8-4] EV3의 미디엄 모터

8-3 EV3 Motor 모듈의 명령어

1. 모 터

1) 클래스 모터

class Motor(port, positive_direction=Direction.CLOCKWISE, gears=None)
모터의 속도(각속도)를 가져 온다.
파라미터(Parameters) ① port(Port) : 모터가 연결되는 포트 ② Positive_direction(Direction) : 양의 속도 값 또는 각도를 제공할 때 모터가 회전해야 하는 방향이다. ③ gears(list) : 모터에 연결된 기어의 목록(Default : None) [12, 36]은 톱니바퀴 12개와 36개 기어가 장착된 기어 트레인을 나타낸다. [[12, 36], [20, 16, 40]]과 같이 복수의 기어를 사용하는 기어 트레인의 목록을 나열한다. 기어 트레인을 지정하면 결과적 기어비에 맞춰 모든 모터 명령과 설정이 자동으로 조정된다. 모터의 방향은 기어를 몇 개 선택하든 관계없이 바뀌지 않는다.

2. 측 정

1) 모터의 속도

speed()
모터의 속도(각속도)를 가져 온다.
Returns : 모터 속도. Return type : rotational speed: deg/s

2) 모터의 회전 각도

angle()
모터의 회전 각도를 가져 온다.
Returns : 모터 각도. Return type : angle: deg

3) 모터의 누적 회전 각도의 재설정

reset_angle(angle)
모터의 누적 회전 각도를 원하는 값으로 설정한다.
Parameters angle(angle: deg) : 각도를 재설정해야 하는 값이다.

3. 모터의 정지

1) 모터의 정지

stop()
모터를 멈추고 자유롭게 회전시킨다. 마찰로 인하여 모터가 서서히 정지한다.

2) 모터의 break()

break()
수동적으로 모터를 제동한다. 마찰과 모터가 계속 움직이는 동안 생성되는 전압으로 인해 모터가 멈춘다.

3) 모터의 hold

hold()
모터를 정지하고 현재 각도에서 능동적으로 유지한다.

4. 모터의 동작

1) 모터의 각속도

run(speed)
모터는 일정한 속도(각속도)로 작동한다. 모터는 주어진 속도로 가속하고 새로운 명령을 내릴 때까지 이 속도로 계속 작동한다.
Parameters speed(rotational speed: deg/s) - 모터의 속도.

2) 모터의 각속도로 지정 길이의 시간동안 작동

run_time(speed, time, then=stop_type=Stop.HOLD, wait=True)
모터를 일정한 속도(각속도)로 지정된 길이의 시간 동안 작동한다.
주어진 시간 동안 일정한 속도로 모터를 작동한다. 모터는 주어진 속도로 가속하고 이 속도로 계속 작동한 다음 감속한다. 총 기동은 주어진 시간 동안 정확하게 지속된다.
Parameters • speed (rotational speed: deg/s) - 모터의 속도. • time (time: ms) - 작동 시간의 길이. • then (Stop) - 정지한 후에 해야할 일 • wait (bool) - 나머지 프로그램을 계속하기 전에 기동이 완료될 대가지 기다린다.

3) 모터를 지정된 각도만큼 속도로 작동

run_angle (speed, rotation_angle, then=Stop_type=Stop.HOLD, wait=True)
주어진 각도로 일정한 속도로 모터를 작동한다
Parameters • speed (rotational speed: deg/s) - 모터의 속도. • rotation_angle (angle: deg) - 모터가 회전해야 하는 각도. • then (Stop) - 정지 한 후 해야 할 일 • wait (bool) - 나머지 프로그램을 계속하기 전에 기동이 완료 될 때까지 기다린다.

4) 모터를 일정한 속도(각속도)로 지정된 목표 각도를 향해 작동

run_target (speed, target_angle, then=Stop_type=Stop.HOLD, wait=True)
주어진 목표 각도를 향해 일정한 속도로 모터를 작동한다. 회전 방향은 목표 각도에 따라 자동으로 선택된다. 속도가 양수인지 음수인지는 중요하다.
Parameters • speed (rotational speed: deg/s) - 모터의 속도. • target_angle (angle: deg) - 모터가 회전해야 하는 목표 각도. • then (Stop) - 정지한 후 해야 할 일 • wait (bool) - 나머지 프로그램을 계속하기 전에 모터가 목표에 도달할 때까지 기다린다.

5) 모터를 멈출 때까지 일정한 속도(각속도)로 작동

run_until_stalled (speed, then=Stop.COAST, duty_limit=None)
모터가 멈출 때까지 일정한 속도로 작동한다.
Parameters • speed (rotational speed: deg/s) - 모터의 속도. • then (Stop) - 정지 한 후 해야 할 일 • duty_limit (percentage: %) - 이 명령 동안에 토크 제한. 이는 기어 식 또는 레버 메커니즘에 전체 모터 토크를 적용하지 않도록 하는 데 유용하다.

6) 모터의 듀타 사이클 설정

dc(duty)
주어진 듀티 사이클 ("파워"라고도 함)에서 모터를 회전한다. 이 방법을 사용하면 단순한 DC 모터처럼 모터를 사용할 수 있다.
duty(percentage: %) - 듀티 사이클 (-100.0 ~ 100).

5. 고급 동작 제어

1) 시간에 따라 달라지는 목표 각도를 추적

track_target (target_angle)
목표 각도를 추적한다. 이것은 run_target ()과 유사하지만 일반적인 부드러운 가속은 건너뛴다. 가능한 한 빨리 목표 각도로 이동한다. 이 방법은 목표 각도를 계속 변경하려는 경우에 유용하다.
Parameters target_angle (angle: deg) - 모터가 회전해야 하는 목표 각도.

2) 제 어

control
모터는 PID 제어를 사용하여 지정한 속도 및 각도 목표를 정확하게 추적한다. 모터의 제어 속성을 통해 동작을 변경할 수 있다. 사용 가능한 메서드에 대한 개요는 컨트롤 클래스를 참조하라.

6. Control 클래스

Motor 클래스는 PID 제어를 사용하여 명령된 목표 각도를 정확하게 추적한다. 마찬가지로 DriveBase 클래스는 이러한 컨트롤러 중 두 개를 사용한다. 하나는 방향을 제어하고 다른 하나는 이동 거리를 제어한다.

아래에 주어진 Control 클래스의 인스턴스인 다음 속성을 통해 제어 설정을 변경할 수 있다.

① Motor.control
② DriveBase.heading_control
③ DriveBase.distance_control

컨트롤러가 정지된 상태에서만 설정을 변경할 수 있다. 예를 들어 프로그램 시작시 설정을 지정할 수 있다. 또는 먼저 stop()을 호출하여 Motor 또는 DriveBase를 중지 한 다음 설정을 변경한다.

class Control
PID 컨트롤러 및 설정과 상호 작용하는 클래스이다.

scale
제어된 정수 변수와 물리적 출력 사이의 배율이다. 예를 들어, 단일 모터의 경우 이것은 회전 각도 당 엔코더 펄스 수이다.

1) 상 태

(1) done()

done()
진행 중인 명령이나 기동이 수행되었는지 확인한다.
Returns: 명령이 완료되면 True, 그렇지 않으면 False이다. Return type: 부울(bool)

(2) stalled()

stalled()
컨트롤러가 현재 멈춰 있는지 확인한다. 컨트롤러는 최대 작동 신호에도 불구하고 목표 속도 또는 위치에 도달할 수 없을 때 멈춘다.
Returns: 컨트롤러가 정지된 경우 True, 그렇지 않은 경우 False이다. Return type: 부울(bool)

2) 설 정

(1) limits(speed, acceleration, actuation)

limits(speed, acceleration, actuation)
최대 속도, 가속 및 작동을 구성한다. 인수가 제공되지 않으면 현재 값을 반환한다.
Parameters • speed(rotational speed: deg/s or speed: mm/s) – 최대 속도. 모든 속도 명령은 이 값으로 제한된다. • acceleration(회전 가속: deg/s/s or 선형 가속: mm/s/s) – 최대 가속 • actuation(percentage: %) – 절대 최대 값의 백분율로 표시되는 최대 작동

학습 8

(2) PID 제어 설정

pid(kp, ki, kd, integral_range, integral_rate, feed_forward)
위치 및 속도 제어에 대한 PID 값을 가져 오거나 설정한다. 인수가 제공되지 않으면 현재 값을 반환한다.
Parameters • kp(int) – 비례 위치(및 적분 속도) 제어 상수. • ki(int) – 적분 위치 제어 상수. • kd(int) – 미분 위치(또는 비례 속도) 제어 상수. • integral_range(angle: deg or distance: mm) – 적분 제어 오류가 누적되는 대상 각도 또는 거리 주변의 영역이다. • integral_rate(rotational speed: deg/s or speed: mm/s) – 오류 적분이 증가 할 수 있는 최대 속도이다. • feed_forward(percentage: %) – 이렇게 하면 속도 레퍼런스 방향으로 피드 포워드 신호가 PID 피드백 신호에 추가된다. 이 값은 절대 최대 듀티 사이클의 백분율로 표시된다.

(3) 목표 허용오차 설정

target_tolerances(speed, position)
기동이 완료되면 알려주는 허용 오차를 가져 오거나 설정한다. 인수가 제공되지 않으면 현재 값을 반환한다.
Parameters • speed(rotational speed: deg/s or speed: mm/s) - 동작이 완료된 것으로 간주되기 전에 제로 속도에서 허용되는 편차 • position(angle: deg or distance: mm) - 모션이 완료된 것으로 간주되기 전에 허용되는 타겟으로부터의 편차.

(4) 지연 허용오차 설정

stall_tolerances(speed, time)
지연 허용 오차를 가져 오거나 설정한다. 인수가 제공되지 않으면 현재 값을 반환한다.
Parameters • speed(rotational speed: deg/s or speed: mm/s) - 컨트롤러가 최대 작동으로도 일정 시간 동안이 속도에 도달하지 못하면 정지된다. • time(time: ms) - 컨트롤러가 정지되었다고 말하기 전에 최소 속도보다 낮아야 하는 시간이다.

8-4 EV3 robotics 모듈의 명령어

1. robotics 모듈

Pybricks API 용 robotics 모듈은 DriveBase 클래스를 사용한다.

첫번째 시작 글자 대문자, 두번째 시작 글자 대문자
DriveBase()

pybricks.robotics 모듈 사용 시에 다음같이 형식의 구문을 반드시 넣어야 한다. 그런데 포트 관련 Pybricks API를 위해서는 pybricks.parameters 모듈을 임포트하고 Port 클래스를 반드시 첫 줄에 사용해야 한다.

```
from pybricks.ev3devices import DriveBase
from pybricks.parameters import Port
```

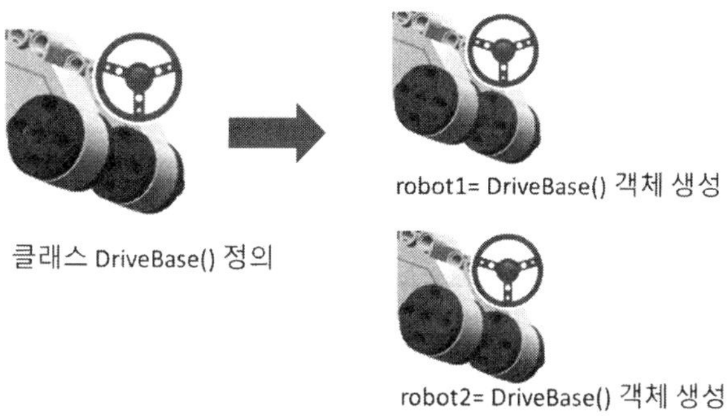

[그림 8-5] EV3 클래스의 정의

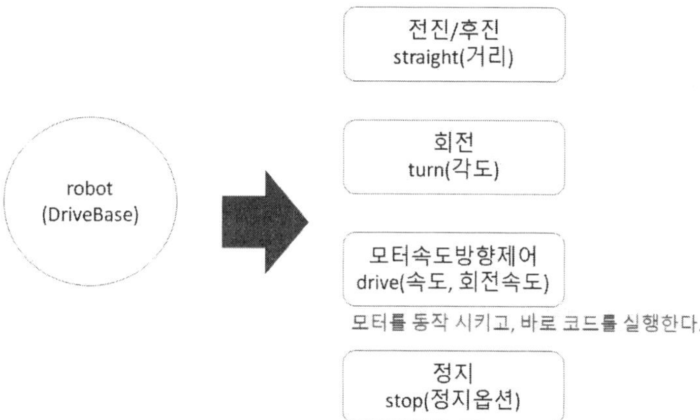

[그림 8-6] 로보틱스 동작함수

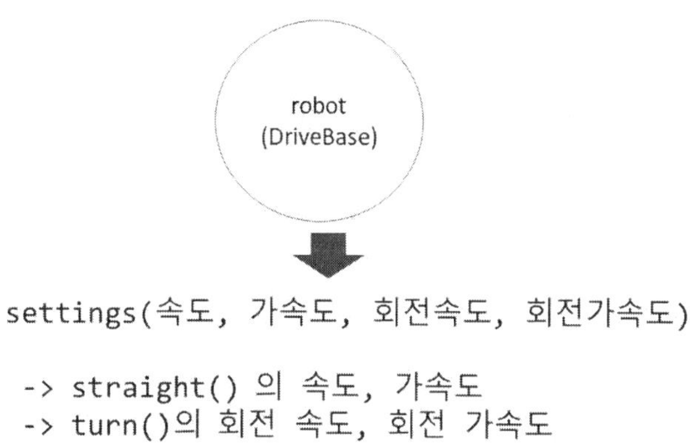

[그림 8-7] 로봇틱스 모터 설정 함수

2. DriveBase 클래스

1) 주어진 거리 또는 각도로 운전

다음 명령을 사용하여 주어진 거리를 주행하거나 주어진 각도로 회전한다. 이것은 내부 회전 센서를 사용하여 측정된다. 이동 중에 바퀴가 미끄러질 수 있으므로 이동 거리와 각도는 추정치 일뿐이다.

(1) 직진/후진 거리

straight(distance)
주어진 거리만큼 직진한 후 정지한다.
Parameters • distance (distance: mm) – 이동거리

(2) 회전각도

turn(angle)
주어진 각도만큼 제자리에서 회전한 다음 멈춘다.
Parameters • angle (angle: deg) – 회전각도

(3) 설정(속도, 가속도, 회전속도, 회전가속도)

settings(straight_speed, straight_acceleration, turn_rate, turn_acceleration)
straight ()는 속도, 가속도를 설정하고 turn ()은 회전속도와 회전가속도를 설정 인수를 제공하지 않으면 현재 값을 튜플로 반환한다. 로봇이 정지된 상태에서만 설정을 변경할 수 있다. 이것은 운전을 시작하기 전 또는 stop ()을 호출한 후이다.
Parameters • straight_speed (speed: mm/s) – straight().동안 로봇위 속도 • straight_acceleration (linear acceleration: mm/s/s) – straight()의 시작과 끝에서 로봇의 가속 및 감속 • turn_rate (rotational speed: deg/s) – turn() 동안 로봇의 회전율 • turn_acceleration (rotational acceleration: deg/s/s) – turn()의 시작과 끝에서 로봇의 각 가속 및 감속.

2) Drive forever

원하는 속도와 조향으로 운전을 시작하려면 drive ()를 사용한다.

drive ()를 다시 사용하여 코스를 변경하가나 stop ()을 사용할 때 까지 계속 진행된다. 예를 들어, 센서가 작동할 때까지 운전한 다음 정지하거나 회전할 수 있다.

(1) 모터의 속도방향 제어

drive(drive_speed, turn_rate)
지정된 속도와 회전 속도로 운전을 시작한다. 두 값 모두 로봇 바퀴 사이의 중심점에서 측정된다.
Parameters • drive_speed (speed: mm/s) - 로봇의 속도. • turn_rate (rotational speed: deg/s) - 로봇의 회전율.

3) Measuring

(1) 주행거리

distance()
예상 주행 거리를 가져온다.
Returns: 마지막 재설정 이후 주행 거리. Return type: 거리 : mm

(2) 회전각도

angle()
드라이브 베이스의 예상 회전 각도를 가져온다.
Returns: 마지막 리셋 이후 주행 거리. Return type: 거리 : mm

(3) 거리상태

distance()
예상 주행 거리를 가져온다. 현재의 거리(distance()), 주행속도의 각도(angle()), 및 회전비율을 리턴한다.
Returns: Distance, 구동 속도(drive speed), 각도(angle), 회전비율(turn rate) Return type: (distance: mm, speed: mm/s, angle: deg, rotational speed: deg/s)

(4) 리 셋

reset()
예상 주행 거리 및 각도를 0으로 리셋한다.

3. 로봇 치수 측정 및 검증

첫번째 추정으로 눈금자를 이용해 wheel_diameter 및 axle_track을 측정할 수 있다.

바퀴 바깥면에 효과적으로 닿는 위치를 알기 어렵기 때문에 axle_track을 바퀴의 중간 점 사이의 거리로 추정할 수 있다.

실제로 대부분의 바퀴는 로봇의 무게보다 약간 압축된다.

확인하려면 my_robot.straight (1000)를 사용하여 로봇이 1000mm를 주행하게 하고 실제 이동 거리를 측정한다. 다음과 같이 보정한다.

① 로봇이 충분히 멀리 주행하지 않으면 wheel_diameter 값을 약간 줄인다.
② 로봇이 너무 멀리 이동하면 wheel_diameter 값을 약간 늘린다.

모터 샤프트와 축은 로봇의 부하에 따라 약간 구부러져 바퀴의 지면 접촉점이 로봇의 중간 점에 더 가까워진다. 확인하려면 my_robot.turn (360)을 사용하여 로봇이 360도 회전하도록 하고 동일한 위치에 다시 있는지 확인한다.

① 로봇이 충분히 멀리 회전하지 않으면 axle_track 값을 약간 늘린다.
② 로봇이 너무 멀리 회전하면 axle_track 값을 약간 줄인다.

이러한 조정을 수행할 때는 항상 위와 같이 먼저 wheel_diameter를 조정하라. 작업을 마친 후에는 회전과 운전을 모두 테스트하라.

4. DriveBase 모터의 사용

left_motor 및 right_motor라는 두 개의 Motor 개체를 사용하여 DriveBase 개체를 만든다고 가정한다. DriveBase가 활성화된 동안에는 이러한 모터를 개별적으로 사용할 수 없다.

DriveBase는 주행 중일 때 활성화되지만 straight() 또는 turn() 명령 후 바퀴를 제자리에 적극적으로 잡고 있을 때도 활성화된다. DriveBase를 비활성화하려면 stop()을 호출하라.

5. 고급 설정

settings() 메서드는 직선 기동 및 회전에 대한 기본 속도 및 가속과 같은 일반적으로 사용되는 설정을 조정하는 데 사용된다. 다음 속성을 사용하여 고급 제어 설정을 조정하라.

로봇이 정지된 상태에서만 설정을 변경할 수 있다. 이것은 운전을 시작하기 전 또는 stop()을 호출한 후이다.

1) distance_control

이동 거리와 구동 속도는 PID 컨트롤러에 의해 제어된다. 이 속성을 사용하여 설정을 변경할 수 있다. 사용 가능한 메서드에 대한 개요는 Control 클래스를 참조하라.

2) heading_control

로봇 회전 각도와 회전 속도 비율은 PID 컨트롤러에 의해 제어된다. 이 속성을 사용하여 설정을 변경할 수 있다. 사용 가능한 메서드에 대한 개요는 Control 클래스를 참조하라.

8-5 Python의 모듈

1. 표준 모듈

표준 모듈은 파이썬이 기본적으로 제공하는 모듈이다.

파이썬은 변수와 함수를 가지는 집합체인 모듈의 기능을 활용해 코드를 분리하고 공유한다. 모듈은 파이썬이 기본적으로 내장되어 있는 표준 모듈과 외부의 다른유저가 만들어서 공개한 외부 모듈로 나눈다.

표준 모듈 등의 정보는 파이썬 라이브러리 문서에서 확인한다.

https://docs.python.org/3/library/index.html에서 한국어도 제공된다.

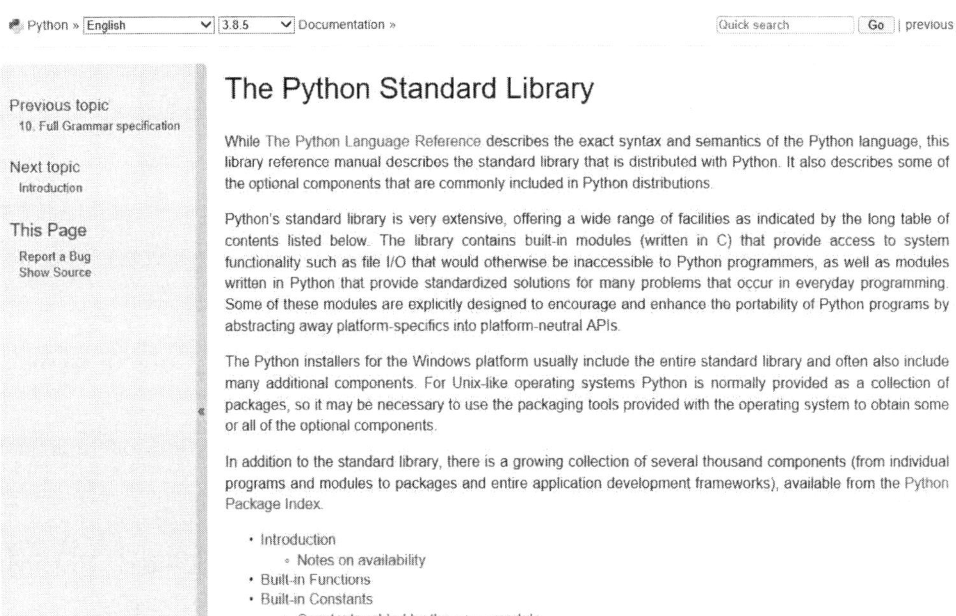

[그림 8-8] 파이썬의 표준 모듈 정보(https://docs.python.org/3/library/index.html)

1) import 구문

import 구문은 모듈을 읽어 들일 때 사용하는 구문이다.

모듈을 가져올 때 import 구문(예 import 모듈 이름)을 코드의 가장 먼저 사용한다.

2) math 모듈

math 모듈(예 import math)은 수학(예 사인(sin), 코사인(cos), 탄젠트(tan))과 관련된 기능을 가지고 있다. 다음 표는 math모듈의 기능 중 일부 함수들이다.

math모듈의 변수와 함수	내 용
sin(x)\	사인값을 구한다.
cos(x)	코사인값을 구한다.
tan(x)	탄젠트값을 구한다.
log(x[.base]	로그값을 구한다.
ceil(x)	올림을 한다.
floor(x)	내림을 한다.
round(x) # 정수가 짝수이면 소수점 5라면 내리고 정수가 홀수이면 소수점 5라면 올린다	반올림한다. 예) round(2.5)〉〉〉 2, round(1.5) ---〉 2 round(3.5)-----〉4

웹 개발 용도의 파이썬을 사용하면 math 모듈은 거의 사용하지 않는다.

3) from 구문

from 구문(예제 형식 : from 모듈이름 import 가져오고 싶은 변수 또는 함수)은 가져오고 싶은 변수와 함수가 여러 개일 경우에 가져오는 기능으로 사용한다. 모든 기능을 가져올 목적이면 기호(*)를 사용한다(예 from math import *).

from 구문 사례	from 모듈이름 import 가져오고 싶은 변수 또는 함수
from ev3dev.ev3 import* # * 은 모든 기능을 가져온다는 의미로 사용한다.	
from time import sleep	
〉〉〉 from math import sin, cos,tan, floor,cell 〉〉〉 sin(1) 0.8414709848078956 〉〉〉 floor(2.5) 2 〉〉〉 ceil(2.5) 3	

학습 8

4) as 구문

as 키워드는 모듈을 읽어 들이고 별칭을 붙일 때 사용하는 구문이다. 모듈을 가져올 때 이름이 충돌이 발생하는 경우가 있다. 또는 추가로 모듈의 이름이 길어서 짧게 사용하고 싶을 때 as 구문(㉭ import 모듈 as 사용하고 싶은 식별자)을 사용한다.

as 구문 사용 사례	import 모듈 as 사용하고 싶은 식별자
〉〉〉 import math as m 〉〉〉 m.sin(1) 0.8414709848078956 〉〉〉 m.floor(2.5) 2	math모듈을 m으로 사용한다.

5) random 모듈

random 모듈(㉭ import random, from time import, randrange, choice)은 랜덤한 값을 생성할 때 사용하는 모듈이다. random 모듈 뒤에 마침표 기호(.)을 찍으면 자동 완성 기능으로 random모듈이 가지고 있는 기능들을 확인할 수 있다. random 모듈 문서의 예시를 파이썬 홈페이지에서 볼 수 있다.

Examples and Recipes

Basic examples:

```
>>> random()                             # Random float:  0.0 <= x < 1.0
0.37444887175646646

>>> uniform(2.5, 10.0)                   # Random float:  2.5 <= x < 10.0
3.1800146073117523

>>> expovariate(1 / 5)                   # Interval between arrivals averaging 5 secon
5.148957571865031

>>> randrange(10)                        # Integer from 0 to 9 inclusive
7

>>> randrange(0, 101, 2)                 # Even integer from 0 to 100 inclusive
26

>>> choice(['win', 'lose', 'draw'])      # Single random element from a sequence
'draw'

>>> deck = 'ace two three four'.split()
>>> shuffle(deck)                        # Shuffle a list
>>> deck
['four', 'two', 'ace', 'three']

>>> sample([10, 20, 30, 40, 50], k=4)    # Four samples without replacement
[40, 10, 50, 30]
```

[그림 8-9] random 모듈예시

https://docs.python.org/3/library/random.html#examples-and-recipes

6) sys 모듈

sys 모듈은 시스템 관련 정보를 가지고 있는 모듈이다.

7) os 모듈

os 모듈은 운영체제와 관련된 기능을 가진 모듈이다. 파일을 제거할 때 remove()함수나 unlink()함수를 쓴다.

8) datetime 모듈

datetime 모듈은 date(날짜), time(시간)과 관련된 모듈로 날짜 형식을 만들 때 자주 사용되는 코드들로 구성되어 있다.

9) time 모듈

time 모듈은 시간과 관련된 기능을 다룬다. time 모듈은 특정 시간 동안 코드 진행을 정지할 때 많이 사용한다. 날짜와 관련된 처리는 datetime 모듈을 사용하는 경우가 더 많다. time.sleep() 함수는 특정 시간 동안 코드 진행을 정지할 때 사용하는 함수이다. 매개변수에는 정지하고 싶은 시간을 초 단위로 입력한다.

time 모듈 예제	실행결과
import time print("지금부터 5초 동안 정지한다.") time.sleep(5) print("프로그램을 종료한다.")	지금부터 5초 동안 정지한다. 프로그램을 종료한다.

10) urllib 모듈

urllib 모듈은 URL(Uniform Resource Locator)을 다루는 라이브러리이다. 즉 네트워크의 자원(Resource)이 어디에 위치(Locate)하는지 확인할 때 사용하는 것이다. "웹브라우저의 주소창에 입력하는 주소"라고 이해하면 된다. urllib모듈은 인터넷 주소를 활용할 때 사용되는 라이브러리이다.

urllib 모듈 예제

```
from urllib import request
# urlopen()함수로 구글의 메인 페이지를 읽는다.
target = request.urlopen()("https://google.com")
output = target.read()
# 출력한다.
print(output)
```

학습 8

4. 파이썬 문서

파이썬 문서는 모듈의 자세한 사용방법이 들어있는 문서이다.

5. 외부 모듈

외부 모듈(External Module)은 파이썬이 기본적으로 재공하지 않고 다른 유저가 만들어서 배포, 제공하는 모듈을 의미한다. 사이킷-런(Scikit-Learn), 텐서플로우(Tensorflow), 장고(Django), 플라스크(Flask), 넘파이(Numpy) 등의 책들은 외부 모듈에 관련된 책이다.

1) 외부 모듈 추천

개발하면서 어떤 기능이 있는 필요한 모듈들은 구글 등을 통하여 검색하면 쉽게 찾을 수 있다. 예를 들면 음악에 관련된 모듈(Python-Midi, Midi, Mido 등) 웹캠에 관련된 모듈(cv2, Webcam-Streamer 등) Python 키워드 옆에 찾고자 하는 이름만 붙이면 쉽게 찾을 수 있다.

분 야	외부모듈 이름
웹 프로그래밍	장고(Django), 플라스크(Flask)
인공지능(기계 학습)	사이킷-런(Scikit-Learn), 텐서플로우(Tensorflow), keras
데이터 수집 (스크레이핑)	requests, Beautiful Soup, scrapy
영상 분석	CV2, pillow
데이터 분석	pandas, matplotlib

6. pip install

pip install(예 pip install 모듈 이름(pip install beautifulsoup4))은 외부모듈을 설치할 때 사용하는 명령어이다. pip(Python Package Index : 패키지 관리 시스템) 관련 기능은 pip패키지 설치 문서를 참고하라(https://pip.pypa.io/en/stable/user_guide/#installing-packabes).

7. 제어 역전

제어 역전(IoC : Inverse of Control)은 개발자가 함수를 호출하는 것이 일반적인 제어 흐름인데 반대로 개발자가 만든 함수의 모듈(예 Flask, Beautiful Soup 등)이 실행하는 것을 말한다.

구 분	내 용
라이브러리(Library)	정상적인 제어를 하는 모듈
프레임워크(Framework)	제어 역전이 발생하는 모듈

8. 라이브러리

라이브러리(Library)는 개발자가 모듈의 기능을 호출하는 형태와 같이 정상적인 제어를 하는 모듈이다. 예를 들어 math 모듈은 모듈 내부의 기능을 개발자가 직접 호출하는 형태의 모듈을 라이브러리(= 정상적인 제어)라고 한다. 예를 들면 from math import sin, cos, tan, floor, ceil의 형태이다.

9. 프레임워크

프레임워크(Framework)는 모듈이 개발자가 작성한 코드를 실행하는 형태의 모듈이다(pip install flask : flask는 작은 기능을 제공하는 웹개발 프레임워크이다).

예를 들면 from flask import flask의 형태이다. 즉 개발자가 작성한 코드(flask)를 실행하는 형태의 모듈을 프레임워크라고 부른다.

10. 함수 데코레이터

파이썬 데코레이터(Decorator)의 기능은 @로 시작하는 구문(예 @app.route())을 파이썬에서 데코레이터라 부른다.

11. 엔트리 포인트

프로그래밍 언어에서 프로그램의 진입점을 엔트리 포인트(Entry Point) 돈 메인(Main)이라 부른다. 엔트리 포인트는 Python명령어를 사용해서 첫 진입 파일을 엔트리 포인트라고 부른다.

1) __name__ ==“__main__

파이선 코드 내부에는 __name__이라는 변수를 사용할 수 있다. 그러므로 메인 도는 엔트리포인트에서의 __name__은 __main__이다.

__name__ ==“__main__”는 현재 파일이 엔트리 포인트인지 확인하고 엔트리 포일트일때만 실행하는데 사용하는 코드이다.

12. 패키지

임포트(Import)는 가져오는 모든 것을 의미하는 모듈이고, pip는 패키지시스템이다. 복잡하고 구조화된 모듈을 만들 때는 패키지(Package)라는 기능을 사용한다. 패키지는 모듈이 모이는 것을 말한다.

수행 내용

재료 · 자료

- Python, EV3 레고 마인드스톰 관련 자료

기기(장비 · 공구)

- 컴퓨터, USB 케이블, 충전 어댑터, 프린터, 주변기기

안전 · 유의사항

- EV3 로봇 플랫폼의 외형을 관리하고 P브릭에 전원을 충분히 충전한다.

수행 순서

01 EV3 스마트로봇의 모터를 초기화하고 1m를 직진하고 후진하고 360도 회전하고 다시 돌아오는 프로그램을 작성하라.

학습 8

프로그램 작성

```
from pybricks.hubs import EV3Brick
from pybricks.ev3devices import Motor
from pybricks.parameters import Port
from pybricks.robotics import DriveBase

# Initialize the EV3 Brick.
ev3 = EV3Brick()

# 모터의 초기화
left_motor = Motor(Port.B)
right_motor = Motor(Port.C)

# Initialize the drive base.
robot = DriveBase(left_motor, right_motor, wheel_diameter=55.5, axle_track=104)
```

```
# 1미터 직진후 후진한다.
robot.straight(1000)
ev3.speaker.beep()

robot.straight(-1000)
ev3.speaker.beep()

# 시계방향으로 360도 회전한 후 다시 돌아온다.
robot.turn(360)
ev3.speaker.beep()

robot.turn(-360)
ev3.speaker.beep()
```

02 EV3 스마트로봇이 2초간 전진하는 프로그램을 작성하라.

프로그램 작성

```
#!/usr/bin/env pybricks-MicroPython
from pybricks.hubs import EV3Brick
from pybricks.ev3devices import (Motor, TouchSensor, ColorSensor,
                                 InfraredSensor, UltrasonicSensor, GyroSensor)
from pybricks.parameters import Port, Stop, Direction, Button, Color
from pybricks.tools import wait, StopWatch, DataLog
from pybricks.robotics import DriveBase
from pybricks.media.ev3dev import SoundFile, ImageFile# This program requires LEGO
EV3 MicroPython v2.0 or higher.
# Click "Open user guide" on the EV3 extension tab for more information.


# Create your objects here.
ev3 = EV3Brick()
```

```
# Write your program here.
ev3.speaker.beep()

# 모터 초기화
left = Motor(Port.B)
right = Motor(Port.C)

# 모터 150 mm/s 전진
left.run(150)
right.run(150)

# 2초 대기
wait(2000)

# 모터 멈춤
left.stop()
right.stop()
```

미션 로봇을 2초 동안 전진후 2초 동안 후진해 보아라.

학습 8

03 스마트로봇 EV3를 2초 동안 후진하려는 프로그램을 작성하라.

프로그램 작성

```
ev3.speaker.beep()

#150 후진
left.run(-150)
right.run(-150)

wait(2000)

left.stop()
right.stop()

ev3.speaker.beep()
```

04

스마트로봇 EV3를 오른쪽으로 360도 회전 후 다시 360도 회전하는 프로그램을 작성하라.

프로그램 작성

```
#왼쪽 모터 초기화
left = Motor(Port.B)
#오른쪽 모터 초기화
right = Motor(Port.C)

#150 mm/s 360도(1회전) 회전
left.run_target(150, 360)
#150 mm/s 360도(1회전) 회전
left.run_target(150, 360)
```

동작하지 않는 이유?
목표 각도에 도달하였기
때문
run_angle(150, 360) 변경

05

EV3 스마트로봇의 왼쪽 바퀴를 회전하다가 손으로 잡아서 멈추면 오른쪽 바퀴가 회전하는 프로그램을 작성하라.

프로그램 작성

```
#왼쪽 모터 초기화
left = Motor(Port.B)
#오른쪽 모터 초기화
right = Motor(Port.C)

#로봇의 바퀴가 손으로 잡아 멈추기 전까지 150mm/s 회전
left.run_until_stalled(150, duty_limit=50)

#로봇의 바퀴가 손으로 잡아 멈추기 전까지 150mm/s 회전
right.run_until_stalled(150, duty_limit=50)
```

06 EV3 스마트로봇을 360도(1회전)하는 프로그램을 작성하라.

프로그램 작성

```
#왼쪽 모터 초기화
left = Motor(Port.B)
#오른쪽 모터 초기화
right = Motor(Port.C)

#150 mm/s 360도(1회전) 회전
left.run_target(150, 360)
```

회전	각도
1	360
2	720
0.5	180
1.25	450
7.2	2592

07 EV3 스마트로봇의 모터를 이용하여 Datalog하는 프로그램을 작성하라.

프로그램 작성

```
#!/usr/bin/env pybricks-MicroPython
from pybricks.ev3devices import Motor
from pybricks.parameters import Port
from pybricks.tools import DataLog, StopWatch, wait

# Create a data log file in the project folder on the EV3 Brick.
# * By default, the file name contains the current date and time, for example:
#   log_2020_02_13_10_07_44_431260.csv
# * You can optionally specify the titles of your data columns. For example,
#   if you want to record the motor angles at a given time, you could do:
data = DataLog('time', 'angle')

# Initialize a motor and make it move
wheel = Motor(Port.B)
```

학습 8

```
wheel.run(500)

# Start a stopwatch to measure elapsed time
watch = StopWatch()

# Log the time and the motor angle 10 times
for i in range(10):
    # Read angle and time
    angle = wheel.angle()
    time = watch.time()

    # Each time you use the log() method, a new line with data is added to
    # the file. You can add as many values as you like.
    # In this example, we save the current time and motor angle:
    data.log(time, angle)

    # Wait some time so the motor can move a bit
    wait(100)

# You can now upload your file to your computer
```

08 EV3 스마트로봇을 로보틱스 모듈의 드라이브베이스 클래스를 사용하여 로봇을 10cm 전진하고 10cm 후진하는 프로그램을 작성하라.

프로그램 작성

```
# 왼쪽 모터 B 포트 모터 초기화
left_motor = Motor(Port.B)
# 오른쪽 모터 C 포트 모터 초기화
right_motor = Motor(Port.C)

# 드라이브베이스 초기화
robot = DriveBase(left_motor, right_motor, 55.5, 104)


#10 cm 전진
robot.straight(100)
ev3.speaker.beep()

#10 cm 후진
robot.straight(-100)
ev3.speaker.beep()
```

09

EV3 스마트로봇을 로보틱스 모듈의 드라이브베이스 클래스를 사용하여 시계방향으로 360도 회전, 반시계 방향으로 360도 회전하는 프로그램을 작성하라.

프로그램 작성

```
# 왼쪽 모터 B 포트 모터 초기화
left_motor = Motor(Port.B)
# 오른쪽 모터 C 포트 모터 초기화
right_motor = Motor(Port.C)

# 드라이브베이스 초기화
robot = DriveBase(left_motor, right_motor, 55.5, 104)

# 시계 방향으로 360 도 회전
robot.turn(360)
ev3.speaker.beep()

#반시계 방향으로 360 회전
robot.turn(-360)
ev3.speaker.beep()
```

10

EV3 스마트로봇을 로보틱스 모듈의 드라이브베이스 클래스를 사용하여 정밀동작 drive인 1초동안 전진하는 프로그램을 작성하라.

프로그램 작성

```
# 왼쪽 모터 Port.B를 초기화 한다.
left_motor = Motor(Port.B)
# 오른쪽 모터 Port.C를 초기화 한다.
right_motor = Motor(Port.C)
# 로봇틱스 설정 : 왼쪽 모터, 오른쪽 모터, 바퀴지름, 두바퀴 사이거리
robot = DriveBase(left_motor, right_motor, 55.5, 104)

# 속도 : 100mm/s, 회전속도 : 0 ㅇㄷㅎ
robot.drive(100,0)
# 1초 동안 동작한다.
wait(1000)
# 로봇을 멈춘다.
robot.stop()
```

학습 8

11 스마트로봇 EV3를 회전하려면 drive(100, ?)에서 회전 속도 값은 얼마로 변경해야 하는지 알아보는 프로그램을 작성하라.

왼쪽 모터는 회전하고, 오른쪽 모터가 멈추는 회전 속도 값을 알아보자.

(힌트) 80 ~ 120 사이이다.

프로그램 작성

```
left = Motor(Port.B)
right = Motor(Port.C)
robot = DriveBase(left, right, 56, 114)
robot.drive(100, ?)
wait(1000)
robot.stop()
```

12 'ㄷ' 글자모형으로 주행하는 프로그램을 작성하라.

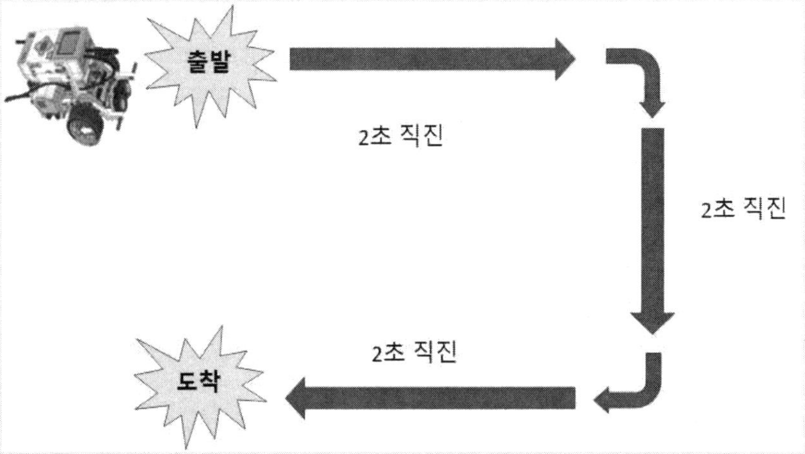

프로그램 작성

```
left_motor = Motor(Port.B)
right_motor = Motor(Port.C)
robot = DriveBase(left_motor, righ_motort, 55.5, 104)

# 2회 반복
for i in range(2):
    # 2초 동안 직진
    robot.drive(100, 0)
    wait(2000)
    # 1초 동안 회전(모터마다 회전 시간은 조금씩 다를 수 있음)
    #robot.turn(90) 사용가능
    robot.drive(100, 110)
    wait(1000)

# 2초 동안 직진
robot.drive(100, 0)
wait(2000)
robot.stop()
```

Tip 로봇 1초 동안 전진 프로그램 비교

```
left = Motor(Port.B)
right = Motor(Port.C)

robot= DriveBase(left,right, 56, 114)

#1초 100mm/s 전진한다.
robot.drive(100,0)
wait(1000)

robot.stop()
```

```
left = Motor(Port.B)
right = Motor(Port.C)

robot= DriveBase(left,right, 56, 114)

#1초 동안 전진
robot.drive_time(100,0, 1000)

robot.stop()
```

같은 동작

robot.drive(전진속도, 회전속도)　　robot.drive_time(전진속도, 회전속도, 시간)

Tip	로봇의 회전 방식

커브 턴(Curve Turn)	스윙 턴(Swing Turn)	포인트 턴(Point Turn)
두바퀴의 회전 방향은 같음 두 바퀴의 속도가 다름	한바퀴는 멈춤 한바퀴만 구동	두 바퀴의 회전 방향이 다름
완만한 회전	정지한 바퀴를 회전축으로 회전	제 자리에서 빠르게 회전
회전 속도-> 전진속도 이하	회전 속도 -> 전진속도 전후	회전 속도 -> 전진속도 이상
robot.drive_time(전진속도, 회전속도, 시간) robot.drive_time(100,20,1000) 	robot.drive_time(전진속도, 회전속도, 시간) robot.drive_time(100,100,1000) 	robot.drive_time(전진속도, 회전속도, 시간) robot.drive_time(100,200,1000) 

13 3-point로 회전 주행하는 프로그램을 작성하라.

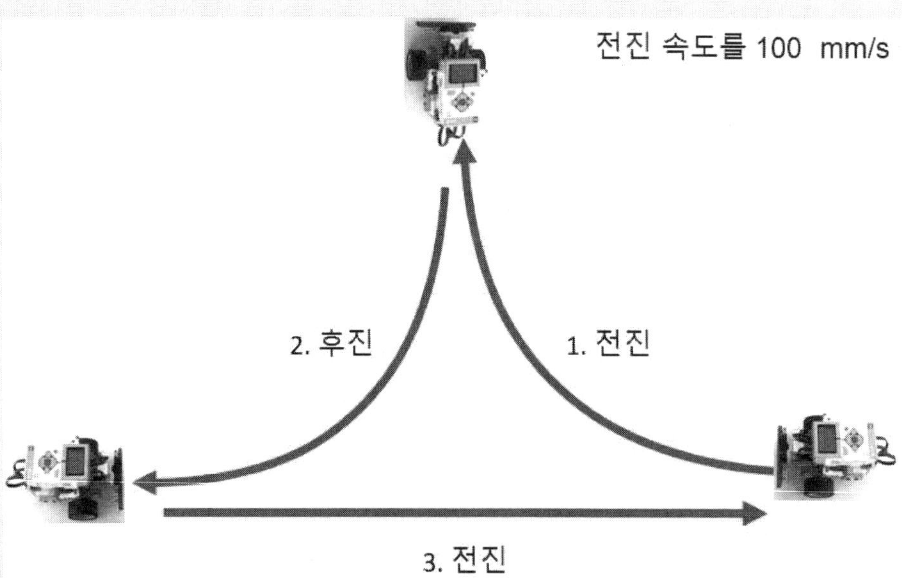

프로그램 작성
left = Motor(Port.B) right = Motor(Port.C) robot= DriveBase(left,right, 56, 114) #1 전진(우회전) robot.drive_time(100,50,2000) robot.stop()   #2후진 -> 주행 시간은 모터 성능에 따라 조정 robot.drive_time(-100,50, 2000) robot.stop() #3전진 robot.drive_time(100,0,4000) robot.stop()

14 datetime 모듈사용하여 현재시각을 출력하는 예제 프로그램을 작성하라.

datetime 모듈 예제	실행결과

# 모듈을 읽기 	
import datetime
# 현재 시각을 구하고 출력 	
print("#현재 시각 출력")
now = datetime.datetime.now()
print(now.year, "년")
print(now.month, "월")
print(now.day, "년")
print(now.hour, "시")
print(now.minute, "분")
print(now.second, "초")
print()
	
	#현재 시각 출력
	2020년
	8월
	08일
	6시
	25분
	43초

15

EV3 스마트로봇의 모터 B는 파워가 500, 각도 360도, 모터C는 파워300, 각도 720도 회전 후 입력한 파워와 실제 파워가 출력되는 프로그램을 작성하라.

프로그램 작성

```
from ev3dev.ev3 import *
from time import sleep

mB = LargeMotor('outB')
mC = LargeMotor('outC')

mB.run_to_rel_pos( speed_sp=500, position_sp=360,stop_action='brake')
mC.run_to_rel_pos(speed_sp=300, position_sp=720,stop_action='brake')

print("set speed (speed_sp) = " + str ( mA.speed_sp ))
print("set speed (speed_sp) = " + str ( mB.speed_sp ))

sleep ( 4 )# sleep( )은 해당하는 초(sec)동안 코드의 실행을 멈추는 역할

print( "actual speed = " + str ( mA.speed ))
print( "actual speed = " + str ( mB.speed ))

sleep ( 4 )
```

16

EV3 스마트로봇의 라지 모터를 설정하고, 단일 모터에서 지원되는 모든 함수를 실행해 보는 프로그램을 작성하라.

프로그램 작성

```
#!/usr/bin/env python3
from ev3dev2.motor import LargeMotor
from time import sleep
lm = LargeMotor() # 라지 모터 설정
lm.on(speed=50, brake=True, block=False) # 속도 50% 무한 주행
sleep(1)
```

```
lm.off() # 주행 멈춤
sleep(1)
# 속도 50% 2초 주행
lm.on_for_seconds(speed=50, seconds=2, brake=True, block=True)
sleep(1)
lm.on_for_rotations(50,-3) # 속도 50% 반대방향으로 3회전 주행
sleep(1)
lm.on_for_degrees(50,90) # 속도 50% 90도 주행
sleep(1)
lm.on_to_position(50,180) # 속도 50% 180도 위치 이동
sleep(1)
```

17 EV3 스마트로봇의 미디엄 모터를 설정하고, 단일 모터에서 지원되는 모든 함수를 실행해 보는 프로그램을 작성하라.

프로그램 작성

```
#!/usr/bin/env python3
from ev3dev2.motor import MediumMotor, OUTPUT_B
from time import sleep
mm = MediumMotor() # 미디엄 모터 설정
mm.on(speed=50, brake=True, block=False) # 속도 50% 무한 주행
sleep(1)
mm.off()  # 주행 멈춤
sleep(1)
# 속도 50% 2초 주행
mm.on_for_seconds(speed=50, seconds=2, brake=True, block=True)
sleep(1)
mm.on_for_rotations(50,3) # 속도 50% 3회전 주행
sleep(1)
mm.on_for_degrees(50,90) # 속도 50% 90도 주행
sleep(1)
mm.on_to_position(50,180) # 속도 50% 180도 위치 이동
sleep(1)
```

학습 8

18 EV3 스마트로봇의 탱크 모터를 설정하고, 탱크 모드에서 지원되는 모든 함수를 실행해 보는 프로그램을 작성하라.

프로그램 작성

```
#!/usr/bin/env python3
from ev3dev2.motor import MoveTank, OUTPUT_B, OUTPUT_C
from time import sleep
tank_pair = MoveTank(OUTPUT_B, OUTPUT_C) # 탱크모드 설정
tank_pair.on(50, 50) # 양쪽 모터 속도 50% 무한 주행
sleep(1)
tank_pair.off(brake=True) # 주행 멈춤
sleep(1)
tank_pair.on_for_seconds(50, 50, 2) # 양쪽 모터 속도 50% 2초 주행
sleep(1)
tank_pair.on_for_rotations(50, 50, -3) # 양쪽 모터 속도 50% 반대방향 3회전 주행
sleep(1)
tank_pair.on_for_degrees(50, 50, 180) # 양쪽 모터 속도 50% 180도 주행
sleep(1)
```

19 EV3 스마트로봇의 스티어링 모터를 설정하고, 스티어링 모드에서 지원되는 모든 함수를 실행해 보는 프로그램을 작성하라.

프로그램 작성

```
#!/usr/bin/env python3
from ev3dev2.motor import MoveSteering, OUTPUT_B, OUTPUT_C
from time import sleep
steer_pair = MoveSteering(OUTPUT_B, OUTPUT_C) # 스티어링 모드 설정
steer_pair.on(0,50) # 직진 스팅어링으로 속도 50% 무한 주행
sleep(1)
steer_pair.off(brake=True) # 주행 멈춤
sleep(1)
steer_pair.on_for_seconds(30,50, 2) # 좌회전 스팅어링으로 속도 50% 2초 주행
sleep(1)
# 직진 스팅어링으로 속도 50% 반대방향 3회전 주행
steer_pair.on_for_rotations(0,50, -3)
sleep(1)
steer_pair.on_for_degrees(0,50, 180)  # 직진 스팅어링으로 속도 50% 180도 주행
sleep(1)
```

학습활동.8 교수 · 학습 방법

교수 방법

- EV3 모터 주행 제어 프로그래밍과 모듈에 대한 관련 용어, 구성, 방식 이해 정도를 파악한 후 수업을 진행한다.
- 교수자의 주도로 EV3 모터 주행 제어 프로그래밍과 모듈등의 내용을 PPT 자료로 제시한 후 설명한다.
- 가능하면 사전에 개인별 학습 자료를 준비하여 모든 학생이 참여할 수 있는 문제 해결식 수업, 협력 수업이 가능하도록 한다.
- EV3 모터 주행 제어 프로그래밍과 모듈전 과정을 작업의 순서에 따라 단계적으로 실습이 이루어질 수 있도록 지도한다.
- 이 책을 통해 수업을 준비하는데 있어서 필요한 모든 정보나 팁, 힌트 등 도움이 될 만한 내용들을 확인할 수 있다.
- 학생들이 만들게 될 각 모델들은 수업시간에 중점적으로 다뤄질 부분과 어휘, 질문, 답을 포함하고 있으며 또한 탐구할만한 추가적인 아이디어들도 포함하고 있다.

학습 방법

- EV3 모터 주행 제어 프로그래밍과 모듈에 대한 관련 용어를 숙지하고, EV3 모터 주행 제어 프로그래밍과 모듈에 대해 이해한다.
- EV3 모터 주행 제어 프로그래밍과 모듈의 각 단계별 중점 사항을 체계적으로 학습한다.
- EV3 모터 주행 제어 프로그래밍과 모듈의 수행순서의 전 과정을 실습한다.
- EV3 모터 주행 제어 프로그래밍과 모듈의 내용을 이해한다.
- EV3 모터 주행 제어 프로그래밍과 모듈을 이해하고 숙달이 될 때까지 학습한다.

학습활동.8 평가 및 피드백

평가 준거

- 평가자는 피평가자가 수행 준거 및 평가 내용에 제시되어 있는 내용을 성공적으로 수행할 수 있는 지를 평가해야 한다.

학습내용	평가항목	성취수준		
		상	중	하
EV3 모터 주행 제어 프로그래밍과 모듈	EV3 모터 주행 제어 프로그래밍과 모듈을 이해할 수 있다.			

평가 방법

• 작업 포트폴리오

학습내용	평가항목	성취수준		
		상	중	하
EV3 모터 주행 제어 프로그래밍과 모듈	EV3 모터 주행 제어 프로그래밍과 모듈을 이해할 수 있다.			

• 필기시험

학습내용	평가항목	성취수준		
		상	중	하
EV3 모터 주행 제어 프로그래밍과 모듈	EV3 모터 주행 제어 프로그래밍과 모듈을 이해할 수 있다.			

• 체크리스트를 통한 관찰

학습내용	평가항목	성취수준		
		상	중	하
EV3 모터 주행 제어 프로그래밍과 모듈	EV3 모터 주행 제어 프로그래밍과 모듈을 이해할 수 있다.			

• 피드백

1. 작업 포트폴리오
   - 제출한 보고서를 평가한 후 주요 사항에 대하여 표시하여 돌려준다.
2. 필기시험
   - 평가 결과 성적이 저조한 학생은 보고서 제출 기회를 부여한다.
3. 체크리스트를 통한 관찰
   - 실습 과정에서 평가한 후 개선해야 할 사항 등을 정리하여 돌려준다.

참 | 고 | 문 | 헌

1. 남상엽 외, 창의공학, 상학당, 2016.3.10.
2. 남상엽 외, 스마트로봇 EV3를 활용한 C언어 프로그래밍, 상학당, 2016.7.16.
3. 남상엽 외, 스마트로봇 EV3, 이지테크, 2014.3.10
4. https://education.lego.com/ko-kr/support/mindstorms-ev3/python-for-ev3
5. https://www.balena.io/etcher/
6. https://code.visualstudio.com/
7. getting-started-with-MicroPython ver 1.0
8. https://www.atlabme.com/easy-program-python-ev3/
9. 헬로코딩_한입에 쏙 파이썬
10. 윤인성, 혼자 공부하는 파이썬 한빛미디어
11. https://cafe.naver.com/handsontechnology
12. 마인크래프트로 배우는 파이썬 프로그래밍, 제이펍, 크레이크 리처드슨
13. 컴퓨팅 사고와 함께하는 파이썬 기초부터 인공지능 응용까지, 연두에디션
14. 스마트로봇 EV3, 이지테크
15. LEGO MINDSTORMS Education EV3
16. www.hansoncampus.co.kr, 핸즈온 캠퍼스
17. http://www.robowell.co.kr/, 로보웰 코리아
18. https://sites.google.com/site/ev3devpython/introduction,EV3Python(v2)
19. https://sites.google.com/site/ev3python/,EV3ptyhon(v1)
20. https://www.ev3dev.org/

학습 8

학습 1	스마트로봇 EV3의 개요 및 구성
학습 2	파이썬의 개요 및 설정
학습 3	파이썬 프로그램 작성과 실행
학습 4	파이썬 기초 프로그래밍(1)_자료형
학습 5	파이썬 기초 프로그래밍(2)_조건문
학습 6	파이썬 기초 프로그래밍(3)_반복문
학습 7	EV3 브릭 프로그래밍과 함수
학습 8	EV3 모터 주행 제어 프로그래밍과 모듈
학습 9	**EV3 터치센서 제어 프로그래밍과 클래스**
학습 10	EV3 초음파센서 제어 프로그래밍과 예외처리
학습 11	EV3 컬러센서와 자이로센서 프로그래밍
학습 12	EV3 응용 제어 프로그래밍

학습 목표

1. EV3 터치센서 제어 프로그래밍과 클래스를 이해할 수 있다.

9-1 터치센서의 개요

1. 개 요

터치센서는 센서의 버튼이 눌릴 때와 눌리지 않을 때를 감지할 수 있는 아날로그 센서이다. 터치센서는 눌려 있는지 눌려 있지 않은지 또는 접촉 후 떨어졌는지 세가지 조건의 상태를 참과 거짓으로 나타낸다.

[그림 9-1] EV3의 터치센서

터치센서는 "눌림", "눌리지 않음" 상태 값을 가지고 있다.

터치센서의 입력센서는 Port. S1부터 Port. S4까지 연결할 수 있다.

터치센서는 TouchSensor 객체를 사용한다.

그러므로 pybricks.ev3devices 모듈 사용 시에 다음과 같이 형식의 구문을 반드시 넣어야 한다. 그런데 터치센서의 포트 관련 Pybricks API를 위해서는 pybricks.parameters 모듈을 임포트(import)하고 Port 클래스를 반드시 첫 줄에 사용해야 한다.

```
from pybricks.ev3devices import TouchSensor
from pybricks.parameters import Port
```

터치센서를 이용하기 위해 TouchSensor 클래스를 임포트해야 한다.

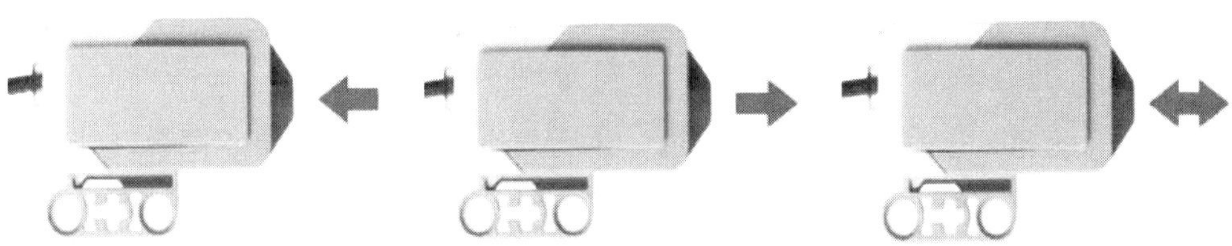

(a) 눌림 상태 (b) 눌리지 않은 상태 (c) 접촉 후 떨어진 상태

[그림 9-2] EV3 터치센서의 동작

학습 9

9-2 터치센서의 명령어

1. 터치센서의 클래스

터치센서는 ev3devices 모듈에 포함된 각 디바이스 중 하나인 터치센서 클래스를 TouchSensor로 임포트한다.

class TouchSensor (port)
터치센서의 포트 설정한다.
Parameters port (Port) - 센서가 연결된 포트.

1) 센서가 눌러졌는지 확인

pressed ()
센서가 눌러졌는지 확인한다.
Returns True 센서가 눌러진 경우, False 눌러지지 않은 경우. Return type ; 부울(bool)

9-3 Python의 클래스

1. 클래스의 기본

1) 객 체

딕셔너리로 학생을 표현하고 이를 리스트로 묶어 학생들을 표현한다. 이처럼 여러 가지 속성을 가질 수 있는 대상을 객체(Object)라고 한다. 객체는 프로그래밍 언어에서는 속성을 가질 수 있는 모든 대상을 객체라고 한다.

〈표 9-1〉 객체와 속성의 예제

프로그램	객 체	속 성
페이스북	개인정보	이름, 이메일, 비밀번호, 프로필 사진, 프로필 설명, 친구 목록, 타임라인 글 목록 등
	타임라인 글	작성자, 게시 시간, 좋아요를 누른 친구, 댓글 등
	그룹 정보	이름, 설명, 멤버 목록 등

2) 객체지향 프로그래밍 언어

C언어를 제외한 모든 프로그래밍 언어를 객체지향 프로그래밍 언어(Object Oriented Programming Language)이다. 객체지향 프로그래밍 언어는 객체를 기반으로 프로그램을 만드는 프로그래밍 언어이다.

3) 추상화

프로그램에서 필요한 요소만을 사용해서 객체를 표현하는 것을 추상화(Abstraction)

라고 한다. 추상화는 복잡한 자료, 모듈, 시스템 등으로부터 핵심적인 개념 또는 기능을 간추려 내는 것을 의미한다.

2. 클래스의 구문

클래스 기반의 객체지향 프로그래밍 언어는 클래스(Class)라는 것을 기반으로 객체를 만든다. 클래스는 객체를 쉽고 편리하게 생성하기 위해 만들어진 구문이다.

1) 클래스 선언

클래스는 다음과 같은 구문으로 생성한다.

클래스 구문
class 클래스 이름: 클래스 내용

클래스 이름은 파이썬에서 각 단어의 앞 글자를 대문자로 만들고 이를 합쳐서 이름을 만드는 캐멀 케이스 형식의 규칙이 있다.

EV3 클래스 이름 규칙
첫번째 시작 글자 대문자, 두번째 시작 글자 대문자
DriveBase()

학습 9

2) 인스턴스

인스턴스(Instance)는 클래스를 기반으로 생성한 객체를 의미한다.

인스턴스 이름 규칙
인스턴스 이름(변수이름) = 클래스 이름() ↳"생성자 함수"라고 한다.

클래스와 인스턴스의 차이점에 대한 개념은 붕어빵 틀을 클래스라고 하면 구어진 붕어빵들을 인스턴스라고 구분 지어 생각하면 된다.

3) 생성자

클래스 이름()의 함수를 생성자(Constructor)라고 한다. 생성자는 클래스 이름과 같은 인스턴스를 생성할 때 만드는 함수이다.

생성자 규칙 및 예제

class 클래스 이름:
    def __init__(self, 추가적인 매개변수):
        pass

클래스 내부의 함수는 첫번째 매개변수로 반드시 self로 입력해야 한다. self는 "자기자신"을 나타내는 딕셔너리이다. self가 가지고 있는 속성과 기능에 접근할 때는 self.〈식별자〉 형태로 접근한다.

# 클래스를 선언한다. 	
class Student:
    def __init__(self, name, korean, math, english, science):
        self.name = name
        self.korean = korean
        self.math = math
        self.english = english
        self.science = science
            pass

4) 메소드

클래스가 가지고 있는 함수를 메소드(Method)라고 한다. 즉 메소드는 클래스를 가진 함수이다.

클래스 내부에 메소드 만드는 규칙

class 클래스 이름:
    def 메소드 이름(self, 추가적인 매개변수):
        pass

첫번째 매개변수로 반드시 self로 입력해야 한다.

# 클래스를 선언한다. 	
class Student:
    def __init__(self, name, korean, math, english, science):

```
        self.name = name
        self.korean = korean
        self.math = math
        self.english = english
        self.science = science
    def get_sum(self):
        return self.korea + self.math +\
            self.english + self.science
        pass
```

3. 클래스의 추가적인 구문

클래스를 사용하는 것은 속성과 기능을 가진 객체를 만들겠다는 의미이다.

1) isinstance() 함수

일단 객체(인스턴스)가 어떤 클래스로부터 만들어졌는지 확인하기 위하여 isinstance() 함수를 제공한다. isinstance() 함수는 어떤 클래스의 인스턴스인지 확인할 때 사용하는 함수이다.

isinstance() 함수 규칙 및 예제
isinstance(인스턴스, 클래스)
isinstance() 함수는 첫번째 매개변수에 객체(인스턴스), 두번째 매개변수에 클래스를 입력한다. 이 때 인스턴스가 해당 클래스 기반으로 만들어졌으면 True, 전혀 상관없으면 False이다.

# 클래스를 선언한다. 	
class Student:
    def __init__(self):
        pass
# 학생을 선언한다. 	
student = Student()
# 인스턴트 확인하기 	
print("isinstance(student, Student):", isinstance(student, Student))

코드실행하면 student는 Student클래스를 기반으로 만들어졌으므로 True를 출력한다.
isinstance(student, Student): True

2) 클래스 변수와 클래스 함수

인스턴스가 속성과 기능을 가질 수 있지만 클래스가 속성(변수)과 기능(함수)를 가질 수 있다.

(1) 클래스 변수

클래스 변수 만들기
class 클래스 이름: 클래스 변수 = 값
클래스 변수에 접근하기
클래스 이름.변수이름

클래스 변수에 접근 예제

# 클래스 선언 	
class Student:
    count = 0
...
    # 클래스 변수 설정
    Student.count += 1
 	
...
        pass

클래스 내부와 외부에서 클래스 변수에 접근할 때는 모두 Student.count형태(클래스이름.변수이름)을 사용한다

(2) 클래스 함수

클래스 함수도 클래스 변수처럼 그냥 클래스가 가진 함수이다.

클래스 함수 만들기

class 클래스 이름:
    @classmethod
    def 클래스 함수(친, 매개변수):
        pass

클래스 함수 호출하기
클래스 이름.함수 이름(매개변수)

㉡ for student in cls.student:

↳ Student.student라고 해도 상관없지만 여기서 매개변수로 받은 cls를 활용한다.

클래스 변수와 클래스 함수는 클래스 이름 뒤에 부호(.)마침표를 찍고 바로 사용할 수 있는 클래스가 갖고 있는 변수와 함수이다.

3) 상 속

상속은 어떤 클래스를 기반으로 그 속성과 기능을 물려받아 새로운 클래스를 만드는 것을 말한다.

학습 9

수행 내용

재료 · 자료

- Python, EV3 레고 마인드스톰 관련 자료

기기(장비 · 공구)

- 컴퓨터, USB 케이블, 충전 어댑터, 프린터, 주변기기

안전 · 유의사항

- EV3 로봇 플랫폼의 외형을 관리하고 P브릭에 전원을 충분히 충전한다.

수행 순서

01 스마트로봇 EV3를 모터B, C로 계속 전진하다가 터치센서를 누르면 모터가 멈추는 프로그램을 작성하라.

프로그램 작성

```
From ev3dev.ev3 import*
from time import sleep

mB = LargeMotor('outB')
mC = LargeMotor('outC)

ts = TouchSensor()
assert ts.cnnected

while not ts.value():
    mB.run_forever(speed_sp=300)
    mC.run_forever(speed_sp=300)

mB.stop()
mC.stop()
```

02 터치센서를 눌렀을 때 '터치센서가 눌림'값을 화면에 출력하는 프로그램을 작성하라.

프로그램 작성

```
# Port.S1의 터치센서를 초기화
ts = TouchSensor(Port.S1)

while True:
    #터치를 눌르면
    if td.pressed():
        ev3.speaker.beep()
        print('터치 선세 눌림')
        break
```

03 터치센서의 눌림과 눌리지 않음을 프로그램으로 작성하라.

프로그램 작성

```
# port.s1의 터치센서를 초기화 한다.
touchsensor = TouchSensor(Port.S1)

if touchsenor.pressed():
    print('터치센서 눌림')
else :
    print('터치센서가 눌리지 않음)
```

학습 9

04 스마트로봇 EV3의 터치를 눌릴 때까지 계속 직진하는 프로그램을 작성하라.

프로그램 작성1

```
touchsensor = TouchSensor(Port.S1)

left = Motor(Port.B)
right = Motor(Port.C)
robot = DriveBase(left, right, 56, 114)
robot.drive(150,0)

#터치센서가 눌리기 전까지는 계속 직진한다.
while not touchsensor.pressed():
    pass
#터치센서를 누르면 로봇이 정지한다.
robot.stop()
```

프로그램 작성2

```
left = Motor(Port.B)
right = Motor(Port.C)
ts = TouchSensor(Port.S1)

left.run(150)
right.run(150)

# 터치가 누르지 않은 상태일 때 계속 진진한다.
```

```
while not ts.pressed()
    pass

# 모터를 멈춘다
left.stop()
right.stop()
```

05 스마트로봇 EV3의 터치센서를 누르면 비프음을 3번 재생하는 프로그램을 작성하라.

프로그램 작성

```
touchsensor -TouchSensor(Port.S1)

while not touchsensor.pressed():
    pass
brick.sound.beeps(3)
```

학습 9

06 자동차(스마트로봇 EV3)의 충돌과 후진하는 프로그램을 작성하라.

〈조건〉 1) 200mm/s의 속도로 전진한다.
2) 터치센서가 충돌을 감지하면 모터가 멈춘다.
3) 1초간 대기한다.
4) 2초간 후진한다.
5) 모터를 멈춘다.

프로그램 작성

```
left = Motor(Port.B)
right = Motor(Port.C)
robot= DriveBase(left,right, 56, 114)
touch = TouchSensor(Port.S1)

#전진
robot.drive(200,0)

#터치가 눌렀을때
while not touch.pressed():
    wait(10) #pass 혹은 wait(10)으로  대기

robot.stop()
wait(1000)

#후진한다.
robot.drive_time(-200,0,2000)
robot.stop()
```

Tip 함수의 구조

여러 개의 명령어를 하나의 함수로 정리할 수 있다.

함수의 구조

```
           ②
① def 함수명(): ③
④    수행할코드1()
     수행할코드2()


⑤ 함수명()
```

1. 함수를 시작할 때, **def** 로 시작한다.
2. 함수명 뒤에 () 를 입력한다.
3. 함수명 마지막 문장에 : 를 입력한다.
4. **함수안에 수행할 코드는 들여쓰기를 해야 한다.**
   -> 들여쓰기는 "Tab" 키 혹은 4빈칸으로 들여 쓴다.
5. 함수명() 로 호출한다.

07

자동차(스마트로봇 EV3)의 충돌과 후진을 함수로 정의하고, 3번 동작을 반복하는 프로그램을 작성하라.

프로그램 작성

```
left = Motor(Port.B)
right = Motor(Port.C)
robot= DriveBase(left,right, 56, 114)
touch = TouchSensor(Port.S1)

def bump():                    함수
  robot.drive(200,0)
  while not touch.pressed():
    wait(10)

  robot.stop()
  wait(1000)

  robot.drive_time(-200,0,2000)
  robot.stop()

for i in range(3):
  bump() 함수호출
```

08

스마트로봇 EV3의 터치센서를 터치 후에 4각 박스 돌기 프로그램을 작성하라.

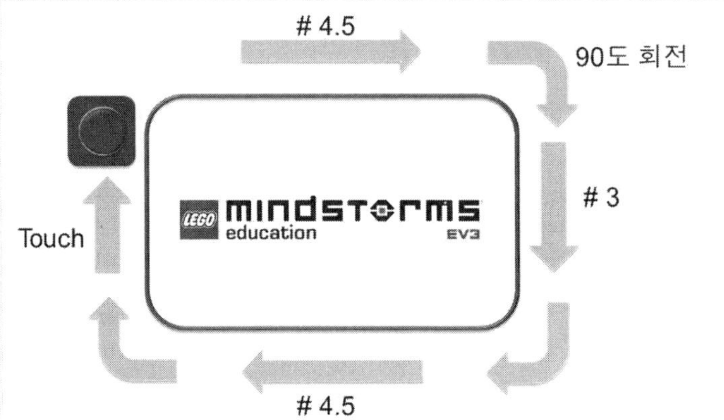

09

화난 이미지를 LCD에 출력하고 터치센서를 터치하면 윙크 이미지가 나타나는 프로그램을 작성하라.

프로그램 작성

```
#!/usr/bin/env python3
from ev3dev2.sensor.lego import TouchSensor
from ev3dev2.display import Display
from PIL import Image
from time import sleep
ts = TouchSensor() # 터치센서 설정
lcd = Display()
Angry = Image.open('Angry.bmp')
Winking = Image.open('Winking.bmp')
lcd.image.paste(Angry, (0,0)) # 0,0위치에 화난 이미지 출력
lcd.update()
while not ts.is_pressed:  # 터치센서가 온이 될 때 까지 무한 루프
    sleep(0.01)
lcd.image.paste(Winking, (0,0)) # 터치센서가 온이 되면 윙크 이미지 출력
lcd.update()
sleep(5)
```

10 직진 주행 상태에서 터치센서를 누르면 후진 주행하는 프로그램을 작성하라.

프로그램 작성

```
#!/usr/bin/env python3
from ev3dev2.motor import MoveSteering, OUTPUT_B, OUTPUT_C
from ev3dev2.sensor.lego import TouchSensor
from time import sleep
ts = TouchSensor()
steer_pair = MoveSteering(OUTPUT_B, OUTPUT_C) # 스티어링 모드 설정
steer_pair.on(0,50) # 직진 스팅어링으로 속도 50% 무한 주행
while not ts.is_pressed:  # 터치센서가 온이 될 때 까지 무한 루프
    sleep(0.01)
steer_pair.on(0,-50) # 직진 스팅어링으로 반대 방향으로 속도 50% 무한 주행
sleep(5)
```

11 터치센서를 누르면 왼쪽 LED와 오른쪽 LED를 빨강으로 출력하고, 터치센서를 놓은 상태이면 왼쪽 LED와 오른쪽 LED를 오렌지 색을 출력하는 프로그램을 작성하라.

프로그램 작성

```
#!/usr/bin/env python3
from ev3dev2.led import Leds
from ev3dev2.sensor.lego import TouchSensor
from time import sleep
led = Leds()
ts = TouchSensor()
while True:
    if ts.is_pressed:# 터치센서 누르면 왼쪽 LED와 오른쪽 LED를 빨강으로 출력
        led.set_color('LEFT', 'RED')
        led.set_color('RIGHT', 'RED')
    else:  터치센서 놓으면  왼쪽 LED와 오른쪽 LED를 오렌지 색으로 출력
        led.set_color('LEFT', 'ORANGE')
        led.set_color('RIGHT', 'ORANGE')
    sleep(0.1)  # 폴링 시간 간격을 주어 CPU 부하를 줄임
```

학습 9

Tip 공통적용

색상 설정을 하기 전에 모든 LED를 오프 시키고 설정해야 한다. 그렇지 않으면 LED 색을 설정하는데 문제가 발생할 수 있다.

12 스마트로봇 EV3에 hello 사운드를 재생하는 동안 터치센서를 누르면 goodbye 사운드를 재생하는 프로그램을 작성하라.

프로그램 작성

```
#!/usr/bin/env python3
from ev3dev2.sensor.lego import TouchSensor
from ev3dev2.sound import Sound
from time import sleep
ts = TouchSensor()
sound = Sound()
sound.play_file('Hello.wav') # Hello.wav 파일 재생
while not ts.is_pressed:  # 터치센서를 누룰 때까지 무한 루프
    sleep(0.01)
sound.play_file('Goodbye.wav') # Goodbye.wav 파일 재생
sleep(5)
```

13 스마트로봇 EV3의 터치센서를 2개 설정한다. 터치센서1을 클릭하면 왼쪽 LED 가 빨강으로 표시되고, 터치센서2를 클릭하면 오른쪽 LED가 빨강으로 표시되는 프로그램을 작성하라.

프로그램 작성

```
#!/usr/bin/env python3
from ev3dev2.sensor import INPUT_1, INPUT_2
from ev3dev2.sensor.lego import TouchSensor
from ev3dev2.led import Leds
from time import sleep
```

```
ts1 = TouchSensor(INPUT_1) # INPUT_1 포터에 ts1 터치센서 설정
ts2 = TouchSensor(INPUT_2) # INPUT_2 포터에 ts2 터치센서 설정
led = Leds()
led.all_off() # 모든 led 오프
while True: # 무한 루프, 뒤로가기 버튼으로 정지
# 터치1 클릭할 때 왼쪽 LED 빨강
    led.set_color('LEFT', ('GREEN',  'RED')[ts1.is_pressed])
# 터치2 클릭할 때 오른쪽 LED 빨강
    led.set_color('RIGHT', ('GREEN', 'RED')[ts2.is_pressed])
    sleep (0.01)
```

14 스마트로봇 EV3의 터치센서를 터치 후 4각 박스 돌기 프로그램을 작성하라.

프로그램 작성

```
from time import sleep
ts = TouchSensor()
sound = Sound()
steer_pair = MoveSteering(OUTPUT_B, OUTPUT_C)
steer_pair.on_for_rotations(steering=0, speed=50, rotations=4.5, brake=True, block=True)
sleep(1)
steer_pair.on_for_degrees(steering=100, speed=10, degrees=180, brake=True, block=True)
sleep(1)
```

```
steer_pair.on_for_rotations(steering=0, speed=50, rotations=3)
sleep(1)
steer_pair.on_for_degrees(steering=100, speed=10, degrees=180, brake=True, block=True)
sleep(1)
steer_pair.on_for_rotations(steering=0, speed=50, rotations=5)
sleep(1)
steer_pair.on_for_degrees(steering=100, speed=10, degrees=180, brake=True, block=True)
sleep(1)
steer_pair.on(steering=0, speed=50)
while not ts.is_pressed:  # while touch sensor is not pressed
    sleep(0.01)
tank_pair.off()
sleep(5)
```

15 스마트로봇 EV3의 탱크 모터를 설정하고, 터치 센스를 클릭할 때까지 무한 주행하는 프로그램을 작성하라.

프로그램 작성

```
#!/usr/bin/env python3
from ev3dev2.motor import MoveTank, OUTPUT_B, OUTPUT_C
from ev3dev2.sensor.lego import TouchSensor
from time import sleep
ts = TouchSensor() # 터치센서 설정
tank_pair = MoveTank(OUTPUT_B, OUTPUT_C)
tank_pair.on(50,50) # 양쪽 모터 50 속도 무한 주행
while not ts.is_pressed:  # 터치센서가 온이 될 때 까지 무한 루프
    sleep(0.01)
tank_pair.off() # 터치센서가 온이 되면 주행 멈춤
sleep(2)
```

16 스마트로봇 EV3의 스티어링 모터를 설정하고, 터치 센스를 클릭할 때까지 무한 주행하는 프로그램을 작성하라.

프로그램 작성

```
#!/usr/bin/env python3
from ev3dev2.motor import MoveSteering, OUTPUT_B, OUTPUT_C
from ev3dev2.sensor.lego import TouchSensor
from time import sleep
ts = TouchSensor()
steer_pair = MoveSteering(OUTPUT_B, OUTPUT_C) # 스티어링 모드 설정
steer_pair.on(0,50) # 직진 스팅어링으로 속도 50% 무한 주행
while not ts.is_pressed:  # 터치센서가 온이 될 때 까지 무한 루프
    sleep(0.01)
steer_pair.off() # 터치센서가 온이 되면 주행 멈춤
sleep(5)
```

학습 9

학습활동.9 교수 · 학습 방법

교수 방법

- EV3 Device 터치센서 제어 프로그래밍과 클래스에 대한 관련 용어, 구성, 방식 이해 정도를 파악한 후 수업을 진행한다.
- 교수자의 주도로 EV3 Device 터치센서 제어 프로그래밍과 클래스 등의 내용을 PPT 자료로 제시한 후 설명한다.
- 가능하면 사전에 개인별 학습 자료를 준비하여 모든 학생이 참여할 수 있는 문제 해결식 수업, 협력 수업이 가능하도록 한다.
- EV3 Device 터치센서 제어 프로그래밍과 클래스 전 과정을 작업의 순서에 따라 단계적으로 실습이 이루어질 수 있도록 지도한다.
- 이 책을 통해 수업을 준비하는데 있어서 필요한 모든 정보나 팁, 힌트 등 도움이 될 만한 내용들을 확인할 수 있다.
- 학생들이 만들게 될 각 모델들은 수업시간에 중점적으로 다뤄질 부분과 어휘, 질문, 답을 포함하고 있으며 또한 탐구할만한 추가적인 아이디어들도 포함하고 있다.

학습 방법

- EV3 Device 터치센서 제어 프로그래밍과 클래스에 대한 관련 용어를 숙지하고, EV3 Device 터치센서 제어 프로그래밍과 클래스에 대해 이해한다.
- EV3 Device 터치센서 제어 프로그래밍과 클래스의 각 단계별 중점 사항을 체계적으로 학습한다.
- EV3 Device 터치센서 제어 프로그래밍과 클래스의 수행순서의 전 과정을 실습한다.
- EV3 Device 터치센서 제어 프로그래밍과 클래스의 내용을 이해한다.
- EV3 Device 터치센서 제어 프로그래밍과 클래스를 이해하고 숙달이 될 때까지 학습한다.

학습활동.9 평가 및 피드백

평가 준거

- 평가자는 피평가자가 수행 준거 및 평가 내용에 제시되어 있는 내용을 성공적으로 수행할 수 있는 지를 평가해야 한다.

학습내용	평가항목	성취수준		
		상	중	하
EV3 Device 터치센서 제어 프로그래밍과 클래스	EV3 Device 터치센서 제어 프로그래밍과 클래스를 이해할 수 있다.			

평가 방법

- 작업 포트폴리오

학습내용	평가항목	성취수준		
		상	중	하
EV3 Device 터치센서 제어 프로그래밍과 클래스	EV3 Device 터치센서 제어 프로그래밍과 클래스를 이해할 수 있다.			

- 필기시험

학습내용	평가항목	성취수준		
		상	중	하
EV3 Device 터치센서 제어 프로그래밍과 클래스	EV3 Device 터치센서 제어 프로그래밍과 클래스를 이해할 수 있다.			

- 체크리스트를 통한 관찰

학습내용	평가항목	성취수준		
		상	중	하
EV3 Device 터치센서 제어 프로그래밍과 클래스	EV3 Device 터치센서 제어 프로그래밍과 클래스를 이해할 수 있다.			

- 피드백

1. 작업 포트폴리오
   - 제출한 보고서를 평가한 후 주요 사항에 대하여 표시하여 돌려준다.
2. 필기시험
   - 평가 결과 성적이 저조한 학생은 보고서 제출 기회를 부여한다.
3. 체크리스트를 통한 관찰
   - 실습 과정에서 평가한 후 개선해야 할 사항 등을 정리하여 돌려준다.

참 | 고 | 문 | 헌

1. 남상엽 외, 창의공학, 상학당, 2016.3.10.
2. 남상엽 외, 스마트로봇 EV3를 활용한 C언어 프로그래밍, 상학당, 2016.7.16.
3. 남상엽 외, 스마트로봇 EV3, 이지테크, 2014. 3.10
4. getting-started-with-MicroPython ver 1.0
5. 헬로코딩_한입에 쏙 파이썬
6. 윤인성, 혼자 공부하는 파이썬 한빛미디어
7. https://cafe.naver.com/handsontechnology
8. 마인크래프트로 배우는 파이썬 프로그래밍, 제이펍, 크레이크 리처드슨
9. 컴퓨팅 사고와 함께하는 파이썬 기초부터 인공지능 응용까지, 연두에디션
10. 스마트로봇 EV3, 이지테크
11. LEGO MINDSTORMS Education EV3
12. www.hansoncampus.co.kr, 핸즈온 캠퍼스
13. http://www.robowell.co.kr/, 로보웰 코리아
14. https://sites.google.com/site/ev3devpython/introduction,EV3Python(v2)
15. https://sites.google.com/site/ev3python/,EV3ptyhon(v1)
16. https://www.ev3dev.org/

학습 1	스마트로봇 EV3의 개요 및 구성
학습 2	파이썬의 개요 및 설정
학습 3	파이썬 프로그램 작성과 실행
학습 4	파이썬 기초 프로그래밍(1)_자료형
학습 5	파이썬 기초 프로그래밍(2)_조건문
학습 6	파이썬 기초 프로그래밍(3)_반복문
학습 7	EV3 브릭 프로그래밍과 함수
학습 8	EV3 모터 주행 제어 프로그래밍과 모듈
학습 9	EV3 터치센서 제어 프로그래밍과 클래스
학습 10	**EV3 초음파센서 제어 프로그래밍과 예외처리**
학습 11	EV3 컬러센서와 자이로센서 프로그래밍
학습 12	EV3 응용 제어 프로그래밍

학습 목표

1. EV3 초음파센서 제어 프로그래밍과 예외처리를 이해할 수 있다.

10-1 초음파센서의 개요

1. 초음파센서의 개요

사람의 귀를 통해 들을 수 있는 음파의 주파수를 가청주파수라고 하며 20Hz~20kHz의 범위를 들을 수 있다. 초음파(Ultrasonic)는 20kHz를 넘는 음파를 의미하며 수컷 모기 초음파를 이용한 해충퇴치기기나 병원에서 치료 등에 사용되기도 한다.

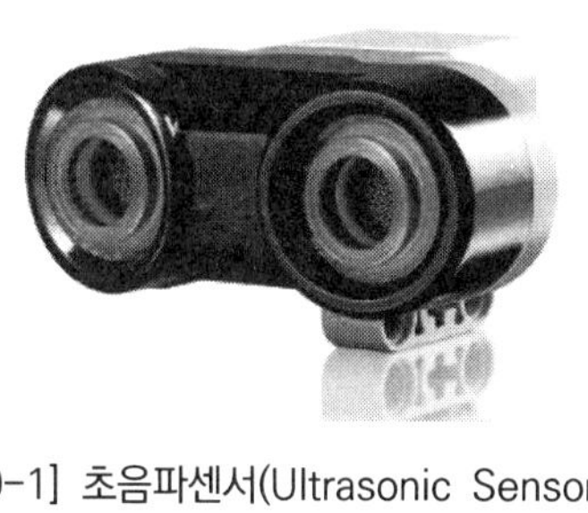

[그림 10-1] 초음파센서(Ultrasonic Sensor)의 모양

초음파센서는 앞에 있는 물체까지의 거리를 측정하는 디지털센서이다. 이 센서는 고주파 음파를 내보내 사운드가 센서까지 반사되어 돌아오는 시간을 측정하는 방식으로 거리를 측정한다. 물체와의 거리는 인치나 센티미터 단위로 측정할 수 있다.

운전을 처음 시작한 시기에 가장 어려운 일이 주차와 후진이다. 이것이 가장 어려운 이유는 무엇일까? 몸을 돌려서 보는 것이 익숙하지 않기 때문에 눈으로 예상한 거리와 실제 거리의 차이가 발생하기 때문이다.

주차를 쉽게 할 수 있도록 도와주기 위해 요즘에 출시되는 대부분의 자동차 뒷 범퍼에는 3~4개의 지름 1cm 정도의 센서가 장착되어 있다. 바로 후방감지기이다. 후방감지기는 초음파를 이용하여 뒤에 있는 장애물과의 거리를 측정하여 운전자에게 알려주는 장치이다.

[그림 10-2] 자동차용 초음파센서

초음파센서의 또 다른 예를 들어보자. 청소 도우미 중에 무선 로봇 청소기가 시중에 판매되고 있다. 사람이 명령을 주지 않아도 집안의 방과 거실을 모두 구석구석 누비며 깨끗하게 청소하고 스스로 충전도 하는 지능을 갖춘 로봇이다.

그렇다면 과연 청소 로봇은 벽을 어떻게 인식할까? 바로 초음파를 이용하여 거리를 측정한다. 요즘은 많이 개선되었지만 청소 로봇의 단점은 벽과 벽사이의 구석을 청소하는 능력이 부족하다는 점이다. 보통 6~8개 정도의 초음파센서가 내장되어 있지만 둥근 몸체를 가진 로봇이 사각지역을 청소하기가 어려워서 청소로봇의 성능을 구별하는 특징이 된다. 로봇 청소기가 벽과 벽사이의 사각지역을 인식하기 위해서는 초음파센서가 2개 이상이 0에 근접할 시점을 파악하면 된다.

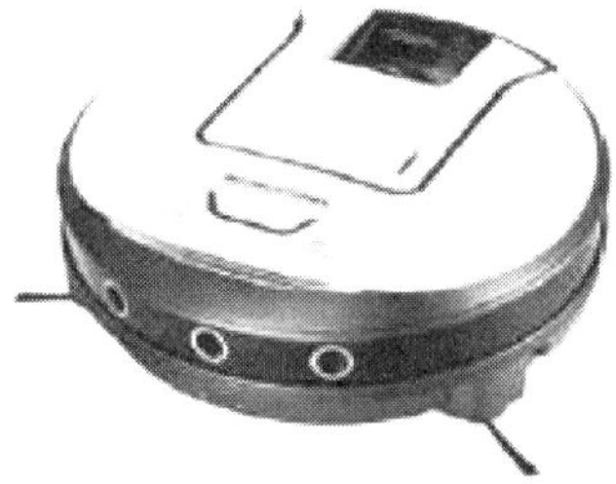

[그림 10-3] 청소용 초음파센서

스마트로봇 EV3는 로봇의 앞쪽에 초음파센서를 이용하여 장애물과의 거리를 인식하여 일정한 거리에서 멈추거나 유지할 수 있다.

pybricks.ev3devices모듈 사용 시에 다음과 같이 형식의 구문을 반드시 넣어야 한다. 그런데 초음파센서의 포트 관련 Pybricks API를 위해서는 pybricks.parameters 모듈을 임포트하고 Port 클래스를 반드시 첫 줄에 사용해야 한다.

```
from pybricks.ev3devices import UltrasonicSensor
from pybricks.parameters import Port
```

10-2 초음파센서의 명령어

1. 초음파센서 클래스

ev3devices(EV3Devices) 모듈의 초음파센서의 클래스는 UltrasonicSensor(port)을 사용한다.

class UltrasonicSensor (port)
초음파센서의 포트를 연결한다.
Parameters port (Port) - 센서가 연결된 포트.

학습 10

1) 거 리

distance (silent=False)
초음파를 사용하여 센서와 물체 사이의 거리를 측정한다.
Parameters silent (bool) - 거리 측정 후에 센서를 끄려면 True를 선택한다. 이것은 다른 초음파센서와의 간섭이 줄어들지만, 이작업을 너무 자주 수행하면 센서가 멈출 수 있다. 이 경우에는 플러그를 뽑았다가 다시 연결하라, Returns 거리(밀리미터). Return type distance: mm

2) 감 지

presence ()
초음파를 감지하여 다른 초음파센서가 있는지 확인한다. 다른 초음파센서가 무음 모드에서 작동하는 경우, 해당 센서가 측정을 하는 동안에만 그 존재를 감지할 수 있다.
Returns ; True일 경우 초음파센서가 감지된 경우, False일 경우 그렇지 않은 경우. Return type; 부울(bool)

10-3 Python의 예외처리

1. 구문오류와 예외

1) 오류의 종류

(1) 구문오류

프로그램 실행 전에 발생하는 오류를 구문오류(Syntex Error)라고 한다.

구문오류는 프로그램의 문법적인 오류로 프로그램이 실행조차 되지 않게 만드는 오류이다.

구문오류는 괄호의 개수, 들여쓰기 문제 등으로 발생한다.

코드를 실행하면 EOL(end of line) 문제가 발생하고 구문오류가 발생한다.

구문오류 발생 예제	실행결과/오류 해결

# 프로그램 시작 	
print("# 프로그램이 시작되었다.")
 	
# 구문오류 발생 코드 	
print("# 예외를 강제로 발생.)
	# 프로그램 시작
	print("# 프로그램이 시작되었다.")
	
	# 구문오류 발생 코드 해결
	print("# 예외를 강제로 발생.")

코드를 실행하면 EOL(End of line)문제가 발생하고 SyntaxError 발생한다.	오류 해결; 닫는 따옴표로 문자열으로 닫아서 해결

(2) 예외(런타임 에러)

프로그램 실행 중에 발생하는 오류를 예외(Exception) 또는 런타임 에러(Runtime Error)라고 한다. 예외(런타임 에러)는 프로그램 실행 중 발생하는 오류(Name Error 등)로써 해결방법은 코드를 제대로 작성하면 된다. try catch 구문 등으로 처리할 수 있다.

예외가 발생 예제	예외 해결

print("# 프로그램이 시작되었다.")
# 예외 발생 코드 	
list_a[1]
	print("# 프로그램이 시작되었다.")
	# 예외 발생 코드 해결
	list_a = [1, 2, 3, 4, 5]
	list_a[1]

NameError: name 'list_a' is not defined	list_a = [1, 2, 3, 4, 5] 정의 해줌

2) 기본 예외처리

예외를 해결하는 모든 것을 예외처리(Exception Handling)라고 한다. 예외처리는 조건문을 사용하는 방법과 try 구문을 사용하는 방법의 2가지 방법으로 에외를 처리한다. 구문오류가 발생하면 예외처리 방법으로 할 수 없다. 문법적으로 발생한 문제의 코드를 수정해야 한다.

(1) try except 구문

원래 초기에는 조건문만으로 예외를 처리했다. 최근에는 예외를 처리할 수 있는 구문을 제공한다. 바로 try except 구문은 예외처리에 특화된 구문이다.

try except 구문 구조	try except 구문 구조 설명
try : 예외가 발생할 가능성이 있는 코드 except : 예외가 발생했을 때 실행할 코드	예외가 발생할 가능성이 있는 코드를 모두 try 구문 안에 넣고 예외가 발생했을 때 실행할 코드를 모두 except 구문 안에 넣으면 된다. 코드를 실행하면 프로그램이 강제로 종료되는 일이 없이 예외처리를 하고 정상적으로 종료된다.

(2) try except 구문과 pass 키워드 조합

try except 구문과 pass 키워드 조합구조	ry except 구문과 pass 키워드 조합 설명
try : 예외가 발생할 가능성이 있는 코드 except : pass	except 구문에 아무 것도 넣지 않으면 구문오류가 발생하므로 pass키워드를 넣어준다.

(3) try except else 구문

try except else 구문 구조	try except else 구문 설명
try : 예외가 발생할 가능성이 있는 코드 except : 예외가 발생했을 때 실행할 코드 else : 예외가 발생하지 않았을 때 실행할 코드	try except 구문 뒤에 else 구문을 붙여서 사용하면 예외가 발생하지 않았을 때 실행할 코드를 지정할 수 있다.

(4) finally 구문

try, except, else, finally 구문의 조합은 다음과 같은 규칙이 있다.

① try 구문은 단독으로 사용할 수 없고 반드시 except 구문 또는 finally 구문과 함께 사용해야 한다.

② else 구문은 반드시 except 구문 뒤에 사용해야 한다.

try, except, else, finally 구문의 조합	이 외의 조합
try + except 구문의 조합 try + except + else 구문의 조합 try + except + finally 구문의 조합 try + except + else + finally 구문의 조합 try + finally 구문의 조합	이 외의 조합으로 실행하면 구문오류가 발생한다. 예 try + else 조합; 구문오류 발생

finally 구문 구조	finally 구문설명
try : 예외가 발생할 가능성이 있는 코드 except : 예외가 발생했을 때 실행할 코드 else : 예외가 발생하지 않았을 때 실행할 코드 finally : 무조건 실행할 코드	finally 구문은 예외가 발생하든 안하든 무조건 실행할 때 사용하는 코드이다.

(5) finally 구문에서 close() 함수호출

파일을 제대로 닫았는지는 파일 객체의 closeed 속성으로 알 수 있다. 파일을 닫을 때는 close() 함수를 사용한다. 중간과정에서 예외가 발생하면 try 구문 중간에 튕겨 버리면 파일이 제대로 닫히지 않는 문제가 발생한다.

closed가 False이므로 파일이 닫히지 않으면 반드시 finally 구문을 사용해서 파일을 닫게 해야 한다.

try except 구문이 모두 끝난 후에 파일을 닫으면 아무 문제가 없다. try 구문 중간에서 탈출해도 finally 구문은 무조건 실행된다. 따라서 함수 내부에서 파일 처리 코드를 깔끔하게 만들고 싶으면 finally 구문을 활용하고 try 구문에서 원할 때는 return 키워드로 빠져나가도 파일이 무조건 닫히기 때문이다.

만약에 중간에 return 키워드 등으로 함수를 빠져나갈 때 마다 close()를 하도록 코드를 작성하면 코드가 굉장히 복잡해진다. 그러므로 finally 구문에서 close() 함수를 호출하도록 코드를 작성하면 코드가 깔끔해 진다.

finally 구문은 무조건 실행되므로 반복문에서 break로 빠져나갈 때도 코드를 실행하면 break 키워드로 try구문 전체를 빠져나가도 finally 구문이 실행되는 것을 볼 수 있다.

2. 예외 고급

1) 예외 객체

프로그램 언어도 예외가 발생하면 예외와 관련 정보가 생긴다. 이러한 예외정보가 예외 객체(Exception Object)이다 예외 객체는 예외와 관련된 정보를 담고 있는 객체이다.

만약 큰규모의 웹 서비스를 구축한다면 내부에 다양한 예외가 발생한다. 이러한 정보를 메일 등으로 보내도록 해서 수집하면 이후에 프로그램 개선에 큰 도움이 된다.

2) 예외 구분하기

파이썬은 Except 구문 뒤에 예외의 종류를 입력해서 예외를 구분할 수 있다.

학습 10

except 구문 뒤에 예외의 종류를 입력 구문 구조

try : 예외가 발생할 가능성이 있는 코드
except 예외의 종류 A
  예외 A가 발생했을 때 실행할 코드
except 예외의 종류 B
  예외 B가 발생했을 때 실행할 코드
except 예외의 종류 C
  예외 C가 발생했을 때 실행할 코드

3) as 키워드를 사용

예외를 구분할 때 except 구문 뒤에 예외 객체를 as 키워드를 사용하여 활용할 수 있다(예 except ValueError as exception:, except IndexError as exception:, except Exeption as exception:).

except Exeption as exception는 ValueError와 IndexErrorr가 아닌 예외 발생했을 때 실행된다.

4) raise 구문

프로그램이 강제 종료되는 것을 막기 위해 예외는 꼭 필요하다. 하지만 프로그램을 개발하는 동안에는 아직 구현되지 않은 부분은 확실하게 문제가 생기도록 만들어서 강제로 예외 발생시키는 것이 raise 구문이다. 즉 raise 구문은 예외를 강제로 발생시킬 때 사용되는 구문이다.

raise 구문 구조	raise 구문 구조 설명
raise 예외 객체	"raise NotImplementedError"처럼 raise 뒤에 예외 이름을 입력해준다.

3) GitHub검색

GitHub검색(https://github.com)은 많은 사람이 함께 개발하는 소셜 코딩 사이트 GitHub을 이용하는 것으로 유능한 개발자들의 정재된 코드(예 프레임워크, 라이브러리 코드 등)를 살펴볼 수 있다.

Django도 GitHub(https://github.com/django/django)에서 코드를 볼 수 있다.

수행 내용

재료 · 자료

- Python, EV3 레고 마인드스톰 관련 자료

기기(장비 · 공구)

- 컴퓨터, USB 케이블, 충전 어댑터, 프린터, 주변기기

안전 · 유의사항

- EV3 로봇 플랫폼의 외형을 관리하고 P브릭에 전원을 충분히 충전한다.

수행 순서

01 초음파센서를 이용하여 EV3가 직진하다가 30센티 이내에 방해하는 물체가 나타나면 30센티 후진하고 120도 회전하는 프로그램을 작성하라.

프로그램 작성

```
from pybricks.hubs import EV3Brick
from pybricks.ev3devices import Motor, UltrasonicSensor
from pybricks.parameters import Port
from pybricks.tools import wait
from pybricks.robotics import DriveBase

# EV3 Brick 초기화.
ev3 = EV3Brick()

# 초음파센서(Ultrasonic Sensor)초기화
# 초음파센서를 방해센서(obstacle_sensor)로 정의한다,
obstacle_sensor = UltrasonicSensor(Port.S4)

# 2개 모터 초기화 (모터를 Port B와  Port C로 기본 설정)
```

학습 10

```
# 드라이버 베이스로 2개의 모터를 설정한다.
left_motor = Motor(Port.B)
right_motor = Motor(Port.C)

# The DriveBase is composed of two motors, with a wheel on each motor.
# The wheel_diameter and axle_track values are used to make the motors
# move at the correct speed when you give a motor command.
# The axle track is the distance between the points where the wheels
# touch the ground.
robot = DriveBase(left_motor, right_motor, wheel_diameter=55.5, axle_track=104)

# Play a sound to tell us when we are ready to start moving
ev3.speaker.beep()

# The following loop makes the robot drive forward until it detects an
# obstacle. Then it backs up and turns around. It keeps on doing this
# until you stop the program.
while True:
    # 시간당 200ms 전진을 시작한다.
    robot.drive(200, 0)

    # Wait until an obstacle is detected. This is done by repeatedly
    # doing nothing (waiting for 10 milliseconds) while the measured
    # 거리는 300 mm.보다 크면 대기
    while obstacle_sensor.distance() > 300:
        wait(10)

    # 300 millimeters. 거리만큼 후진한다.
    robot.straight(-300)

    # Turn around by 120 degrees
    robot.turn(120)
```

02 초음파센서의 2가지 기능인 거리측정과 감지 유무에 대하여 프로그램을 작성하라.

초음파센서는 두 가지 기능이 있다.

① 센서와 물체와의 거리를 측정

② 다른 초음파센서 감지 유무

초음파센서는 UltrasonicSensor 객체를 사용한다.

프로그램 작성

```
ultra = UltrasonicSensor(Port.S2)

#센서와 물체 사이 거리 반환 단위 mm
distance = ultra.distance()
print(distance)

#초음파 여부 감지 True, False
presence = ultra.presence()
print(presence)
```

03 초음파센서를 이용하여 물체의 길이를 측정하여 디스플레이로 표시하는 계측기 프로그램을 작성하라.

프로그램 작성

```
ultra = UltrasonicSensor(Port.S2)
#무한반복
while True:
#가운데 브릭 버튼이 눌렀을때
  if Button.CENTER in brick.buttons():
    distance = ultra.distance()
    brick.display.clear()
    distance = distance/10
    brick.display.text(distance, (60, 50))
```

학습 10

04 스마트로봇 EV3가 전진하다가 초음파센서에 20cm 이내 물체를 인식하면, 1초 동안 후진하는 프로그램을 작성하라.

프로그램 작성

```
ultra = UltrasonicSensor(Port.S2)

left = Motor(Port.B)
right = Motor(Port.C)
robot = DriveBase(left, right, 56, 114)
robot.drive(200,0)

#물체와의 거리가 20cm 이상이면, 계속 직진 한다.
while ultra.distance() > 200:
  pass

#1초동안 후진한다.
robot.drive(-200,0)
wait(1000)
robot.stop()
```

05 스마트로봇 EV3가 200mm/s 전진하다가 초음파센서에 10cm 미만에서 장애물을 감지할 때까지 기다리다가 정지하는 프로그램을 작성하라.

프로그램 작성

```
ultra = UltrasonicSensor(Port, S2)
left = Motor(Port.B)
right = Motor(Port.C)
robot = DriveBase(left, right, 56, 114)

robot.drive(200, 0)

# 거리가 10cm(100mm) 될 때까지 대기
while ultra.distance() 〉 100:
    wait(10)

robot.stop()
```

06 스마트로봇 EV3가 초음파센서와 장애물간 거리에 따라 로봇의 속도를 달라지게 하는 프로그램을 작성하라.

〈조건〉 1) 20cm 이상 : 200 mm/s
2) 10cm~20cm 미만 : 100 m/s
3) 10cm 미만 : 정지

프로그램 작성

```
ultra = UltrasonicSensor(Port, S2)
left = Motor(Port.B)
right = Motor(Port.C)
robot = DriveBase(left, right, 56, 114)

robot.drive(200, 0)

# 거리가 20cm(200mm) 될 때까지 대기
```

학습 10

```
while ultra.distance() > 200:
    wait(10)
robot.drive(100, 0)

# 거리가 10cm(100mm) 될 때까지 대기
while ultra.distance() > 100:
    wait(10)

robot.stop()
```

07 스마트로봇 EV3가 벽과의 거리가 가까워 질수록 로봇의 속도가 감속하는 프로그램을 작성하라.

〈물체 감지 거리에 따른 속도 감소 조건〉

1) 40cm 이상 : 200 mm/s
2) 10cm ~ 30cm 미만 : 거리/2의 속도
3) 10cm 미만 : 정지

프로그램 작성

```
ultra = UltrasonicSensor(Port, S2)
left = Motor(Port.B)
right = Motor(Port.C)
robot = DriveBase(left, right, 56, 114)

robot.drive(200, 0)

# 거리가 40cm(400mm) 될 때까지 대기
while ultra.distance() > 400:
    wait(10)

# 거리가 10cm(100mm) 될 때까지 감속
while ultra.distance() > 100:
    robot.drive(ultra.distance()/2, 0)

robot.stop()
```

08 스마트로봇 EV3가 물체를 탐지하면 후진하고 방향을 돌리는 프로그램을 작성하라.

〈조건, 무한 반복(로봇 청소기) 〉

1) 20cm 이상 : 200mm/s 전진

2) 20cm 미만 : 100mm/s 1초 후진

→ 60 deg/s 회전 속도로 2초 회전

프로그램 작성

```
ultra = UltrasonicSensor(Port, S2)
left = Motor(Port.B)
right = Motor(Port.C)
robot = DriveBase(left, right, 56, 114)

while True:
    robot.drive(200,0)

# 거리가 20cm(400mm) 될 때까지 대기
while ultra.distance() 〉 200:
    wait(10)

# 후진
robot.drive_time(-100,0,2000)
# 회전
robot.drive_time(0,60,2000)
```

학습 10

09 조건문으로 예외처리하는 프로그램을 작성하라.

<table>
<tr><th>조건문으로 예외처리하기</th><th>실행결과</th></tr>
<tr><td>

```
# 숫자를 입력받는다.
user_input_a = input("정수입력> ")
# 사용자 입력이 숫자로만 구성되어 있을 때
if user_input_a.isdigit():
    #숫자로 변환한다.
    number_input_a = int(user_input_a)
    #출력한다.
    print("원의 반지름:". number_input_a)
    print("원의 둘레:",2 * .14 * number_input_a)
    print("원의 넓이:", 3.14 * number_input_a * number_input_a)
else:
    print("정수를 입력하지 않는다.")
```

</td><td>정수입력> 8
Enter↵
원의 반지름: 8
원의 둘레: 50.24
원의 넓이: 200.96</td></tr>
</table>

10 try except 구문으로 예외처리하는 프로그램을 작성하라.

<table>
<tr><th>try except 구문으로 예외처리</th><th>실행결과</th></tr>
<tr><td>

```
# try except 구문으로 예외를 처리한다.
try:
    #숫자로 변환한다.
    number_input_a = int(input("정수 입력>"))
    #출력한다.
print("원의 반지름:". number_input_a)
    print("원의 둘레:",2 * .14 * number_input_a)
    print("원의 넓이:", 3.14 * number_input_a * number_input_a)
except:
    print("무엇가 잘못되었다.")
```

</td><td>정수 입력> yes!! Enter↵
무엇가 잘못되었다.</td></tr>
<tr><td colspan="2">number_input_a = int(input("정수 입력>")) → 예외가 발생할 가능성이 있는 구문
print("무엇가 잘못되었다.") → 예외가 발생했을 때 실행할 구문</td></tr>
</table>

11 try except else 구문으로 예외처리하는 프로그램을 작성하라.

<table>
<tr><th>try except else 구문으로 예외처리</th><th>실행결과1</th></tr>
<tr><td rowspan="3"><pre>
# try except else구문으로 예외를 처리한다.
try:
    #숫자로 변환한다.
    number_input_a = int(input("정수 입력>"))
    #출력한다.
except:
    print("정수를 입력하지 않았다.")
else:
   #출력한다.
    print("원의 반지름:". number_input_a)
    print("원의 둘레:",2 * .14 * number_input_a)
    print("원의 넓이:", 3.14 * number_input_a * number_input_a)
</pre></td><td>정수입력> 8
Enter↵
원의 반지름: 8
원의 둘레: 50.24
원의 넓이: 200.96</td></tr>
<tr><th>실행결과2</th></tr>
<tr><td>정수 입력> yes!! Enter↵
정수를 입력하지 않았다.</td></tr>
</table>

12 try except else finally 구문으로 예외처리하는 프로그램을 작성하라.

<table>
<tr><th>try except else finally 구문으로 예외처리</th><th>실행결과1</th></tr>
<tr><td rowspan="3"><pre>
# try except 구문으로 예외를 처리한다.
try:
    #숫자로 변환한다.
    number_input_a = int(input("정수 입력>"))
    # 출력한다.
    print("원의 반지름:". number_input_a)
    print("원의 둘레:",2 * .14 * number_input_a)
    print("원의 넓이:", 3.14 * number_input_a * number_input_a)
except:
    print("정수를 입력해달라고 했는데?!")
else:
    print("예외가 발생하지 않았다.")
finally:
   print("일단 프로그램이 어떻게든 끝났다.")
</pre></td><td>정수입력> 8
Enter↵
원의 반지름: 8
원의 둘레: 50.24
원의 넓이: 200.96
예외가 발생하지 않았다.
일단 프로그램이 어떻게든 끝났다.</td></tr>
<tr><th>실행결과2</th></tr>
<tr><td>정수 입력> yes!! Enter↵
정수를 입력해달라고 했는데?!
일단 프로그램이 어떻게든 끝났다.</td></tr>
</table>

학습 10

13

스마트로봇 EV3의 초음파센서가 30cm 이상 물체를 인식하면 LED를 녹색으로 출력하고, 30cm 이내 물체를 인식하면 LED를 적색으로 출력하는 프로그램을 작성하라.

프로그램 작성

```
#!/usr/bin/env python3
from ev3dev2.sensor.lego import TouchSensor, UltrasonicSensor
from ev3dev2.led import Leds
from time import sleep
# Connect ultrasonic and touch sensors to any sensor port
us = UltrasonicSensor() # 초음파센서 설정
ts = TouchSensor()
leds = Leds()
leds.all_off() # LED 오프
while not ts.is_pressed:
    if us.distance_centimeters < 30: # 30cm 보다 작은지 체크
        leds.set_color('LEFT', 'RED') # LED 빨강 출력
        leds.set_color('RIGHT', 'RED')
    else:
        leds.set_color('LEFT', 'GREEN') # LED 녹색 출력
        leds.set_color('RIGHT', 'GREEN')
    sleep (0.01)
```

14

스마트로봇 EV3의 초음파센서가 10cm 이상 물체를 인식할 때까지 직진하고 10cm 이내이면 멈추는 프로그램을 작성하라.

프로그램 작성

```
#!/usr/bin/env python3
from ev3dev2.motor import MoveSteering, OUTPUT_B, OUTPUT_C
from ev3dev2.sensor.lego import TouchSensor, UltrasonicSensor
from time import sleep
steer_pair = MoveSteering(OUTPUT_B, OUTPUT_C)
us = UltrasonicSensor()
ts = TouchSensor()
steer_pair.on(steering=0, speed=50)
while us.distance_centimeters > 10: #센서 거리가 10cm 보다 가까울 때까지 직진
        sleep(0.01)
steer_pair.off() # 주행 멈춤
```

15 스마트로봇 EV3의 초음파센서가 5cm 보다 크거나 10cm보다 작으면 직진하고, 그 외에는 정지하는 프로그램을 작성하라.

프로그램 작성

```
#!/usr/bin/env python3
from ev3dev2.motor import MoveSteering, OUTPUT_B, OUTPUT_C
from ev3dev2.sensor.lego import UltrasonicSensor
from time import sleep
steering_pair = MoveSteering(OUTPUT_B, OUTPUT_C)
us = UltrasonicSensor()
while True:
    distance = us.distance_centimeters
    if distance 〉 5 and distance 〈 15: # 센서거리가 5보다 크고 15보다 가까우면 주행
        steering_pair.on(0,50)
    else: # 그외의 센서 거리는 주행 멈춤
        steering_pair.off()
    sleep(0.1)
```

16 스마트로봇 EV3가 초음파센서에서 센서 거리를 측정하고, 측정된 값을 LCD화면에 출력하는 프로그램을 작성하라.

프로그램 작성

```
#!/usr/bin/env python3
from ev3dev2.sensor.lego import UltrasonicSensor
from ev3dev2.display import Display
from ev3dev2.sound import Sound
from time import sleep
lcd = Display()
us = UltrasonicSensor()
sound = Sound()
sound.beep()
while True:
    distance = us.distance_centimeters
    lcd.text_pixels(str(distance) +' cm', x=40, y=50, font='courB24')
    lcd.update()
    sleep(0.1)
```

17 스마트로봇 EV3의 초음파센서를 활용한 부드러운 정지 프로그램을 작성하라.

프로그램 작성

```
#!/usr/bin/env python3
from ev3dev2.motor import MoveTank, OUTPUT_B, OUTPUT_C, MoveSteering
from ev3dev2.sensor.lego import TouchSensor, UltrasonicSensor
from time import sleep
from ev3dev2.sound import Sound
from threading import Thread
us = UltrasonicSensor()
us.mode='US-DIST-CM'
ts = TouchSensor()
sound = Sound()
steer_pair = MoveSteering(OUTPUT_B, OUTPUT_C)
steer_pair.on(steering=0,speed=20)
while True:
    Distance=us.value()/10
    steer_pair.on(steering=0,speed=1*Distance)
    if  Distance < 4:
        steer_pair.off(brake=True)
        sleep(1)
    else:
        sleep(0.01)
```

18 스마트로봇 EV3의 초음파센서를 활용하여 부드러운 정지와 후진경고 사운드 프로그램을 작성하라.

프로그램 작성

```
#!/usr/bin/env python3
from ev3dev2.motor import MoveTank, OUTPUT_B, OUTPUT_C, MoveSteering
from ev3dev2.sensor.lego import TouchSensor, UltrasonicSensor
from time import sleep
from ev3dev2.sound import Sound
from threading import Thread
us = UltrasonicSensor()
us.mode='US-DIST-CM'
ts = TouchSensor()
sound = Sound()
steer_pair = MoveSteering(OUTPUT_B, OUTPUT_C)
def play_sound():
    global Distance
    while loop==True: # repeat until 'loop' is set to False in the main thread.
        Distance=us.value()
        if Distance < 300:
            sound.play_tone(440, Distance/1000)
            #sleep(0.1)
        else:
            sleep(0.1)
loop = True
t = Thread(target=play_sound)
t.start()
steer_pair.on(steering=0,speed=10)
while True:
    steer_pair.on(steering=0,speed=Distance/10)
    if  Distance < 40:
        steer_pair.off(brake=True)
        loop = False
        sleep(1)
    else:
        loop = True
        sleep(0.01)
```

학습 10

학습활동.10 교수 · 학습 방법

교수 방법

- EV3 Device 초음파센서 제어 프로그래밍과 예외처리에 대한 관련 용어, 구성, 방식 이해 정도를 파악한 후 수업을 진행한다.
- 교수자의 주도로 EV3 Device 초음파센서 제어 프로그래밍과 예외처리 등의 내용을 PPT 자료로 제시한 후 설명한다.
- 가능하면 사전에 개인별 학습 자료를 준비하여 모든 학생이 참여할 수 있는 문제 해결식 수업, 협력 수업이 가능하도록 한다.
- EV3 Device 초음파센서 제어 프로그래밍과 예외처리 전 과정을 작업의 순서에 따라 단계적으로 실습이 이루어질 수 있도록 지도한다.
- 이 책을 통해 수업을 준비하는데 있어서 필요한 모든 정보나 팁, 힌트 등 도움이 될 만한 내용들을 확인할 수 있다.
- 학생들이 만들게 될 각 모델들은 수업시간에 중점적으로 다뤄질 부분과 어휘, 질문, 답을 포함하고 있으며 또한 탐구할만한 추가적인 아이디어들도 포함하고 있다.

학습 방법

- EV3 Device 초음파센서 제어 프로그래밍과 예외처리에 대한 관련 용어를 숙지하고, EV3 Device 초음파센서 제어 프로그래밍과 예외처리에 대해 이해한다.
- EV3 Device 초음파센서 제어 프로그래밍과 예외처리의 각 단계별 중점 사항을 체계적으로 학습한다.
- EV3 Device 초음파센서 제어 프로그래밍과 예외처리의 수행순서의 전 과정을 실습한다.
- EV3 Device 초음파센서 제어 프로그래밍과 예외처리의 내용을 이해한다.
- EV3 Device 초음파센서 제어 프로그래밍과 예외처리을 이해하고 숙달이 될 때까지 학습한다.

학습활동.10 평가 및 피드백

평가 준거

- 평가자는 피평가자가 수행 준거 및 평가 내용에 제시되어 있는 내용을 성공적으로 수행할 수 있는 지를 평가해야 한다.

학습내용	평가항목	성취수준		
		상	중	하
EV3 Device 초음파센서 제어 프로그래밍과 예외처리	EV3 Device 초음파센서 제어 프로그래밍과 예외처리를 이해할 수 있다.			

평가 방법

• 작업 포트폴리오

학습내용	평가항목	성취수준		
		상	중	하
EV3 Device 초음파센서 제어 프로그래밍과 예외처리	EV3 Device 초음파센서 제어 프로그래밍과 예외처리를 이해할 수 있다.			

• 필기시험

학습내용	평가항목	성취수준		
		상	중	하
EV3 Device 초음파센서 제어 프로그래밍과 예외처리	EV3 Device 초음파센서 제어 프로그래밍과 예외처리를 이해할 수 있다.			

• 체크리스트를 통한 관찰

학습내용	평가항목	성취수준		
		상	중	하
EV3 Device 초음파센서 제어 프로그래밍과 예외처리	EV3 Device 초음파센서 제어 프로그래밍과 예외처리를 이해할 수 있다.			

• 피드백

1. 작업 포트폴리오
   - 제출한 보고서를 평가한 후 주요 사항에 대하여 표시하여 돌려준다.
2. 필기시험
   - 평가 결과 성적이 저조한 학생은 보고서 제출 기회를 부여한다.
3. 체크리스트를 통한 관찰
   - 실습 과정에서 평가한 후 개선해야 할 사항 등을 정리하여 돌려준다.

참 | 고 | 문 | 헌

1. 남상엽 외, 창의공학, 상학당, 2016.3.10.
2. 남상엽 외, 스마트로봇 EV3를 활용한 C언어 프로그래밍, 상학당, 2016.7.16.
3. 남상엽 외, 스마트로봇 EV3, 이지테크, 2014.3.10
4. https://education.lego.com/ko-kr/support/mindstorms-ev3/python-for-ev3
5. https://www.balena.io/etcher/
6. https://code.visualstudio.com/
7. lego-education.ev3-MicroPython-2.0.0\resources\\docs\ev3devices.html
8. https://www.atlabme.com/easy-program-python-ev3/
9. 헬로코딩_한입에 쏙 파이썬
10. 윤인성, 혼자 공부하는 파이썬 한빛미디어
11. https://cafe.naver.com/handsontechnology
12. 마인크래프트로 배우는 파이썬 프로그래밍, 제이펍, 크레이크 리처드슨
13. 컴퓨팅 사고와 함께하는 파이썬 기초부터 인공지능 응용까지, 연두에디션
14. 스마트로봇 EV3, 이지테크
15. LEGO MINDSTORMS Education EV3
16. www.hansoncampus.co.kr, 핸즈온 캠퍼스
17. http://www.robowell.co.kr/, 로보웰 코리아
18. https://sites.google.com/site/ev3devpython/introduction,EV3Python(v2)
19. https://sites.google.com/site/ev3python/,EV3ptyhon(v1)
20. https://www.ev3dev.org/

학습 1	스마트로봇 EV3의 개요 및 구성
학습 2	파이썬의 개요 및 설정
학습 3	파이썬 프로그램 작성과 실행
학습 4	파이썬 기초 프로그래밍(1)_자료형
학습 5	파이썬 기초 프로그래밍(2)_조건문
학습 6	파이썬 기초 프로그래밍(3)_반복문
학습 7	EV3 브릭 프로그래밍과 함수
학습 8	EV3 모터 주행 제어 프로그래밍과 모듈
학습 9	EV3 터치센서 제어 프로그래밍과 클래스
학습 10	EV3 초음파센서 제어 프로그래밍과 예외처리
학습 11	**EV3 컬러센서와 자이로센서 프로그래밍**
학습 12	EV3 응용 제어 프로그래밍

학습 목표

1. EV3 컬러센서와 자이로센서 제어 프로그래밍을 이해할 수 있다.

11-1 컬러센서의 개요

1. 컬러센서의 컬러모드

컬러센서(Color Sensor)는 센서 앞면의 작은 창으로 들어오는 빛의 색이나 강도를 감지하는 디지털센서이다.

EV3 컬러센서는 8가지의 서로 다른 색(무색, 검정, 파랑, 초록, 노랑, 빨강, 흰색, 갈색)을 감별한다. 색을 감별하는 역할뿐만 아니라 빛의 세기를 감지하여 동작하는 빛 센서의 역할도 가능하다. 이런 기능을 이용해서 라인을 트레이스해서 따라가는 프로그램도 만들 수 있다.

실생활에서는 어두운 밤을 지켜주는 가로등, 어두운 책상 위를 밝혀주는 전기스탠드, 길을 가다가 어두운 터널에 들어가면 자동적으로 자동차 내에 불이 들어오는 오토라이트 기능들이 컬러센서와 접목시킬 수 있다. 기존의 NXT에 있던 빛 센서 기능에 컬러를 감지하는 기능이 추가된 센서이다.

[그림 11-1] EV3의 컬러센서

EV3의 컬러센서는 컬러모드, 반사광 모드, 주변광 모드 등 3가지 모드로 사용할 수 있다.

반사광 모드에서 컬러센서는 빨강램프에서 반사되는 빛의 강도를 측정한다. 이 센서는 0(매우 어두움)부터 100(매우 밝음)까지의 척도를 사용한다. 주변광 모드에서 컬러센서는 햇빛이나 플래시 광선 등의 환경에서 창으로 들어오는 빛의 세기를 측정한다. 이 센서는 0(매우 어두움)부터 100(매우 밝음)까지의 척도를 사용한다.

(a) 컬러모드

(b) 반사강모드

(c) 주변강모드

[그림 11-2] EV3 컬러센서의 3가지 모드

pybricks.ev3devices 모듈 사용 시에 다음같이 형식의 구문을 반드시 넣어야 한다. 그리고 컬러센서의 포트 관련 Pybricks API를 위해서는 pybricks.parameters 모듈을 임포트하고 Port 클래스를 반드시 첫 줄에 사용해야 한다.

```
from pybricks.ev3devices import ColorSensor
from pybricks.parameters import Port
```

2. ON/OFF 라인 트레이싱

컬러센서의 빛센서 기능 중 반사광 모드는 발광 다이오드에서 발생하는 붉은 빛이 바탕면에서 반사되어 센서에 들어오는 빛의 세기를 감지한다. 측정범위는 0~100의 측정값으로 나타나고 검은 색은 '0', 밝은 색은 '100'에 가깝게 나타난다.

드라이빙 베이스의 컬러센서를 검은 색 테이프의 왼쪽에 두고 센서가 흰색 바탕에 있으면 오른쪽으로 이동하고, 센서가 검은 색 바탕에 있으면 왼쪽으로 이동하도록 프로그램을 작성하면 된다.

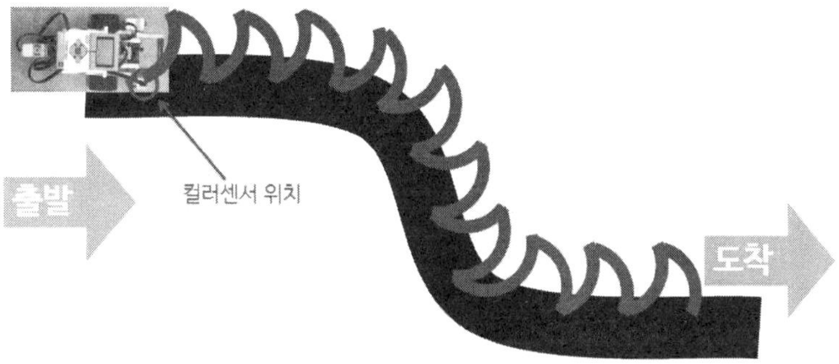

[그림 11-3] 컬러센서를 이용한 라인트레이싱

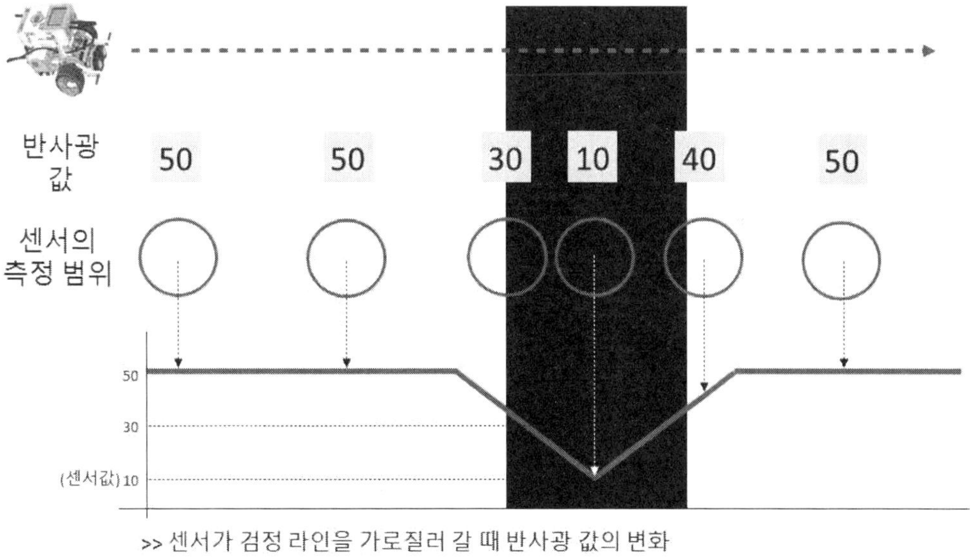

[그림 11-4] 반사광 값의 변화

[그림 11-5]와 같이 어두운 영역과 밝은 영역의 경계값을 구분짓는 기준값을 문턱값(Threshold)이라 한다.

[그림 11-5] 명암의 밝기의 영역

$$\text{문턱값} = \frac{(\text{밝은 영역에서 읽어들인 센서 값} + \text{어두운 영역에서 읽어들인 센서 값})}{2}$$

3. 비례 제어 트레이싱

ON/OFF라인 트레이싱의 주행을 보면 로봇이 좌우로 심하게 주행하는데 부드럽게 주행하기를 원하면 비례 제어 라인트레이싱을 사용한다.

회전속도 = 비례이득* (반사광 측정값- 경계값)

```
pid = gain * (colorsensor.reflection()-boundary)
```

11-2 컬러센서와 적외선센서/비콘의 명령어

1. 컬러센서의 명령어

1) 컬러센서의 연결포트

class ColorSensor (port)
컬러센서의 연결포트를 설정한다.
Parameters port (Port) – 센서가 연결된 포트.

2) 표면의 색상을 측정

color ()
표면의 색상을 측정한다.
Returns; Color.BLACK, Color.BLUE, Color.GREEN, Color.YELLOW, Color.RED, Color.WHITE, Color.BROWN or None. Return type; Color, 또는 None - 색상이 탐지되지 않은 경우.

3) 주변광 조도를 측정

ambient ()
주변광 조도를 측정한다.
Returns; 0(어두움)에서 100(밝음)까지의 주변광 조도. Return type ; percentage: %

4) 적색광을 사용하여 표면의 반사도를 측정

reflection ()
적색광을 사용하여 표면의 반사도를 측정한다.
Returns ; 0(반사 없음)에서 100(높은 반사)까지의 반사도. Return type percentage: % (퍼센트)

5) 적색, 녹색 및 청색 빛을 사용하여 표면의 반사도를 측정

rgb ()
적색, 녹색 및 청색 빛을 사용하여 표면의 반사도를 측정한다.
Returns ; 적색, 녹색 및 청색 빛의 반사도를 의미하며, 범위는 각기 0.0(반사 없음)부터 100.0(높은 반사)까지이다. Return type 3의 투플 percentages

2. 적외선센서와 비콘의 명령어

1) 적외선센서와 비콘의 포트설정

class InfraredSensor (port)
적외선 및 비콘센서의 포트를 설정한다.
Parameters port (Port) - 센서가 연결된 포트.

2) 적외선을 사용하여 센서와 물체 사이의 상대 거리를 측정

distance ()
적외선을 사용하여 센서와 물체 사이의 상대 거리를 측정한다.
Returns 0(가장 가까움)부터 100(가장 멈)까지의 상대 거리. Return type; relative distance: %

3) 리모컨과 적외선센서 사이의 상대 거리와 각도를 측정

beacon (channel)
리모컨과 적외선 센서 사이의 상대 거리와 각도를 측정한다.
Parameters channel (int) - 리모컨의 채널 번호. Returns 리모컨과 적외선 센서 사이의 상대 거리(0 ~ 100)의 투플 및 대략적 각도(-75 ~ 75도). Return type (relative distance: %, angle: deg) 또는 (None, None) - 리모컨이 감지되지 않은 경우.

4) 적외선 리모컨의 어느 버튼을 눌렀는지 확인

buttons (channel)
적외선 리모컨의 어느 버튼을 눌렀는지 확인한다.
Parameters channel (int) - 리모컨의 채널 번호. Returns; 특정 채널에서 눌러진 리모컨 버튼의 목록. Return type; List of Button

11-3 자이로센서의 개요

자이로센서는 단일축에서 회전동작을 감지하는 디지털센서이다. 센서의 케이스에 나온 화살표 방향으로 자이로센서를 회전하면, 센서가 초당 각도로 회전속도를 감지할 수 있다(센서는 초당 440도의 최대 회전속도를 측정할 수 있다).

또한 자이로센서는 총회전 각도를 도단위로 계속 감지한다. EV3 브릭에 연결한 상태에서는 센서가 절대 움직이지 않아야 한다. 그렇지 않으면 판독 값이 올바른 값을 얻을 수 없다.

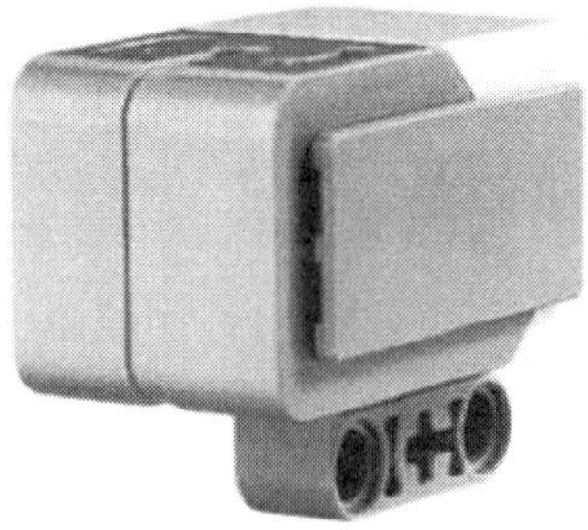

[그림 11-6] EV3의 자이로센서

자이로센서를 이용하기 위해 GyroSensor 클래스를 임포트해야 한다.

그리고 자이로센서 입력 포트를 설정하고 인스턴스를 생성한다. 자이로센서의 입력 포트는 in1, in2, in3, in4가 있다. 자이로센서를 한 개 사용할 경우는 입력 포트 설정을 생략할 수 있다.

자이로센서 관련 함수를 이용하기 위해서는 먼저 pybricks.ev3devices 모듈 사용 시에 다음같이 형식의 구문을 반드시 넣어야 한다. 그리고 자이로센서의 포트 관련 Pybricks API를 위해서는 pybricks.parameters 모듈을 임포트하고 Port 클래스를 반드시 첫 줄에 사용해야 한다.

```
from pybricks.ev3devices import GyroSensor
from pybricks.parameters import Port
```

학습 11

[그림 11-7] 자이로 센서의 단일 축 회전

11-4 자이로센서의 명령어

1. 자이로스코프 센서의 연결 포트 설정

class GyroSensor (port, positive_direction=Direction.CLOCKWISE)
자이로스코프 센서의 연결 포트 설정이다.
Parameters • port (Port) - 센서가 연결된 포트이다. • positive_direction (Direction) - 센서 상단의 빨간색 점을 바라보는 위치를 기준으로 양의 회전 방향 (Default: Direction.CLOCKWISE).

2. 센서의 속도(각속도)

speed ()
센서의 속도(각속도)를 가져온다.
Returns; 센서 각속도. Return type; 회전 속도: deg/s

Tip 회전속도 : deg/s

회전 속도 또는 각속도는 물체가 회전하는 속도를 나타내며 초당 각도 (deg / s)로 표시된다. 예를 들어 모터 또는 자이로 센서의 회전 속도 값은 초당 각도로 표시된다.
프로그램에서 초당 각도로 작업하는 것이 좋지만 다음 표를 사용하여 일반적으로 사용되는 단위 간에 변환할 수 있다.

	deg/s	rpm
1 deg/s =	1	1/6=0.167
1 rpm =	6	1

3. 센서의 누적 각도

angle ()
센서의 누적 각도를 가져온다.
Returns ; 회전 각도. Return type; angle: deg

Tip 각도 : deg

모든 각도는 도(deg)로 측정된다. 한 번 완전히 회전하면 360도에 해당한다. 예를 들어 Motor 또는 GyroSensor의 각도 값은 각도로 표시된다.

4. 센서의 회전 각도를 원하는 값으로 설정

reset_angle (angle)
센서의 회전 각도를 원하는 값으로 설정한다.
Parameters angle (angle: deg) - 각도를 초기화해야 하는 값.

학습 11

수행 내용

재료 · 자료

- Python, EV3 레고 마인드스톰 관련 자료

기기(장비 · 공구)

- 컴퓨터, USB 케이블, 충전 어댑터, 프린터, 주변기기

안전 · 유의사항

- EV3 로봇 플랫폼의 외형을 관리하고 P브릭에 전원을 충분히 충전한다.

수행 순서

01 컬러센서의 색상, 주변광, 반사광을 측정하는 프로그램을 작성하라.

프로그램 작성

```
from pybricks.ev3devices import Motor, ColorSensor
from pybricks.parameters import Port
from pybricks.tools import wait
from pybricks.robotics import DriveBase

# 모터초 기화(Initialize the motors.)
left_motor = Motor(Port.B)
right_motor = Motor(Port.C)

# 컬러센서 초기화(Initialize the color sensor).
line_sensor = ColorSensor(Port.S3)

# 드라이브 베이스 초기화(Initialize the drive base).
robot = DriveBase(left_motor, right_motor, wheel_diameter=55.5, axle_track=104)
```

```
# 측정_문턱값 계산(light threshold.)
BLACK = 9
WHITE = 85
threshold = (BLACK + WHITE) / 2

# 구동 속도 설정_초당 100 mm/s
DRIVE_SPEED = 100

# Set the gain of the proportional line controller. This means that for every
# percentage point of light deviating from the threshold, we set the turn
# rate of the drivebase to 1.2 degrees per second.

# For example, if the light value deviates from the threshold by 10, the robot
# steers at 10*1.2 = 12 degrees per second.
PROPORTIONAL_GAIN = 1.2

# Start following the line endlessly.
while True:
    # Calculate the deviation from the threshold.
    deviation = line_sensor.reflection() - threshold

    # Calculate the turn rate.
    turn_rate = PROPORTIONAL_GAIN * deviation

    # Set the drive base speed and turn rate.
    robot.drive(DRIVE_SPEED, turn_rate)

    # You can wait for a short time or do other things in this loop.
    wait(10)
```

02 컬러센서의 색상, 주변광, 반사광을 측정하는 프로그램을 작성하라.

컬러센서는 색상, 반사광, 주변광을 측정할 수 있다.
컬러센서 객체는 ColorSensor를 사용한다.

프로그램 작성

```
# 컬러센서를 초기화
colorsensor = ColorSensor(Port.S3)
# 색상을 읽어 온다. Color.RED
color = colorsensor.color()
# 주변광 값을 읽어 온다.
ambient = colorsensor.ambient()
# 반사광 값을 읽어 온다.
reflection = colorsensor.reflection()
```

03 스마트로봇 EV3가 직진하다가 Ⓐ선에 닿으면 멈추는 프로그램을 작성하라.

프로그램 작성

```
colorsensor - ColorSensor(Port, S3)
left = Motor(Port.B)
right = Motor(Port.C)
robot = DriveBase(left, right, 56, 114)
robot.drive(200, 0)

# 빨간색 선에 닿을 때까지 반복한다.
while colorsensor.color() != Color.RED:
    pass
robot.stop()
```

04 스마트로봇 EV3가 색상 라인을 감지하는 프로그램을 작성하라.

〈색상 라인 감지 조건〉

1. 빨간 라인을 감지할 때 까지 모터를 150mm/s 전진한다.
2. 비프음을 2번 재생한다.
3. 갈색 라인을 감지할 때까지 모터를 150mm/s 전진한다.
4. 모터를 멈춘다.

프로그램 작성

```
colorsensor - ColorSensor(Port, S3)
left = Motor(Port.B)
right = Motor(Port.C)
robot = DriveBase(left, right, 56, 114)

robot.drive(150, 0)

# 노랑색 선에 닿을 때까지 대기
while colorsensor.color() != Color.YELLOW:
    wait(10)
ev3.speaker.beep(2)

#갈색선이 감지될때까지 대기
while colorsensor.color() != Color.BROWN:
    wait(10)
robot.stop()
```

05

스마트로봇 EV3가 검은색 라인에서 출발하여 마지막 검은 라인에 도착하는 프로그램을 작성하라. (전진 속도 100mm/s)

팁: 검은 영역과 밝은 영역의 컬러센서의 반사광 값을 측정하여 사용해보라

㉮ 밝은 영역: 60 → bright = 60

검은 영역 : 14 → dark =14

① 검은 영역까지 주행

→ 반사광 값이 dark 보다 적을 때까지 주행

② 밝은 영역까지 주행

→ 반사광 값이 bright 보다 클 때까지 주행

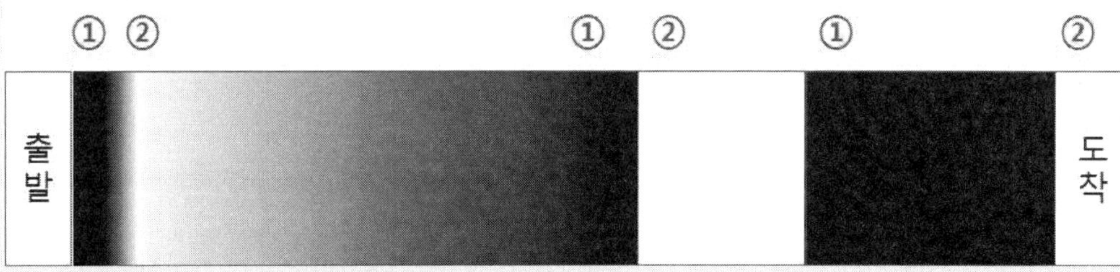

프로그램 작성

```
colorsensor - ColorSensor(Port, S3)
left = Motor(Port.B)
right = Motor(Port.C)
robot = DriveBase(left, right, 56, 114)

bright = 60
dark = 14

robot.drive(100, 0)
```

```
# 검은 선에 감지될 때까지 대기
while colorsensor.reflection() > dark:
    wait(10)
ev3.speaker.beep(2)

# 밝은 선이 감지될 때까지 대기
while colorsensor.reflection() < bright
    wait(10)
```

06 스마트로봇 EV3의 ON-OFF 라인 트레이싱 프로그램을 작성하라.

프로그램 작성

```
colorsensor - ColorSensor(Port, S3)
left = Motor(Port.B)
right = Motor(Port.C)
robot = DriveBase(left, right, 56, 114)

# 경계 값 (측정 후 계산)
boundary = 29

while True:
    if colorsensor.reflection() > boundary:
    # 검은색이면 -->오른쪽으로 회전
    robot.drive(150,50)
    else:
        #검은 선이 아니면 --->왼쪽으로 회전
        robot.drive(150, -50)
    wait(20)
```

학습 11

07 스마트로봇 EV3의 비례제어 라인 트레이싱 프로그램을 작성하라.

프로그램 작성

```
colorsensor - ColorSensor(Port, S3)
left = Motor(Port.B)
right = Motor(Port.C)
robot = DriveBase(left, right, 56, 114)

gain = 1.5 # 1 ~3으로 변경하면서 동작을 확인
boundary = 29

while True:
    pid = gain *(colorsensor.reflection() - boundary:
        robot.drive(150, pid)
```

08 스마트로봇 EV3의 컬러센서가 녹색을 인식하면 직진하고, 빨간색을 인식하면 멈추는 프로그램을 작성하라.

프로그램 작성

```
#!/usr/bin/env python3
from ev3dev2.motor import MoveSteering, OUTPUT_B, OUTPUT_C
from ev3dev2.sensor.lego import ColorSensor
from ev3dev2.sound import Sound
from time import sleep
cl = ColorSensor() # 컬러센서 설정
steer_pair = MoveSteering(OUTPUT_B, OUTPUT_C)
while True:
    if cl.color_name=='Green': # 녹색 컬러인 경우 주행
        steer_pair.on(0,50)
    elif cl.color_name=='Red': # 빨강 컬러인 경우 주행 멈춤
        steer_pair.off()
        sleep(0.01)
```

09 스마트로봇 EV3의 반사광이 30보다 크면 주행하고, 반사광이 30보다 작으면 멈추는 프로그램을 작성하라.

프로그램 작성

```
#!/usr/bin/env python3
from ev3dev2.motor import MoveSteering, OUTPUT_B, OUTPUT_C
from ev3dev2.sensor.lego import ColorSensor
from ev3dev2.sound import Sound
from time import sleep
cl = ColorSensor()
steer_pair = MoveSteering(OUTPUT_B, OUTPUT_C)
sound = Sound()
steer_pair.on(0,50)
while cl.reflected_light_intensity > 30: #반사광이 30보다 적을때 까지 주행
    sleep(0.01)
steer_pair.off() # 반사광이 30보다 적으면 주행 멈춤
```

10 스마트로봇 EV3의 반사광이 20보다 크면 직진하고, 그 외 조건에서는 주행을 멈추는 프로그램을 작성하라.

프로그램 작성

```
#!/usr/bin/env python3
from ev3dev2.motor import MoveSteering, OUTPUT_B, OUTPUT_C
from ev3dev2.sensor.lego import ColorSensor
from ev3dev2.sound import Sound
from time import sleep
cl = ColorSensor()
steer_pair = MoveSteering(OUTPUT_B, OUTPUT_C)
sound = Sound()
while True:
    if cl.ambient_light_intensity > 20: #주변광이 20보다 크면 주행
        steer_pair.on(0,50)
        sleep(0.01)
    else:  # 그외의 조건이면 주행 멈춤
        steer_pair.off()
        sleep(0.01)
```

11 스마트로봇 EV3 자이로센서의 기울기 값을 LCD화면에 출력하는 프로그램을 작성하라.

프로그램 작성

```
#!/usr/bin/env python3
from ev3dev2.sensor.lego import GyroSensor
from ev3dev2.display import Display
import ev3dev2.fonts as fonts
from time import sleep
gyro = GyroSensor() #자이로 센서 설정
lcd = Display()
while True:
    # 자이로 센서 기울기 값을 LCD 화면에 출력
    lcd.text_pixels(str(gyro.rate)+' deg/s', x=40, y=50, font='helvB24')
    lcd.update()
    sleep(0.3)
```

12 스마트로봇 EV3의 자이로센서의 기울기가 45도가 될 때까지 오른쪽 방향으로 주행한 후, 45도가 되면 직진 주행하는 프로그램을 작성하라.

프로그램 작성

```
#!/usr/bin/env python3
from ev3dev2.motor import OUTPUT_B, OUTPUT_C, MoveSteering
from ev3dev2.sensor.lego import GyroSensor
from time import sleep
gyro = GyroSensor()
steering_pair = MoveSteering(OUTPUT_B, OUTPUT_C)
steering_pair.on(40,30) # 오른쪽 방향 주행모드
gyro.wait_until_angle_changed_by(45) # 자이로 센서 기울기가 45도 될때까지 기다림.
steering_pair.on(0,50) # 직진 주행 모드
sleep(3)
```

13 EV3 스마트로봇의 라인 트레이스 동작 예제 프로그램을 작성하라.

반사광이 검은색 라인에 있으면 30보다 작은 값이 된다. 이때 오른쪽 주행 모드로 전환해서 검은색 라인을 벗어나게 한다.

그러면 반사광이 검은색을 벗어나게 되므로 반사광이 30 이상의 값을 가지게 됨으로 왼쪽 주행 모드로 전환해서 다시 검은색 라인쪽으로 움직이게 된다. 이 동작을 반복적으로 진행하게 되면 지그재그로 라인을 따라가게 된다.

프로그램 작성

```
#!/usr/bin/env python3
from ev3dev2.motor import MoveSteering, OUTPUT_B, OUTPUT_C
from ev3dev2.sensor.lego import TouchSensor, ColorSensor
from time import sleep
from ev3dev2.sound import Sound
ts = TouchSensor()
cl = ColorSensor()
steer_pair = MoveSteering(OUTPUT_B, OUTPUT_C) # 스티어링 모드 설정
while not ts.is_pressed:  # 터치센서를 클릭하면 멈춤
        if cl.reflected_light_intensity < 30: # 반사광 30보다 작으면
            steer_pair.on(30,10) # 오른쪽 방향으로 10 속도로 주행
        else: 그 외의 반사광인 경우
            steer_pair.on(-30,10) # 왼쪽 방향으로 10 속도로 주행
```

학습 11

학습활동.11 교수 · 학습 방법

교수 방법

- EV3 device 컬러/자이로센서 제어 프로그래밍에 대한 관련 용어, 구성, 방식 이해 정도를 파악한 후 수업을 진행한다.
- 교수자의 주도로 EV3 device 컬러/자이로센서 제어 프로그래밍 등의 내용을 PPT 자료로 제시한 후 설명한다.
- 가능하면 사전에 개인별 학습 자료를 준비하여 모든 학생이 참여할 수 있는 문제 해결식 수업, 협력 수업이 가능하도록 한다.
- EV3 device 컬러/자이로센서 제어 프로그래밍 전 과정을 작업의 순서에 따라 단계적으로 실습이 이루어질 수 있도록 지도한다.
- 이 책을 통해 수업을 준비하는데 있어서 필요한 모든 정보나 팁, 힌트 등 도움이 될 만한 내용들을 확인할 수 있다.
- 학생들이 만들게 될 각 모델들은 수업시간에 중점적으로 다뤄질 부분과 어휘, 질문, 답을 포함하고 있으며 또한 탐구할만한 추가적인 아이디어들도 포함하고 있다.

학습 방법

- EV3 device 컬러/자이로센서 제어 프로그래밍에 대한 관련 용어를 숙지하고, EV3 device 컬러/자이로센서 제어 프로그래밍에 대해 이해한다.
- EV3 device 컬러/자이로센서 제어 프로그래밍의 각 단계별 중점 사항을 체계적으로 학습한다.
- EV3 device 컬러/자이로센서 제어 프로그래밍의 수행순서의 전 과정을 실습한다.
- EV3 device 컬러/자이로센서 제어 프로그래밍의 내용을 이해한다.
- EV3 device 컬러/자이로센서 제어 프로그래밍을 이해하고 숙달이 될 때까지 학습한다.

학습활동.11 평가 및 피드백

평가 준거

- 평가자는 피평가자가 수행 준거 및 평가 내용에 제시되어 있는 내용을 성공적으로 수행할 수 있는 지를 평가해야 한다.

학습내용	평가항목	성취수준		
		상	중	하
EV3 device 컬러/자이로센서 제어 프로그래밍	EV3 device 컬러/자이로센서 제어 프로그래밍을 이해할 수 있다.			

평가 방법

• 작업 포트폴리오

학습내용	평가항목	성취수준		
		상	중	하
EV3 device 컬러/자이로센서 제어 프로그래밍	EV3 device 컬러/자이로센서 제어 프로그래밍을 이해할 수 있다.			

• 필기시험

학습내용	평가항목	성취수준		
		상	중	하
EV3 device 컬러/자이로센서 제어 프로그래밍	EV3 device 컬러/자이로센서 제어 프로그래밍을 이해할 수 있다.			

• 체크리스트를 통한 관찰

학습내용	평가항목	성취수준		
		상	중	하
EV3 device 컬러/자이로센서 제어 프로그래밍	EV3 device 컬러/자이로센서 제어 프로그래밍을 이해할 수 있다.			

• 피드백

1. 작업 포트폴리오
   - 제출한 보고서를 평가한 후 주요 사항에 대하여 표시하여 돌려준다.
2. 필기시험
   - 평가 결과 성적이 저조한 학생은 보고서 제출 기회를 부여한다.
3. 체크리스트를 통한 관찰
   - 실습 과정에서 평가한 후 개선해야 할 사항 등을 정리하여 돌려준다.

참 | 고 | 문 | 헌

1. 남상엽 외, 창의공학, 상학당, 2016.3.10.
2. 남상엽 외, 스마트로봇 EV3를 활용한 C언어 프로그래밍, 상학당, 2016.7.16.
3. 남상엽 외, 스마트로봇 EV3, 이지테크, 2014.3.10
4. https://education.lego.com/ko-kr/support/mindstorms-ev3/python-for-ev3
5. https://www.balena.io/etcher/
6. https://code.visualstudio.com/
7. getting-started-with-MicroPython ver 1.0
8. https://www.atlabme.com/easy-program-python-ev3/
9. 헬로코딩_한입에 쏙 파이썬
10. 윤인성, 혼자 공부하는 파이썬 한빛미디어
11. https://cafe.naver.com/handsontechnology
12. 마인크래프트로 배우는 파이썬 프로그래밍, 제이펍, 크레이크 리처드슨
13. 컴퓨팅 사고와 함께하는 파이썬 기초부터 인공지능 응용까지, 연두에디션
14. 스마트로봇 EV3, 이지테크
15. LEGO MINDSTORMS Education EV3
16. www.hansoncampus.co.kr, 핸즈온 캠퍼스
17. http://www.robowell.co.kr/, 로보웰 코리아
18. https://sites.google.com/site/ev3devpython/introduction,EV3Python(v2)
19. https://sites.google.com/site/ev3python/,EV3ptyhon(v1)
20. https://www.ev3dev.org/

학습 1	스마트로봇 EV3의 개요 및 구성
학습 2	파이썬의 개요 및 설정
학습 3	파이썬 프로그램 작성과 실행
학습 4	파이썬 기초 프로그래밍(1)_자료형
학습 5	파이썬 기초 프로그래밍(2)_조건문
학습 6	파이썬 기초 프로그래밍(3)_반복문
학습 7	EV3 브릭 프로그래밍과 함수
학습 8	EV3 모터 주행 제어 프로그래밍과 모듈
학습 9	EV3 터치센서 제어 프로그래밍과 클래스
학습 10	EV3 초음파센서 제어 프로그래밍과 예외처리
학습 11	EV3 컬러센서와 자이로센서 프로그래밍

학습 12 EV3 응용 제어 프로그래밍

학습 목표

1. EV3 응용 제어 프로그래밍을 이해할 수 있다.

12-1 마이크로 파이썬의 자이로 보이 응용

이 장은 자이로센서(GyroSensor)를 사용하여 자이로 보이(Gyro Boy)의 두 바퀴 균형을 맞춘다. 모터의 듀티 사이클은 균형을 유지하기 위해 자이로 각도, 자이로 속도, 모터 각도 및 모터 속도의 함수로 지속적으로 조정된다. 자이로 센서는 회전동작을 감지한다. 자이로 센서 케이스에 있는 화살표 방향으로 회전하면 ps서는 초당 각도 단위의 회전 속도를 감지할 수 있다.

회전 속도를 사용하면 로봇의 일부가 돌고 있을 때, 또는 로봇이 쓰러지고 있을 때를 감지할 수 있다. 또한 자이로 센서의 각도 단위의 총 회전 각도를 추적한다. 이 회전 각도를 사용하여 로봇이 얼마나 많이 회전했는지 감지할 수 있다.

이 프로그램은 또한 파이썬 생성기 함수(return 대신 yield를 사용하는 함수)를 코 루틴으로 사용한다. 코루틴은 로봇이 동시에 여러 작업을 수행할 수 있도록 하는 협동 멀티 태스킹의 한 형태이다. 이것의 응용은 운전 시 균형을 유지하는 동안 운전할 수 있다.

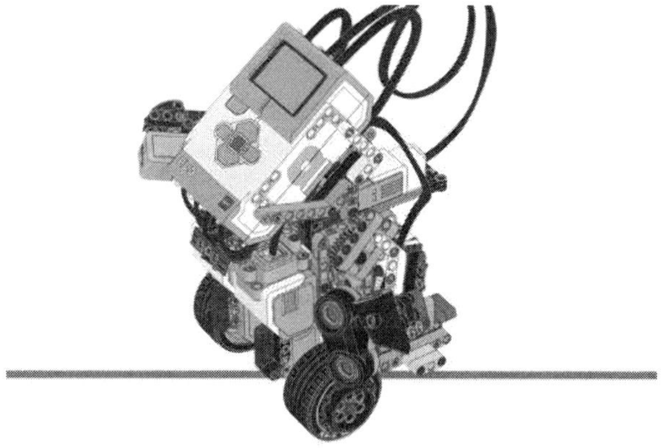

[그림 12-1] 자이로센서를 탑재한 자이로 보이

12-2 마이크로 파이썬의 색상분류기 응용

이번 장에서는 색상 분류기가 컬러센서를 이용해 색색의 테크닉 빔을 스캔할 수 있도록 프로그램을 만들어 보겠다(그림 12-2).

로봇이 색상 빔을 하나씩 스캔한 다음 트레이에 넣는다. 또한 비프음을 울려 색상이 인식되었다는 것을 알린다. 트레이가 가득 차거나 사용자가 가운데 버튼을 누르면 로봇이 테크닉 브릭을 색상별로 배분하기 시작한다.

색상 분류기의 조립 설명서는 레고® 에듀케이션 웹 사이트에서 찾아볼 수 있다.

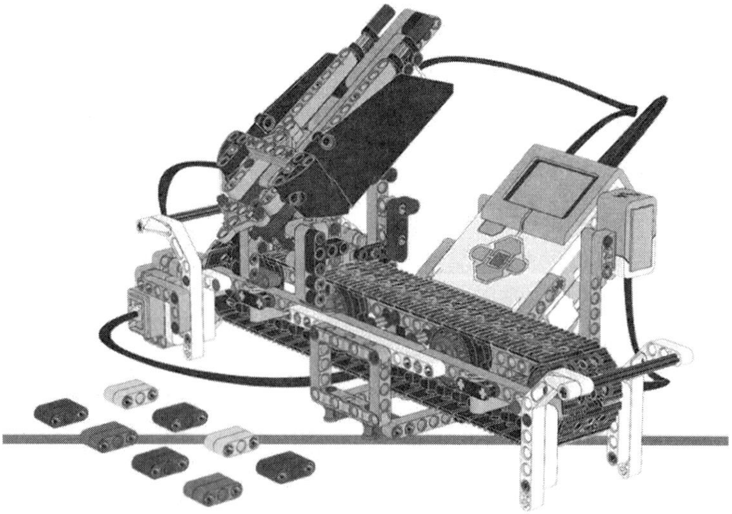

[그림 12-2] 색상 분류기

12-3 마이크로 파이썬의 로봇 팔 H25 응용

이 장 프로그램을 실행하면 로봇(그림 12-3)이 검은색 바퀴 허브를 계속 돌린다. 우선 로봇 팔이 초기화되고, 뒤이어 허브를 돌리기 시작한다.

로봇의 조립 설명서는 레고® 에듀케이션 웹 사이트에서 찾아볼 수 있다.

로봇을 조립할 때, EV3 브릭의 방향을 반대로 뒤집으면 마이크로 SD 카드에 손쉽게 접근할 수 있다.

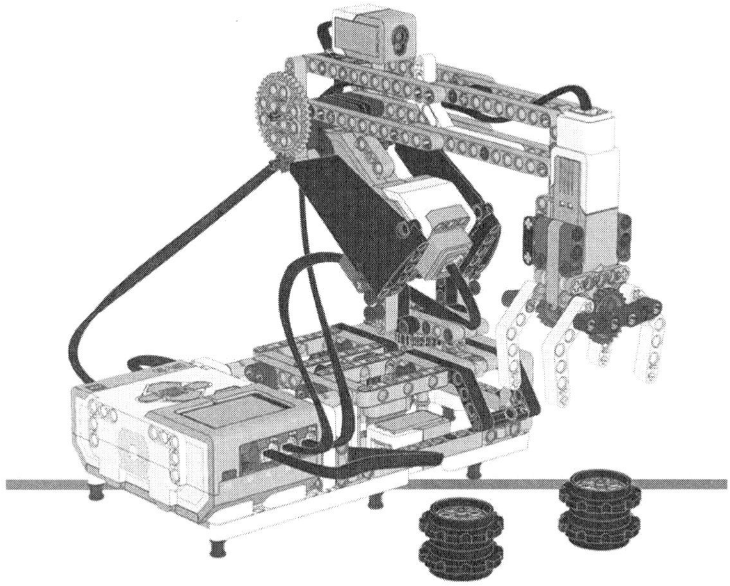

[그림 12-3] 로봇 팔 H25

12-4 파이썬의 자율주행 자동차 응용

1. 자율주행 자동차 개요

자율주행 자동차는 미국 자동차 공학회 SAE(Society of Automotive Engineers)에서 레벨0에서 레벨5까지 총 6단계로 세분화하여 정의하고 있다.

1) 레벨 0의 비자동화 단계

레벨 0은 비자동화(No Automation) 단계로서 운전자가 주행의 모든 것을 통제하고 책임지는 단계이다. 운전자가 항시 운전하며 차량의 시스템은 긴급상황 알림등 보조 기능만을 수행한다. 주행 제어의 주체는 인간이며 주행 중 변수 감지와 주행 책임도 인간에게 있는 레벨이다.

2) 레벨 1의 운전자 보조 시스템 장착 단계

레벨 1은 운전자 보조(Driver Assistance) 시스템을 장착한 단계이다. 어뎁티브 크루즈 컨트롤, 차선유지 기능을 통해 운전자를 보조하는 단계가 레벨 1이다. 시스템 활성화로 차량의 속도와 차간거리 유지, 차선 유지로 운전자를 보조한다. 주행 제어 주체는 인간과 시스템에 있으며 주행 중에 발상하는 변수의 감지와 주행 책임은 모두 인간에게 있는 레벨이다.

레벨 2는 부분 자동화(Partial Automation) 단계로서 특정 조건 내에서 일정시간 동안 차량의 조향과 가감속을 차량이 인간과 동시에 제어할 수 있는 단계이다. 완만한 커브에서의 조향과 앞 차와의 간격을 유지하는 보조 주행이 가능하다. 그러나 주행 중 변수 감지와 주행 책임은 인간에게 있는 레벨로 운전자는 항상 주행 상황의 모니터링이 필요하며, 시스템이 인지하지 못하는 상황등에서는 운전자가 직접 운전에 개입해야 한다.

3) 레벨 3의 조건부 자율주행 단계

레벨 3은 조건부 자율주행(Partial Automation) 단계이다. 고속도로와 같은 특정 조건의 구간에서 시스템이 주행을 담당하며 위험시에만 운전자가 개입하는 레벨이다. 주행 제어와 주행 중 변수 감지는 시스템이 담당하며 레벨 2와 다르게 상시 모니터링을 요구하지 않는다. 다만, 시스템의 요구 조건을 넘어서는 경우 시스템은 운전자의 즉시 개입을 요청한다.

4) 레벨 4의 고등 자율주행 단계

레벨 4는 고등 자율주행(High Automation) 단계이다. 대부분의 도로에서 자율주행이 가능하다. 주행 제어와 주행 책임이 모두 시스템에 있다. 제한 상황을 제외한 대부분의 도로에서 운전자 개입이 불필요하다. 다만, 악천후와 같은 특정 조건에서는 운전자 개입이 요청될 수 있기에 인간을 통한 주행 제어 장치가 필요한 단계이다.

5) 레벨 5의 완전 자율주행

레벨 5는 완전 자율주행(High Automation)단계이다. 운전자는 불필요하며 탑승자만으로 주행이 가능한 단계이다. 탑승자는 목적지만 입력하며 시스템이 모든 조건에서 주행을 담당한다. 레벨 5단계에서는 차량의 조향과 가속, 감속을 위한 제어 장치들이 불필요하다.

2. 자율주행 자동차의 구현

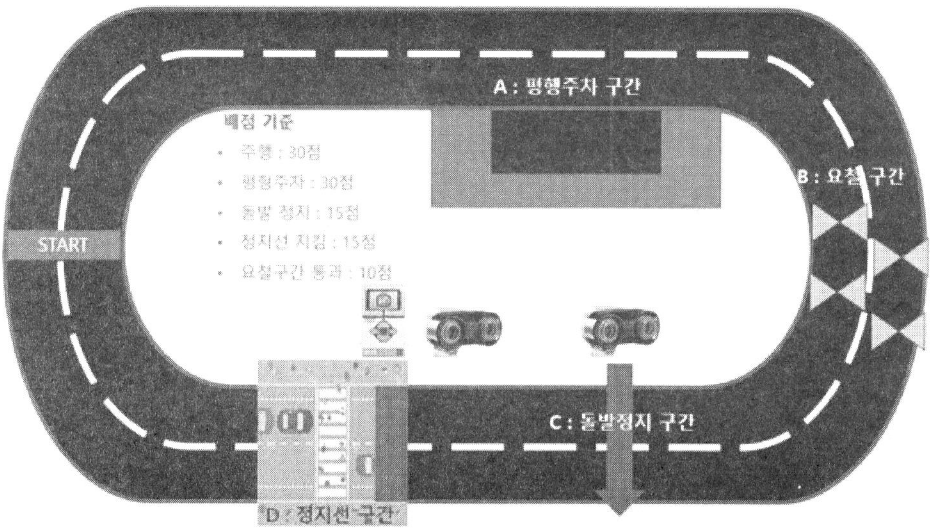

[그림 12-4] 자율주행 자동차의 구현

1) 3점 턴(회전-후진-전진)

자율 자동차를 구현하는 동안 이것을 통하여 컴퓨팅과 프로그래밍의 개념을 배우게 된다. 우리의 일상생활에서 사용되는 자동차 역시 프로그램에 의하여 움직이게 됨으로써 프로그래밍의 중요성을 배우게 된다. 각 활동은 이전의 지식과 경험을 바탕으로 무인 자동 차량을 개발할 수 있도록 준비를 하게 된다.

운전자가 필요 없이 A 지점에서 B 지점으로 이동할 수 있는 지능형 로봇에 대해 생각해 본다. 활발한 활동을 위해 학생들 사이에 다음과 같은 질문을 통해 토론을 권장한다.

① 학생들이 그런 차를 필요로 한다고 생각하는가? 안전 및 탐색용 센서와 같은 기능에 대해 토론하시오.
② 학생들은 다른 무엇을 생각할 수 있는가?
③ 부모님의 자동차에 설치된 자동화 시스템은 무엇인가?

장애물을 감지하는 근접 센서, 보행자에게 경고하기 위한 경적/사이렌 등이 있다.

학습 12

Tip

가까운 자동차 정비공장이나 대리점을 방문할 수 있다. 일부 차량의 자동화 기능에 대해 자세히 알아본다. 3점 턴 수행을 위해 Robot Educator 기본 모델 구축을 한다. 이 레슨은 주로 모터를 사용하고 3점 회전을 수행하기 위한 알고리즘을 작성하는 것이다. 자동차가 180도 회전 할 때 세 포인트 회전을 사용한다. 도로에서 3 포인트 선회를 하는 온라인 동영상을 검색해 볼 수 있다.

[그림 12-5] 3점 회전을 수행

(1) 3점 턴 학습 내용

이 학습 내용에서는 3가지 주요 작업을 수행한다. 알고리즘은 순서대로 일련의 명령을 수행할 수 있다는 것을 이해해야 한다. 탱크모드 주행 블록이 로봇을 움직이는 방법을 이해한다. 탱크모드 주행 블록과 3점 선회 방식을 사용하여 180도 회전하는 타이밍을 사용하여 간단한 로봇을 제작하고 프로그래밍을 할 수 있게 된다.

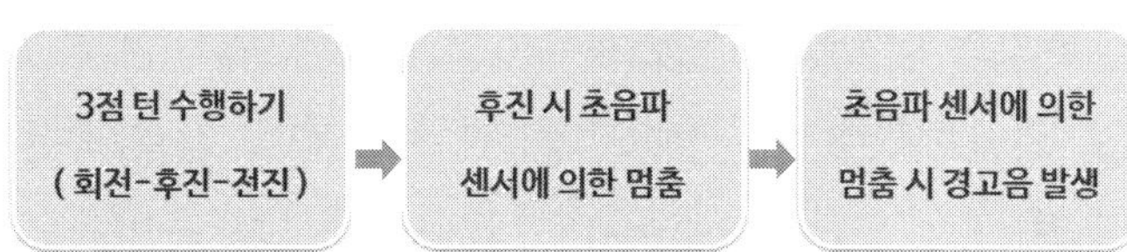

[그림 12-6] 3점 턴 과제 수행 단계

(2) 3점 턴 과제 1

로봇을 프로그래밍하여 3포인트 회전을 한다. 온라인 비디오 클립을 다시 보고 그것이 어떻게 동작하는 지 생각해 도로 표지를 넘지 않도록 한다. 탱크모드 주행 블록을 사용하여 로봇의 회전에 사용한 여러 가지 테스트를 수행해 본다. 학생들은 EV3 Python을 사용하여 각 모터의 다른 파워 설정을 사용하여 로봇을 움직이는 3포인트 회전 프로그램을 만든다. 학생들이 로봇이 180도 회전할 수 있도록 프로그램을 지속적으로 평가하고 디버깅 하도록 한다.

Tip

로봇이 유턴할 수 있는 제한 구역을 만들기 위해 도로 표식을 테이프로 만든다. 학생들은 문제를 해결하기 위하여 다양한 방법으로 시도하는 것을 격려해 주도록 한다.

우회전 → 후진 → 전진

[그림 12-7] 3점 턴 과제 진행 순서

(3) 3점 턴 과제 2

이제 EV3 센서 중 하나 인 초음파센서를 사용하여 실험할 것이다. 로봇을 프로그래밍하여 3단계 회전을 하고 초음파센서를 후방 감지 센서로 사용하여 후진 시 설치된 장애물로부터 일정한 거리에서 정지하도록 한다. 로봇이 다시 출발하기 전에 '브레이크를 밟을 수 있는가?'에 대해 구현가능한지 생각해 본다. 대기 블록을 이용하여 로봇의 후면에 초음파센서를 부착해야 한다. 초음파센서의 간단한 사용법을 알아본다. 학생들에게 로봇이 후진할 때 나타날 수 있는 장애물을 어떻게 자율적으로 인식 할 수 있는지 질문한다. 대기 스크립을 보여주고 초음파센서와 함께 사용하는 방법을 알아본다. 학생들은 로봇 센서가 초음파센서에 반응하여 주어진 지점에서 멈추도록 프로그래밍을 확장한다. 장애물 가까이에 있을 때 브레이크를 적용한 운전자의 프로그램을 시뮬레이션 한다.

(4) 3점 턴 과제 3

이제 실제의 자동차와 동일하게 후진 시 경고음을 발생하도록 한다. 자동차가 후진 중 장애물에 접근 할 때 자주 발생하는 일은 무엇인가? 로봇이 초음파 '주차 센서'에 반응하여 멈추었기 때문에 로봇이 브레이크를 밟은 직후에 경고음을 내도록 프로그램을 확장할 수 있는가? 로봇과 동시에 경고음이 멈추도록 프로그램을 계속 디버깅해야 한다. 프로그램의 어떤 부분이 개선되어야 하는가? 먼저 초음파센서를 사용하여 로봇에 안전 기능(예 경고음)을 추가한다. 차가 후진 시 장애물에 접근할 때 차 안에서 일어나는 일을 학생들에게 물어본다. 경고음이 들릴 수 있다. 로봇이 멈춘 후에 경고음을 추가하기 위해 사운드 함수를 소개한다. 학생들에게 사운드 함수가 어떻게 작동하는지 그리고 프로그램에서 어떻게 나타나는지 보여준다. 로봇이 장애물로부터 일정 거리에 있을 때 경고음이 울리도록 학생들이 기존 프로그램을 수정하도록 한다. 학생들이 소리와 거리가 효과적으로 작동하도록 프로그램을 지속적으로 디버깅하도록 한다.

2) 로봇 후진

이 활동에서 학생들은 로봇을 프로그래밍하여 후진 시 보행자, 다른 운전자 및 승객을 위한 시각화 하는 방법을 시뮬레이션 한다. 브릭 상태 표시등과 디스플레이 함수를 사용하여 로봇이 하는 일을 시각적으로 전달하는 프로그램을 만든다. 학생들은 터치센서를 사용하여 전진 및 후진 기어를 시뮬레이션 한다.

① 알고리즘은 일련의 명령을 순서대로 수행할 수 있다는 것을 이해해야 한다.
② 조향모드 주행 블록을 사용하여 로봇을 직선으로 움직인다.
③ 터치센서와 관련하여 대기 스크립을 사용한다.
④ 브릭 상태 표시등과 디스플레이 기능을 사용한다.
⑤ 보다 복잡한 알고리즘의 생성을 통해 컴퓨팅 사고를 확장한다.

(1) 로봇 후진 학습 내용

학생들에게 학습 과정 중에 조명 및 대시 보드 표시등을 포함한 후진을 시뮬레이션 하도록 로봇을 프로그래밍하고 다른 센서를 소개할 것이라고 설명한다.

① 차를 후진 할 때 일어나는 일을 간략하게 토론하게 한다.
학생들이 다른 운전자와 보행자에게 경고하기 위해 후진 등이 있음을 확인하고 계기판에 자동차가 어떤 기어가 있는지 표시하고 여행 방향을 나타내는 지표가 있을 수 있다.

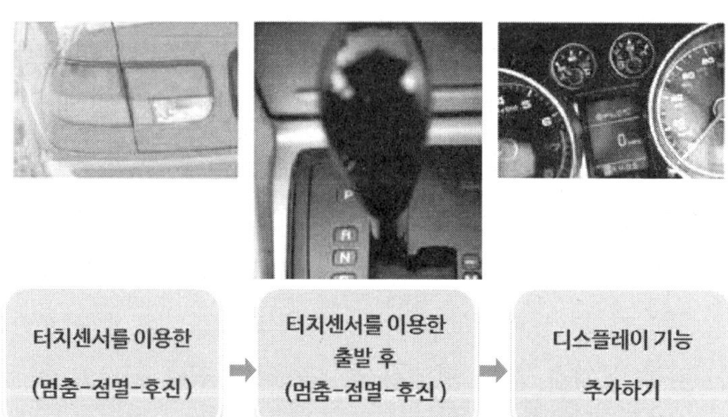

[그림 12-8] 로봇 후진 과제 수행 단계

② EV3 소프트웨어를 사용하여 Touch Sensor(눌림, 눌리지 않음, 접촉 후 떨어짐)와 브릭 상태 표시등의 모드를 시연한다.

(2) 로봇 후진 과제 1

로봇을 앞으로 움직이게 하는 프로그램을 작성한 다음 터치센서를 누를 때 로봇을 후진으로 움직일 수 있는가? 이것을 먼저 시도한 다음 프로그램을 확장한다. 내가 만든 로봇이 보행자와 다른 운전자에게 무슨 일이 일어나는지 알려주기 위해 할 수 있는 일은 어떤 일이 있는가? 로봇은 후진 시 경고등을 표시해야 한다. EV3 Brick 및 Brick Status Light를 사용하여 후진 등을 시뮬레이션 한다. 학생들이 활동을 하는 동안 적절한 경고등을 표시하면서 차를 후진 장치에 넣는 것을 시뮬레이션 하는 프로그램을 작성하게 될 것이라고 설명한다. 학생들은 로봇을 앞으로 나아갈 수 있는 프로그램을 만들어야 한다. '후진' 기어가 활성화되면 (터치센서를 사용하여) 바퀴가 달린 로봇이 뒤로 이동하고 브릭 상태 표시등을 사용하여 후진 경고등을 표시한다.

Tip

학생들은 로봇을 움직이기 위해 탱크모드 주행을 사용할 수 있지만, 조향 모드 주행을 사용하는 것이 더 유리할 수 있다.

(3) 로봇 후진 과제 2

로봇이 2개의 기어(전진 및 후진)를 갖도록 프로그램을 확장할 수 있습니까? 로봇은 '드라이브'기어가 작동할 때 '시작(전진 주행)'해야 한다. 로봇은 '주행' 기어가 활성화되면 '시동(전진)'해야 한다. 드라이브 기어 역할을 하는 두번째 터치센서를 도입한다. 학생들에게 추가 터치센서를 사용할 수 있으며 EV3 소프트웨어가 센서입력을 자동으로 감지할 수 있음을 보여준다. 학생들은 전진 및 후진 기어를 시뮬레이션 하는 프로그램을 작성하여 이전 학습을 토대로 학습한다. 두번째 터치센서('드라이브'기어)가 프로그램의 시작을 트리거 한다.

(4) 로봇 후진 과제 3

차가 다른 기어에 있을 때 차 안에서는 어떻게 되는가? 대시 보드에는 운전자가 자동차가 속한 장비를 알 수 있는 표시기/이미지가 종종 있다. 디스플레이 블록을 사용하여 프로그램에서 이 표시기를 시뮬레이션 할 수 있을까? 전진 및 후진 동작을 나타내는 적절한 이미지를 찾기 위해 표시 블록을 탐색할 수 있다. 프로그램은 이전에 해왔던 것을 확장한 것이어야 하며, 후진 등의 기능을 포함해야 한다.

EV3 Brick 화면을 대시 보드 표시기로 활용한다. 학생들은 디스플레이 블록을 사용하여 EV3 Brick 스크린을 통합하는 프로그램을 추가로 개발한다. 로봇의 전진 및 후진 동작은 화면에서 이동 방향을 나타내는 화살표를 표시한다. 학생들에게 대시보드를 보여준다.

[그림 12-9] 대시 보드 표시기

학생들은 디스플레이 블록의 옵션을 탐색하고 자신의 프로그램에 맞게 화면을 사용자 정의할 수 있다. 학생들은 화면이 자동화된 자동차 환경에서 어떻게 사용될 수 있다고 생각하는가? 학생들이 스크린이 운전자가 없는 자동차의 승객에게 중요한 정보를 전달하는 데 사용될 수 있다는 것을 깨닫게 한다.

3) 자동차 전조등

이 활동에서 학생들은 컬러센서와 다양한 모드(컬러 및 빛 감지)를 사용하여 자동차의 다양한 자동화 기능을 시뮬레이션 하는 방법을 살펴 본다. 학생들의 프로그램은 환경 변화에 대응하는 센서의 사용을 통해보다 정교해질 것이다. 학생들은 자동 헤드라이트를 시뮬레이션 하는 프로그램을 만들 것이며 수동 헤드라이트 기능의 시뮬레이션을 포함하도록 프로그램을 확장 할 것이다. 이를 통해 알고리즘은 순서대로 일련의 명령을 수행할 수 있다는 것을 이해해야 한다. 간단한 부울 논리 및 그 사용법을 이해한다. 컬러센서와 관련하여 대기 함수를 사용한다. 컬러센서는 여러 가지 기능을 가지고 있으며 다양한 범위의 매개 변수를 측정하고 이에 대응할 수 있음을 이해한다. 디스플레이 블록 사용 및 이해 확대와 제어함 수 및 멀티 태스킹/병렬 프로그래밍 사용을 할 수 있다.

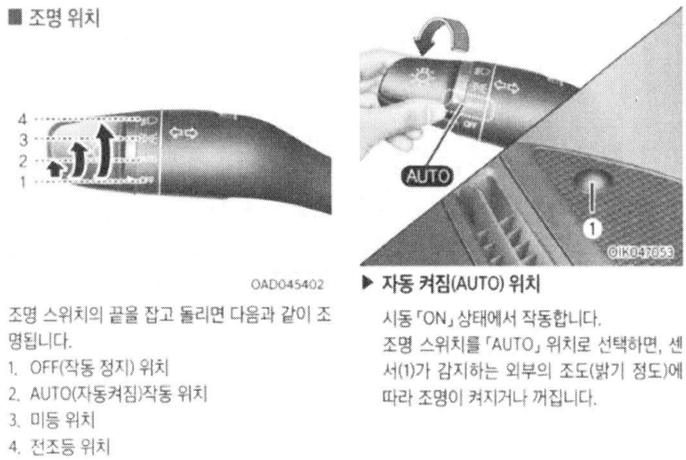

[그림 12-10] 자동차 전조등 레버

(1) 자동차 전조등 학습내용

학생들에게 컬러센서의 다양한 기능을 탐색하고 프로그래밍하여 자동차의 자동 전조등 기능을 시뮬레이션 한다. 학생들에게 활동을 하는 동안 주변 광 강도의 변화가 프로그램에서 반응을 유발할 수 있는 방법과 부울 논리(논리 연산을 통한 프로그램 제어)의 예를 탐색할 것이라고 설명한다. 주변 조명 트리거 이벤트의 변화(자동차 조명 및 가로등과 같은 예)에서 그들이 생각할 수 있는 '실제 생활' 상황을 물어본다. 그들은 어떻게 루프가 작동하는지 그리고 이들을 프로그램에 통합하는 방법을 모색 할 것이라고 설명한다.

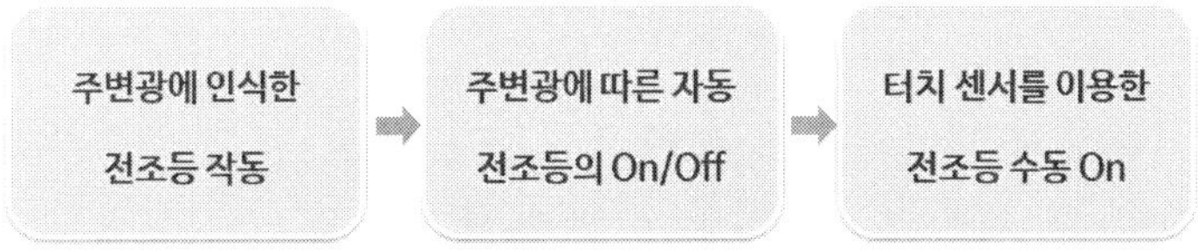

[그림 12-11] 자동차 전조등 수행 과정

(2) 자동차 전조등 과제 1

컬러센서의 기능 중 하나인 주변 광 강도의 변화를 측정하고 대응할 수 있는 기능을 탐구할 것이다. 자동차의 자동 조명은 사용 가능한 주변 조명의 양을 측정하고 적절히 응답한다(자동으로 켜고 꺼짐). 병렬 프로그래밍(멀티 태스킹)을 사용하는 방법에 대해서도 배우게 된다. 특정 차량이 어두워지면 어떻게 되는가? 불이 켜진다. 자동차의 전조등을 시뮬레이션 하는 프로그램을 작성할 수 있는가? 프로그램에 통합 할 수 있는 EV3 Brick Display의 '전구' 이미지를 찾을 수 있는가? 전구를 켜기 위해 컬러센서를 사용해야한다. 프로그램이 제대로 작동하려면 포트보기에서 주변 밝기 판독 값을 가져와야 한다.

Tip

디스플레이 블록을 브릭 상태 표시등 블록으로 대체 할 수 있는 가능성을 탐색 할 수 있다. 컬러센서를 소개하고 학생들에게 세 가지 모드가 있음을 보여준다. 첫번째 모드는 레고 시스템 색상을 감지하는 컬러모드, 두번째 광 레벨을 감지하는 주변 광 강도, 세번째 반사 된 빛의 반사광 강도 모드가 있다. 이들 모드를 이용하여 로봇이 주어진 경로를 따르도록 허용하는 주변 조명의 변화에 반응 할 수 있는 자동차의 기능(자동 표시 등)을 학생들에게 묻는다. 주변 광 레벨이 너무 낮게 떨어지면 헤드램프가 켜진다. 학생들은 전조등을 시뮬레이션하기 위해 EV3 Brick Display와 함께 컬러센서를 사용하여 이를 시뮬레이션하기 위한 프로그램을 작성한다.

(3) 자동차 전조등 과제 2

이제 전조등 표시등이 성공적으로 켜졌으므로 주변이 밝아지면 전조등이 꺼질 수 있도록 프로그램을 확장해야 한다. 이를 수행하기 위해 반복적으로 프로그램을 작성하여 프로그램을 계속 재시작 할 필요가 없게 된다.

Tip

다시 말해, 디스플레이 블록을 브릭 상태 표시등 블록으로 대체할 수 있다.

학생들은 주변 광 강도의 변화에 반응하고 자동 조명을 보다 실제에 가깝게 시뮬레이트션 하는 프로그램을 작성한다. 주변이 어두워지면 전조등 켜고 주변이 밝아지면 전조등을 꺼야 한다. 학생들에게 루프 블록을 소개하고 루프 블록을 사용하면서 어떻게 작동하는지 보여준다. 루프의 개념과 루프를 수동으로 중지할 때까지 무한히 실행되도록 하기 위해 루프를 사용하는 방법을 설명한다. 프로그램의 주변 광도 설정을 지속적으로 모니터링하고 디버깅하여 프로그램이 올바르게 작동하는지 확인해야 한다.

(4) 자동차 전조등 과제 3

이제 자동으로 전조등 기능이 성공적으로 켜졌으므로 주변이 밝아질 경우 다시 전환 될 때까지 프로그램으로 확장하려면 어떻게 프로그램을 수정할까? 전조등을 수동으로 조작하고 싶다면 어떻게 해야 할까? 많은 자동차에는 이 기능이 있어 운전자에게 자동 프로그램을 무시할 수 있는 옵션을 제공한다. 병렬 프로그래밍이나 멀티 태스킹을 사용하여 프로그램에서 이 기능을 시뮬레이션 할 수 있을까? 수동 센서를 시뮬레이션하기 위해 터치센서를 사용할 수 있다. 자동 및 수동 전등 스위치를 시뮬레이션 하려면 멀티 태스킹/병렬 프로그래밍을 사용한다.

① 학생들은 병렬 프로그래밍을 통합하기 위한 프로그램을 더 개발할 것이다. 자동 프로그램을 무시하고 수동으로 켜는 옵션을 '운전자'에게 제공하기 위해 자동 조명 프로그램을 확장하는 프로그램을 만든다.
② 수동 스위치를 시뮬레이션하기 위해 터치센서를 사용해야한다.
③ 이과제는 부울 논리의 사용에 대한 추가 개발이다.
④ 학생들에게 병렬 프로그램을 만드는 방법을 보여준다. 학생들에게 루프 인터럽트 블록을 보여주고 병렬 프로그램에서 루프 내에서 일어나는 일들을 멈추기 위해 사용할 수 있다고 설명한다.

4) 신호등

학생들은 Color Sensor에 대한 이해를 넓히고 'Stop-Go'신호등 시스템을 시뮬레이션 하는 프로그램을 작성하여 루프 블록을 사용한 경험을 활용한다. 이 외에도 로봇을 미리 결정된 경로(또는 선)를 따라 프로그래밍하고 스위치 블록으로 안내한다. 알고리즘은 순서대로 일련의 명령을 수행할 수 있다는 것을 이해해야 한다. 컬러센서와 관련하여 대기 함수를 사용한다. 컬러센서에는 여러 기능이 있으며 매개 변수 범위를 측정할 수 있음을 이해한다. 컬러센서를 사용하여 색상 및 반사광 강도를 인식을 통해 컬러센서 사용 범위를 확장한다. 스위치의 개념을 이해하고 스위치를 'true' 및 'false' 명령에 사용하는 방법을 이해한다.

[그림 12-12] 자동차 신호등

(1) 신호등 학습 내용

학생들에게 다시 한번 컬러센서를 사용할 것이라고 설명한다. 이번에는 레고 시스템 색상을 인식하고 이에 대응할 수 있는 능력을 모색할 것이다. 또한 이 센서가 빛에 어떻게 반응하는지에 대한 이해를 넓힐 것이다. 이번에는 로봇을 주어진 트랙을 따라 움직이는 프로그램을 만들기 위해 반사 된 빛의 강도를 사용하고, 이와 관련해서 세 가지 과제를 수행 할 것이다. 로봇을 보다 자율적으로 만들기 위해 컬러센서를 사용하고 '로봇 자동차'가 신호등에 어떻게 반응하는지 시뮬레이션하고, 로봇을 주어진 코스 주변에서 움직이게 하는 프로그램을 만들 것이라고 알려준다. 자율 차량이 작동할 수 있는 실제 상황을 생각해 보도록 한다.

스위치와 루프가 어떻게 작동하는지, 그리고 스위치와 루프를 프로그램에 통합할 수 있는 방법을 알아 볼 것이다.

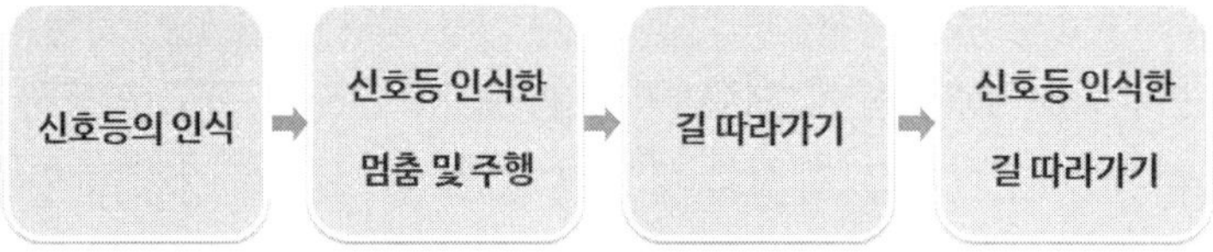

[그림 12-13] 신호등 과제 수행 단계

(2) 신호등 과제 1

부울 논리를 사용하여 결정을 내리기 위해 컬러센서-색상모드와 스위치 블록을 사용하려고 한다. 두 개의 블록은 로봇이 인식하는 색상을 기반으로 선택을 할 수 있게 한다. 자동차를 운전할 때 도로의 규칙을 인식하고 준수하는 것이 중요하다. 자동차 운전자는 신호등에 접근 할 때 무엇을 해야 하는가? 자동차가 자동화 되었다면 신호등을 자동으로 인식하고 이에 대응하기 위해 일종의 센서를 사용해야 할 것이다. 이 과제를 해결하려면 로봇을 프로그래밍하여 '정지'명령에 응답 해야 한다. 대기 블록을 사용하여 적색을 인식하고 로봇을 정지시키도록 컬러센서를 프로그래밍한다. 로봇을 '교통 신호등'에서 적절한 거리에 정지시켜 프로그램을 개선한다. 로봇이 다른 색상을 제거하여 빨간색에만 반응하는지 확인한다. 학생들은 휠 로봇이 테이블을 따라 운전하고 빨간색 '교통 신호등'에서 멈추도록 프로그래밍하여 레고 시스템 색상을 인식하는 컬러센서 기능을 탐색하기 시작한다. 이 작업을 수행하려면 대기 함수를 사용해야한다. 로봇이 색상을 제거하거나 감지되면 로봇을 무시할 수 있음을 지적한다. 학생들은 센서가 빨간색으로 보일 때 모터를 멈추기 위해 컬러센서를 사용하는 프로그램을 만든다. 적색을 인식하는 컬러센서 함수 사용법을 알아본다. 학생들은 이 개념을 더 깊이 탐구하고 다양한 색상을 사용하여 실험함으로써 필요에 따라 프로그램을 작동시킬 수 있다.

(3) 신호등 과제 2

로봇을 신호등에서 멈추도록 프로그래밍 했으므로 이제 다시 돌아 가야한다. 컬러센서를 사용하여 '중지' 및 '진행' 명령을 인식하고 응답하는 프로그램을 만든다. 어떤 색을 사용하는가? 길가에 신호등이 여러 개 있다면 어떨까? 'stop-go' 알고리즘이 반복 가능하도록 프로그램을 바꿀 수 있는가? 고려할 블록프로그래밍 작업 1에서 사용한 것과 동일한 블록을 사용하고 다음을 사용하는 것도 고려한다.

로봇이 일련의 녹색 및 적색 신호에 반응하도록 함으로써 학생들이 실제 교통신호등에 더 가깝게 시뮬레이션 하도록 요구한다. 루프 블록을 다시 도입하고 루프의 개념과 프로그램을 수동으로 중지 할 때까지 계속해서 실행하는 기능을 반복한다. 이것을 루프 안으로 넣으면 트랙을 따라 여러 개의 '신호등'이 발생할 수 있다. 학생들이 선택한 색상(적색과 녹색)에 가장 효과적으로 반응 할 수 있도록 다른 모든 색상을 선택 취소해야 하는지 학생들에게 알려준다.

(4) 신호등 과제 3

이 과제를 해결하기 위해 로봇을 더욱 자율적으로 만들 것이다. 색상 센서가 아래쪽을 향하도록 모델을 약간 변경해야 한다. 자동차가 무인 열차와 같이 주어진 경로를 따라 '자동 조종 장치'에서 주행할 수 있다고 상상해 보자.

도전 과제는 로봇을 프로그래밍하여 그 일을 처리하는 것이다. 검은 선을 인식하고 응답하는 프로그램을 만들어야 한다. 로봇은 검정색 라인을 잃지 않고 그 선을 따라 주행해야 한다.

로봇이 최대한 원활하게 움직일 수 있도록 하기 위해 끊임없이 프로그램을 디버깅해야 한다. 반사광 센서를 이용하여 도로 또는 트랙을 따라 이동하는 로봇을 만들 수 있을까? 학생들은 루프 내부에서 작동할 스위치 블록에 대해 소개해야 한다.

로봇이 자율적으로 작동할 수 있게 해주는 프로그램을 자동화하려면 스위치 블록을 사용할 수 있다고 설명한다.

스위치 블록은 프로그램의 흐름을 제어하는 데 사용되고 터치센서를 사용하는 기본 스위치 블록은 부울 논리 예라고 설명한다. 학생들에게 블록을 컬러센서로 바꾸고 트리거 포인트를 설명하는 방법을 학생들에게 보여준다.

트리거 포인트는 위에는 한 가지만 수행하고 그 아래에는 다른 것을 수행한다. 차선 추적 프로그램을 작성하려면 회선을 따라 바퀴가 달린 로봇을 트레이싱 해야 한다. 즉 로봇은 트리거가 교차되었는지 여부에 따라 좌우로 회전한다.

프로그램에서 사용되는 스티어링 블록 이동(Move Steering Blocks)은 'On'으로 설정해야 한다. 로봇이 선을 따라 가면 흔들림이 아닌 곧 똑같은 선과 같이 자동차처럼 동작하도록 개선 할 수 있습니까? 스위치의 개념과 부울 논리의 예를 설명하는 데 시간을 할애해야 한다. 학생들은 다시 컬러센서를 사용하지만 이번에는 반사된 빛의 강도에 반응하도록 프로그램해야 한다.

Tip

- 포트 뷰에서 반사 된 광도 값을 판독하여 대기 함수에 입력 할 값을 측정해야 한다.
- 매우 밝은 (또는 흰색) 표면의 검은 테이프를 사용하면 가장 효과적이다.

(5) 신호등 과제 4

당신의 프로그램과 특히 삐 소리에 대해 무엇을 눈치 챘습니까? 로봇이 장애물에 접근할 때 더 빨라진다. 그러나 실생활에서 경고음은 차량이 장애물로부터 일정한 거리에 있을 때에만 시작된다. 프로그램에서 이것을 시뮬레이션 할 수 있습니까? 이미 작성한 프로그램을 기반으로 빌드해야하지만 경고음이 장애물로부터 주어진 거리에서 시작되도록 약간 변경한다.

Tip

true / false 문과 부울 논리를 사용해야한다. 어떤 프로그래밍 블록을 사용해야합니까? 이 활동은 활동 1에서 작성한 프로그램에 추가해서 작성한다. 지금까지 프로그램에 대해 '잘못된 것'이 무엇인지 학생들에게 질문한다. 로봇에서 발사된 소리가 장애물과 얼마나 멀리 떨어져 있는지에 관계없이 즉시 시작된다는 점을 알려주어야 한다. 어떻게 하면 이를 개선하고 로봇을 실제 자동차처럼 움직일 수 있습니까? 사운드/비프 음은 장애물로부터 주어진 거리에서 시작할 수 있다. 참/거짓의 논리를 이용하여 프로그램을 작성하기 위해 스위치 블록을 사용해야 한다.

6) 스마트 키

열쇠없이 차를 시동하는 것이 가능하다는 것을 알고 있는가? '자동차 열쇠'는 주머니나 핸드백에 있으며 엔진을 원격으로 시동할 수 있다. 운전자는 차를 시동

시키기 위해 버튼과 클러치의 조합을 눌러야 한다. 이 활동에서 학생들은 센서와 대수 논리의 조합을 사용하여 로봇으로 동일한 작업을 수행할 수 있는 방법을 학습한다. 예를 들어, 초음파센서의 범위에 무엇인가 들어 왔고 터치센서가 눌려져 있는가? 이 두 가지 질문에 대한 답변이 '참'이면 프로그램에서 응답을 시작한다. 학생들은 로봇을 제어하기 위해 논리를 사용할 것이다. 이 과제를 통해 간단한 부울 논리(AND, OR 및 NOT과 같은)와 회로 및 프로그래밍에서의 사용법을 이해한다. 스위치 블록과 함께 논리 연산 블록 사용을 활용한다. 여러 센서를 조합하여 사용하고 EV3 Brick에서 프로그램을 동작시킨다.

[그림 12-14] 스마트 키(1) 스마트 키 학습 내용

이 코스를 통해 학생들에게 버튼을 사용하여 주행할 때 실제 차량이 하는 것과 마찬가지로 로봇을 조정할 것이라고 설명한다. 대부분의 학생들이 한 번에 하나의 센서만 사용하는 프로그래밍을 경험하였다. 하지만 두개의 센서를 사용하는 것은 어떨까? 필요한 것이 있을까? 도난 경보 시스템의 경우 다른 센서가 경보를 트리거 할 수 있어야 한다는 점을 반드시 언급해야 한다. 하지만 두개의 센서가 둘 다 메시지를 보내면 어떻게 될까? 키없이 시동 기능이 있는 현대적인 차량을 시동하려면 세가지 조치를 취해야 한다. 학생들이 키, 클러치 다운 및 버튼 누름 등 세가지 작업이 필요하다고 말하는지 확인한다. 학생들은 로봇으로 이렇게 할 수 있을까? 이를 위해, 그들은 논리를 조사할 필요가 있을 것이다. 현재의 과제는 올바른 시동 조합이 활성화 된 후에만 로봇을 제어할 수 있는 프로그램을 만드는 것이다.

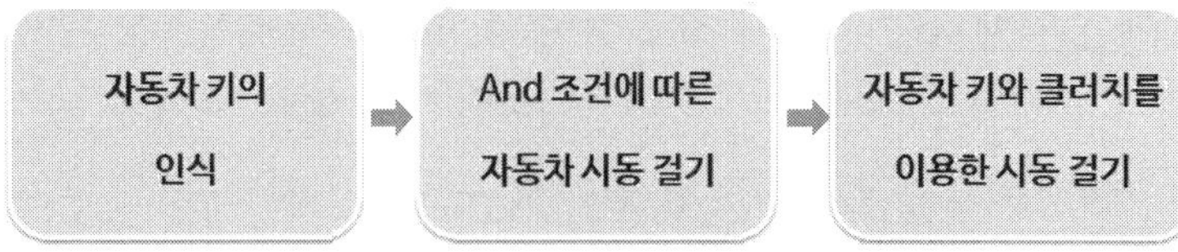

[그림 12-15] 스마트 키 수행 단계

(2) 스마트 키 과제 1

로봇을 위한 열쇠가 없는 시동 시스템을 만들 예정이다. 센서 조합이 활성화되면 드라이브 프로그램이 실행된다. 이러한 어려움을 극복하기 위해서는 여러 가지 센서를 사용해야 할 것이며 두번째, 세번째 문제는 하나 이상의 논리 연산 블록을 사용해야 할 것이다. 로봇을 프로그래밍하여 초음파센서가 물체를 볼 때 '환영' 텍스트를 표시하고 터치센서를 누를 때 '점화' 텍스트를 표시한다. 학생들은 둘 이상의 센서로 작업 한 경험이 있어야 하며, 이를 위해 충분한 시간을 할애해야 한다. 기본 모델에 초음파센서와 터치센서가 모두 연결되어 있는지 확인한다. 이러한 빌드는 빌드 가이드 북 또는 Robot Educator 빌드 지침에서 찾을 수 있다. 센서 중 하나가 트리거 되면 EV3 Brick Display에 메시지를 표시하는 프로그램을 만들 예정이라고 설명한다. 학생들이 메시지를 표시하는 로봇을 갖게 되면, 그러한 메시지를 반복하기 위해서 프로그램을 루프 블록 안에 넣으려고 한다.

(3) 스마트 키 과제 2

과제 2는 논리 연산 블록을 사용하고 두 개의 센서가 작동하는지 확인하는 것이다. 정보를 다른 블록에 제공하기 위해 함께 사용된다. 그럼 열쇠가 없는 차는 어떻게 작동되는가? 이 작업을 위해 터치센서는 '점화 장치'이고 초음파센서는 자동차의 키를 '검출'하는 데 사용된다. 로봇을 시작하려면 두 센서를 모두 올바르게 작동 시켜야 한다. 이제 프로그램에서 둘 이상의 센서를 사용하는 방법을 이해했으므로 논리 연산 블록에 대한 논리를 작성하려면 센서 블록(노란색 센서)을 사용해야한다. 각 센서 블록은 실제 출력을 만드는 데 사용된다. 이 출력은 센서 블록에서 로직 연산 블록으로 가져온다. 적절한 조건이 충족되면 논리 연산 블록의 출력을 스위치 블록으로 가져올 수 있다. 이 프로그램에서는 두 개의 센서 블록이 하나의 논리 연산 블록에 신호를 보낸다.

(4) 스마트 키 과제 3

3개의 서로 다른 센서의 조건이 충족 될 때 반응하도록 로봇을 프로그래밍 해야 한다. 센서는 다음과 같다.

① 터치센서 = 점화
② 초음파센서 = 자동차의 키 감지
③ 벽돌 버튼 = 클러치

논리 연산 블록은 두 개의 입력을 수신할 수 있다. 그러나 3개의 입력을 원하면 어떻게 되는가? 학생들이 자동차를 시작하기 위해서는 세 가지 기준이 사실일 필요가 있음을 학생들이 이해했는지 확인한다.

① 열쇠 또는 시계 줄 자체가 차량 내부에 있어야한다.
② 클러치를 눌러야 한다.
③ 점화를 켜려면 버튼을 눌러야 한다.

학생들에게 이것을 시뮬레이트 하는 프로그램을 설계하도록 한다. 어떤 블록이 필요할 것인가?

Tip 공통적

일부 차량은 위의 기준 중 두 가지만 충족시켜야 한다. 특정 학생/그룹에게 두 가지 조건 만 충족 시켜야하는 프로그램을 설계하도록 한다.

7) Cruise Control

활동을 하는 동안 학생들을 변수에 대해 소개한다. 활동이 끝나면 학생들은 로봇을 위한 크루즈 컨트롤러를 만들게 된다. 터치센서를 누르면 로봇의 속도가 빨라진다. 실제 자동차에서는 크루즈 컨트롤이 자동화되어 있지만 스티어링 휠 컨트롤을 사용하여 속도를 쉽게 높이거나 낮출 수 있는 경우가 종종 있다. 이 개념은 변수 블록을 사용하여 시뮬레이션할 수 있고, 속도는 터치센서를 눌러 설정한다.

이 과제를 통해 학생들은 다음을 할 수 있다.

① 변수를 사용하여 정보 저장하는 것과 함수를 만드는 방법을 학습한다.
② 크루즈 컨트롤을 사용하면서 여행하는 자동차의 비디오를 재생한다.
③ 학생들에게 비디오에서 무슨 일이 일어나는지 물어본다.

④ 학생들이 탑승한 컴퓨터가 비행기의 자동 조종 장치와 같이 자동으로 자동차 속도를 제어한다는 것을 깨닫게 한다.

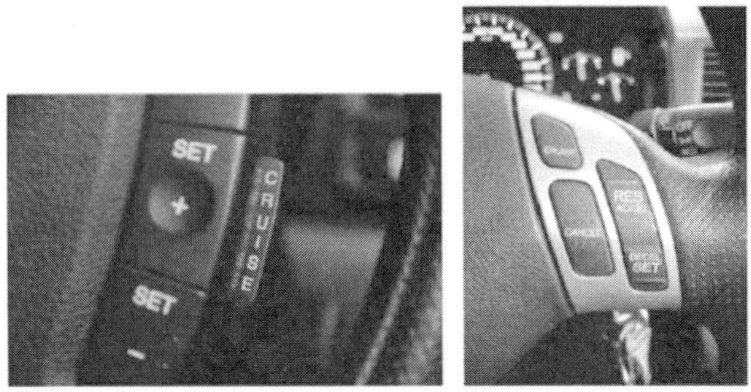

[그림 12-16] 크로스 컨트롤 제어키

(1) Cruise Control **학습내용**

크루즈 컨틀롤러를 보고 학생들에게 플러스와 마이너스 버튼이 무엇을 의미한다고 생각하는지 묻는다. 그들은 이것이 자동차의 속도를 조절할 수 있다는 것을 알고 있는지 확인하다. 학생들에게 로봇의 속도를 제어하고 유지하기 위해 오늘날의 과제에서 두 개의 터치센서를 활용할 것이라고 설명한다. 이미지에 있는 'Accel'과 'Decel' 버튼은 무엇을 하는가? 학생들이 이 버튼으로 자동차 속도를 높이고 속도를 늦출 수 있다는 것을 깨닫게 한다. 학생들에게 변수 블록을 사용할 것이라고 설명한다. 상수와 변수의 차이점을 학생들에게 설명할 수 있다. 상수는 프로그램 내에서 동일한 값을 반복해서 제공하기 위해 사용된다. 이 고정값은 프로그램이 실행되지 않을 때만 사용자가 편집할 수 있다. 블록 이동 및 표시 블록과 함께 상수 블록을 표시할 수 있다. 변수는 프로그램 내에 값을 저장하는 또 다른 방법이다. 변수와 상수의 차이점은 프로그램이 실행 중일 때 값 또는 변수를 다시 덮어 쓸 수 있다는 것이다. 학생들에게 변수 블록을 사용하는 방법을 보여주고 변수가 들어있는 프로그램을 만들도록 한다. 학생들에게 속도를 제어하기 위해 상수 블록을 사용할 수 있는 몇 가지 방법을 설명하게 한다.

변수 블록과 비교하여 이 블록이 어떻게 작동하는지 생각하면, 로봇이 '속도 제한'을 고수하기를 원하면 고정 숫자가 유용 할 수 있음을 알고 있어야 한다.

첫번째 터치센서를 활성화하면 도로에서 30mph에 해당하는 30%로 설정된 변수를 사용할 수 있다. 두번째 터치센서는 다른 상수 블록을 사용하여 속도를 70%로 설정할 수 있다.

(2) Cruise Control 과제 1

이번 과제는 많은 자동차에서 발견되는 크루즈 컨트롤과 비슷한 '크루즈 컨트롤'을 만들 것이다. 다음을 수행하려면 EV3세트에 있는 두개의 터치센서를 사용해야 한다. 크루즈 컨트롤이 장착된 차량의 스티어링 휠에 있는 버튼을 시뮬레이션 하고, 자동차가 10단위로 속도를 높이도록 프로그래밍한다. 변수 블록을 추가할 수 있는 속도로 사용한다.

이제 학생들은 자율주행 로봇을 구현하기 위한 로봇 베이스 모델에 익숙해야 한다. 아직 만들어지지 않았다면 이 단계에서 구축해야 한다. 학생들은 앞으로 향하는 두 개의 터치센서를 로봇에 부착해야 하고, 변수 블록에 대한 이해를 넓혀야 한다. 변수는 프로그램이 실행되는 동안 언제든지 덮어 쓸 수 있는 데이터(텍스트, 논리, 숫자 또는 배열)를 저장할 수 있다. 학생들은 로봇이 움직이면 터치센서를 눌러 속도를 높일 수 있도록 프로그래밍해야 한다.

(3) Cruise Control 과제 2

로봇을 가속할 수 있는 프로그램을 만들었으므로 차를 감속시키기 위해 새로운 하위 섹션을 작성해야 한다. 이것은 단순히 두번째 루프 및 스위치 블록을 추가하여 수행할 수 있다. 두 줄을 동시에 실행하는 프로그램으로 멀티 태스킹을 사용한다는 것을 기억한다. 첫번째 프로그램의 로봇이 가속하면 학생들에게 속도를 늦추려면 프로그램을 확장 할 수 있는 방법을 이론적으로 설명하게 한다.

생각을 들은 후에 학생들이 한 가지 해결책은 다른 하나의 터치센서를 추가함으로써 두번째 무한 루프를 가질 수 있다는 것을 알고 있는지 확인한다.

연산자는 '더하기'보다는 '빼기'로 변경된다. 학생들에게 멀티 태스킹에 대해 상기시켜 주고, 활동을 마칠 때 프로그래밍에 대한 지식을 활용해야 한다고 말한다.

(4) Cruise Control 과제 3

로봇의 속도는 두 개의 터치센서를 사용하여 제어할 수 있으므로 속도(모터 동력)를 읽고 EV3 디스플레이 블록에 이 속도를 표시하는 것이 좋다. 교사는 이미 작성한 프로그램을 사용하여 함수를 만드는 방법을 보여준다. 이것들은 두 가지 면에서 유용하다.

첫번째는 프로그래밍 화면에서 공간을 절약하는 것이고, 두번째는 이 서브 루틴을 다른 프로그램에서 다시 사용할 수 있다는 것이다. 시각적 표시하려면 모터 파워를 제어하는 변수 값을 가져와 텍스트 픽셀 모드로 설정된 디스플레이 블록을 사용하여 EV3 Brick에 표시한다. 로봇이 버튼(또는 두 개)을 터치하여 가속 및 감속함에 따라 학생들은 이제 프로그래밍을 확장하여 EV3 브릭 디스플레이가 로봇이 얼마나 빨리 움직이는지를 보여줌으로써 실제 자동차와 유사하게 동작되는 것을 알 수 있다. 학생들에게 변수 블록 사용에 대해 생각해 보게 한다.

이 정보를 표시하기 위해 이 블록을 어떻게 사용할 수 있는가? 이 활동에서 배워야 할 새로운 기술은 함수를 만드는 것이다. 함수를 사용하면 이미 작성한 프로그램의 서브루틴을 만들 수 있다.

8) 이동 로봇

이 활동은 학생들의 로봇의 동작을 제어하기 위해 배열을 사용하는 방법에 초점을 맞출 것이다. 활동이 진행되는 동안 학생들은 배열이 무엇인지, 어떻게 작동하는지, 왜 그들이 컴퓨터 프로그래밍에 중요한지 알아낸다.

학생들은 배열을 프로그램에 통합하는 방법을 배우게 된다. 소개 과정에서 색상 분류기를 사용하여 실제 배열을 보여준다. 학생들은 소프트웨어의 'Model Core Set' 섹션에 있는 비디오를 보거나 모델을 간단하게 만들 수 있다. 색상 분류기 모델은 EV3 소프트웨어의 '모델 코어 세트' 섹션에서 찾을 수 있다.

'Model Instructions'를 클릭하면 목록 상단에 Color Sorter 모델이 표시된다. 이 탭을 클릭 한 다음 '열기'를 클릭하여 모델 자습서를 실행한다. 여기서 샘플 프로그램과 함께 모델의 빌드 지침을 찾을 수 있다. 모델이 제작되면 간단히 프로그램을 다운로드하고 첫 페이지의 비디오를 가이드로 사용하여 실행한다.

이 활동은 두 가지 주요 활동 만 있기 때문에 다른 활동과 다르다.

각 활동에는 학생들이 완료하는 데 상당한 시간이 걸린다. 이번 과제로 학생들은 다음을 할 수 있다.

목록, 테이블 및 배열과 같은 데이터 구조를 적절하게 사용한다. 간단한 부울 논리(AND, OR 및 NOT과 같은)와 프로그래밍에서의 사용법을 이해한다. 로봇의 움직임을 제어하기 위해 브릭 버튼을 사용한다. 변수 블록을 사용하여 정보 저장하는 방법과 배열 연산 블록 사용을 익힌다.

(1) 이동 로봇 학습 내용

학생들에게 로봇을 프로그래밍하여 EV3 Brick의 버튼(앞으로, 뒤로, 왼쪽 및 오른쪽)을 통해 주어진 지침에 따라 반응(즉 이동)할 것이라고 설명한다.

배열은 일련의 숫자 모음을 순서대로 저장하는 임시적인 방법임을 알려준다,

이 번호는 프로그램의 뒷부분에서 사용할 수 있다. 컬러 소터 모델을 여러 번 작동시키고 학생들에게 무슨 일이 일어나고 있는지 설명하기 위해 의사 코드를 작성하도록 요구한다.

학생들의 로봇이 위성 내비게이션 장치를 프로그래밍하는 것을 비유한다. 어떻게 그들이 로봇을 사용하여 이렇게 할 수 있을까? 그룹으로 나누어 학생들이 코스를 도는 동안 로봇을 프로그래밍하기 위해 해결책을 고안해 내는 방법에 대해 논의하도록 한다. 학생들에게 내비게이션이 어떻게 작동하는지 물어본다.

학생들에게 어레이 운영 블록이 필요하다는 것을 알도록 한다. 이 블록은 변수 블록 내에 데이터를 저장하기 위해 필요하다. 그런 다음이 데이터를 검색하여 프로그램에서 사용할 수 있다. 색상 분류기 모델을 학생들에게 다시 보여준다. 학생들에게 색상 분류기 모델의 동작에 관해 의견을 나눈다. 프로그램이 인식한 타일의 순서를 '기억'하고 미리 정의된 컵에 배치한다는 것을 이해했는지 확인한다. 바퀴가 달린 로봇에서 이 작업을 수행할 수 있는가?

(2) 이동 로봇 과제 1

이 번 과제는 배열을 사용하는 법을 배울 것이다. 배열은 많은 정보를 저장하고 필요할 때 다시 사용할 수 있게 하는 중요한 데이터 타입이다. 일련의 단계로 이동하도록 프로그래밍 된 자동화 된 자동차를 만든다. EV3 버튼을 사용하면 길찾기를 선택할 수 있다.

EV3 Brick의 버튼을 사용하여 로봇이 실내를 돌아다니도록 배열을 이용하여 프로그램한다. 네 개의 브릭 버튼을 컨트롤(전, 후, 좌, 우)으로 사용할 수 있다.

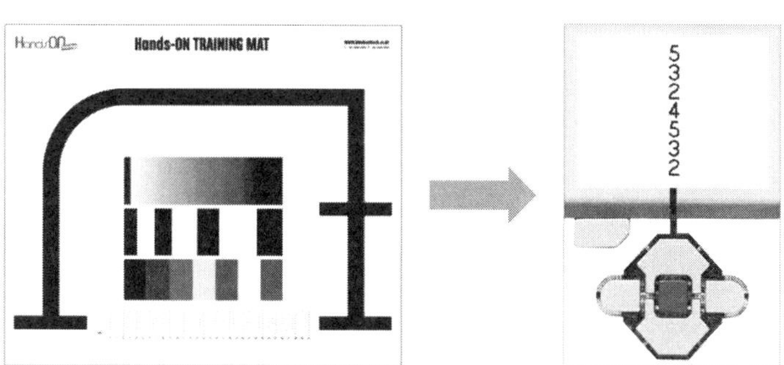

색깔 저장 후 출력하기

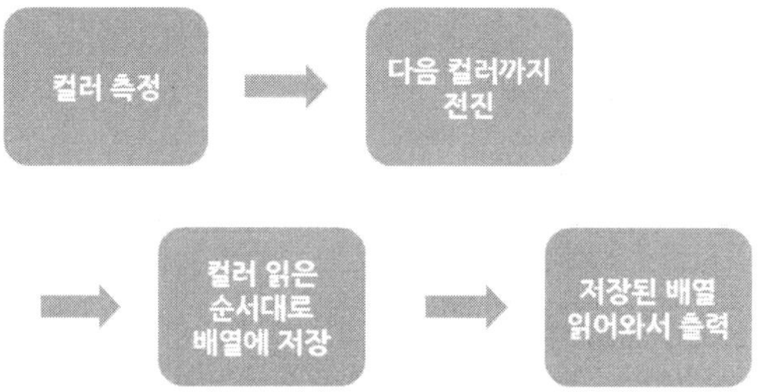

[그림 12-17] 이동로봇 과제 수행 단계

(3) 이동 로봇 과제 2

복잡한 프로그램의 단계를 쉽게 편집할 수 있도록 함수를 만든다. 프로그램 내에서 두 개의 루프 블록을 모두 편집해야 한다. 매개 변수로 함수를 작성하면 훨씬 간단하게 만들 수 있다. 이번 과제는 첫번째 과제에서 만든 프로그램을 함수를 이용하여 만드는 것이다.

수행 내용

재료 · 자료

- Python, EV3 레고 마인드스톰 관련 자료

기기(장비 · 공구)

- 컴퓨터, USB 케이블, 충전 어댑터, 프린터, 주변기기

안전 · 유의사항

- EV3 로봇 플랫폼의 외형을 관리하고 P브릭에 전원을 충분히 충전한다.

수행 순서

01 DataLog를 구동하는 프로그램을 작성하라.

```
#!/usr/bin/env pybricks-MicroPython
from pybricks.ev3devices import Motor
from pybricks.parameters import Port
from pybricks.tools import DataLog, StopWatch, wait

# Create a data log file in the project folder on the EV3 Brick.
# * By default, the file name contains the current date and time, for example:
#    log_2020_02_13_10_07_44_431260.csv
# * You can optionally specify the titles of your data columns. For example,
#    if you want to record the motor angles at a given time, you could do:
data = DataLog('time', 'angle')

# Initialize a motor and make it move
wheel = Motor(Port.B)
wheel.run(500)
```

학습 12

```
# Start a stopwatch to measure elapsed time
watch = StopWatch()

# Log the time and the motor angle 10 times
for i in range(10):
    # Read angle and time
    angle = wheel.angle()
    time = watch.time()

    # Each time you use the log() method, a new line with data is added to
    # the file. You can add as many values as you like.
    # In this example, we save the current time and motor angle:
    data.log(time, angle)

    # Wait some time so the motor can move a bit
    wait(100)

# You can now upload your file to your computer
```

02 자이로 보이(Gyro Boy)를 구동하는 프로그램을 작성하라.

```
#!/usr/bin/env pybricks-MicroPython

"""
Example LEGO® MINDSTORMS® EV3 Gyro Boy Program
---------------------------------------------

This program requires LEGO® EV3 MicroPython v2.0.
Download: https://education.lego.com/en-us/support/mindstorms-ev3/python-for-ev3

Building instructions can be found at:
https://education.lego.com/en-us/support/mindstorms-ev3/building-instructions#building-core
"""
```

```
from ucollections import namedtuple
import urandom

from pybricks.hubs import EV3Brick
from pybricks.ev3devices import Motor, UltrasonicSensor, ColorSensor, GyroSensor
from pybricks.parameters import Port, Color, ImageFile, SoundFile
from pybricks.tools import wait, StopWatch

# Initialize the EV3 brick.
ev3 = EV3Brick()

# Initialize the motors connected to the drive wheels.
left_motor = Motor(Port.D)
right_motor = Motor(Port.A)

# Initialize the motor connected to the arms.
arm_motor = Motor(Port.C)

# Initialize the Color Sensor. It is used to detect the colors that command
# which way the robot should move.
color_sensor = ColorSensor(Port.S1)

# Initialize the gyro sensor. It is used to provide feedback for balancing the
# robot.
gyro_sensor = GyroSensor(Port.S2)

# Initialize the ultrasonic sensor. It is used to detect when the robot gets
# too close to an obstruction.
ultrasonic_sensor = UltrasonicSensor(Port.S4)

# Initialize the timers.
fall_timer = StopWatch()
single_loop_timer = StopWatch()
control_loop_timer = StopWatch()
action_timer = StopWatch()


# The following (UPPERCASE names) are constants that control how the program
```

학습 12

```
# behaves.

GYRO_CALIBRATION_LOOP_COUNT = 200
GYRO_OFFSET_FACTOR = 0.0005
TARGET_LOOP_PERIOD = 15  # ms
ARM_MOTOR_SPEED = 600  # deg/s

# Actions will be used to change which way the robot drives.
Action = namedtuple('Action ', ['drive_speed', 'steering'])

# These are the pre-defined actions
STOP = Action(drive_speed=0, steering=0)
FORWARD_FAST = Action(drive_speed=150, steering=0)
FORWARD_SLOW = Action(drive_speed=40, steering=0)
BACKWARD_FAST = Action(drive_speed=-75, steering=0)
BACKWARD_SLOW = Action(drive_speed=-10, steering=0)
TURN_RIGHT = Action(drive_speed=0, steering=70)
TURN_LEFT = Action(drive_speed=0, steering=-70)

# The colors that the color sensor can detect are mapped to actions that the
# robot can perform.
ACTION_MAP = {
    Color.RED: STOP,
    Color.GREEN: FORWARD_FAST,
    Color.BLUE: TURN_RIGHT,
    Color.YELLOW: TURN_LEFT,
    Color.WHITE: BACKWARD_FAST,
}


# This function monitors the color sensor and ultrasonic sensor.
#
# It is important that no blocking calls are made in this function, otherwise
# it will affect the control loop time in the main program. Instead, we yield
# to the control loop while we are waiting for a certain thing to happen like
# this:
#
#     while not condition:
#         yield
```

```
#
# We also use yield to update the drive speed and steering values in the main
# control loop:
#
#     yield action
#
def update_action():
    arm_motor.reset_angle(0)
    action_timer.reset()

    # Drive forward for 4 seconds to leave stand, then stop.
    yield FORWARD_SLOW
    while action_timer.time() < 4000:
        yield

    action = STOP
    yield action

    # Start checking sensors on arms. When specific conditions are sensed,
    # different actions will be performed.
    while True:
        # First, we check the color sensor. The detected color is looked up in
        # the action map.
        new_action = ACTION_MAP.get(color_sensor.color())

        # If the color was found, beep for 0.1 seconds and then change the
        # action depending on which color was detected.
        if new_action is not None:
            action_timer.reset()
            ev3.speaker.beep(1000, -1)
            while action_timer.time() < 100:
                yield
            ev3.speaker.beep(0, -1)

            # If the new action involves steering, combine the new steering
            # with the old drive speed. Otherwise, use the entire new action.
            if new_action.steering != 0:
                action = Action(drive_speed=action.drive_speed,
                                steering=new_action.steering)
```

```
        else:
            action = new_action
        yield action

    # If the measured distance of the ultrasonic sensor is less than 250
    # millimeters, then back up slowly.
    if ultrasonic_sensor.distance() < 250:
        # Back up slowly while wiggling the arms back and forth.
        yield BACKWARD_SLOW

        arm_motor.run_angle(ARM_MOTOR_SPEED, 30, wait=False)
        while not arm_motor.control.done():
            yield
        arm_motor.run_angle(ARM_MOTOR_SPEED, -60, wait=False)
        while not arm_motor.control.done():
            yield
        arm_motor.run_angle(ARM_MOTOR_SPEED, 30, wait=False)
        while not arm_motor.control.done():
            yield

        # Randomly turn left or right for 4 seconds while still backing
        # up slowly.
        turn = urandom.choice([TURN_LEFT, TURN_RIGHT])
        yield Action(drive_speed=BACKWARD_SLOW.drive_speed,
                     steering=turn.steering)
        action_timer.reset()
        while action_timer.time() < 4000:
            yield

        # Beep and then restore the previous action from before the
        # ultrasonic sensor detected an obstruction.
        action_timer.reset()
        ev3.speaker.beep(1000, -1)
        while action_timer.time() < 100:
            yield
        ev3.speaker.beep(0, -1)

        yield action
```

```
        # This adds a small delay since we don't need to read these sensors
        # continuously. Reading once every 100 milliseconds is fast enough.
        action_timer.reset()
        while action_timer.time() < 100:
            yield


# If we fall over in the middle of an action, the arm motors could be moving or
# the speaker could be beeping, so we need to stop both of those.
def stop_action():
    ev3.speaker.beep(0, -1)
    arm_motor.run_target(ARM_MOTOR_SPEED, 0)


while True:
    # Sleeping eyes and light off let us know that the robot is waiting for
    # any movement to stop before the program can continue.
    ev3.screen.load_image(ImageFile.SLEEPING)
    ev3.light.off()

    # Reset the sensors and variables.
    left_motor.reset_angle(0)
    right_motor.reset_angle(0)
    fall_timer.reset()

    motor_position_sum = 0
    wheel_angle = 0
    motor_position_change = [0, 0, 0, 0]
    drive_speed, steering = 0, 0
    control_loop_count = 0
    robot_body_angle = -0.25

    # Since update_action() is a generator (it uses "yield" instead of
    # "return") this doesn't actually run update_action() right now but
    # rather prepares it for use later.
    action_task = update_action()

    # Calibrate the gyro offset. This makes sure that the robot is perfectly
    # still by making sure that the measured rate does not fluctuate more than
```

학습 12

```
# 2 deg/s. Gyro drift can cause the rate to be non-zero even when the robot
# is not moving, so we save that value for use later.
while True:
    gyro_minimum_rate, gyro_maximum_rate = 440, -440
    gyro_sum = 0
    for _ in range(GYRO_CALIBRATION_LOOP_COUNT):
        gyro_sensor_value = gyro_sensor.speed()
        gyro_sum += gyro_sensor_value
        if gyro_sensor_value > gyro_maximum_rate:
            gyro_maximum_rate = gyro_sensor_value
        if gyro_sensor_value < gyro_minimum_rate:
            gyro_minimum_rate = gyro_sensor_value
        wait(5)
    if gyro_maximum_rate - gyro_minimum_rate < 2:
        break
gyro_offset = gyro_sum / GYRO_CALIBRATION_LOOP_COUNT

# Awake eyes and green light let us know that the robot is ready to go!
ev3.speaker.play_file(SoundFile.SPEED_UP)
ev3.screen.load_image(ImageFile.AWAKE)
ev3.light.on(Color.GREEN)

# Main control loop for balancing the robot.
while True:
    # This timer measures how long a single loop takes. This will be used
    # to help keep the loop time consistent, even when different actions
    # are happening.
    single_loop_timer.reset()

    # This calculates the average control loop period. This is used in the
    # control feedback calculation instead of the single loop time to
    # filter out random fluctuations.
    if control_loop_count == 0:
        # The first time through the loop, we need to assign a value to
        # avoid dividing by zero later.
        average_control_loop_period = TARGET_LOOP_PERIOD / 1000
        control_loop_timer.reset()
    else:
        average_control_loop_period = (control_loop_timer.time() / 1000 /
```

```
                                            control_loop_count)
    control_loop_count += 1

    # calculate robot body angle and speed
    gyro_sensor_value = gyro_sensor.speed()
    gyro_offset *= (1 - GYRO_OFFSET_FACTOR)
    gyro_offset += GYRO_OFFSET_FACTOR * gyro_sensor_value
    robot_body_rate = gyro_sensor_value - gyro_offset
    robot_body_angle += robot_body_rate * average_control_loop_period

    # calculate wheel angle and speed
    left_motor_angle = left_motor.angle()
    right_motor_angle = right_motor.angle()
    previous_motor_sum = motor_position_sum
    motor_position_sum = left_motor_angle + right_motor_angle
    change = motor_position_sum - previous_motor_sum
    motor_position_change.insert(0, change)
    del motor_position_change[-1]
    wheel_angle += change - drive_speed * average_control_loop_period
    wheel_rate = sum(motor_position_change) / 4 / average_control_loop_period

    # This is the main control feedback calculation.
    output_power = (-0.01 * drive_speed) + (0.8 * robot_body_rate +
                                            15 * robot_body_angle +
                                            0.08 * wheel_rate +
                                            0.12 * wheel_angle)
    if output_power > 100:
        output_power = 100
    if output_power < -100:
        output_power = -100

    # Drive the motors.
    left_motor.dc(output_power - 0.1 * steering)
    right_motor.dc(output_power + 0.1 * steering)

    # Check if robot fell down. If the output speed is +/-100% for more
    # than one second, we know that we are no longer balancing properly.
    if abs(output_power) < 100:
        fall_timer.reset()
```

학습 12

```
        elif fall_timer.time() > 1000:
            break

        # This runs update_action() until the next "yield" statement.
        action = next(action_task)
        if action is not None:
            drive_speed, steering = action

        # Make sure loop time is at least TARGET_LOOP_PERIOD. The output power
        # calculation above depends on having a certain amount of time in each
        # loop.
        wait(TARGET_LOOP_PERIOD - single_loop_timer.time())

    # Handle falling over. If we get to this point in the program, it means
    # that the robot fell over.

    # Stop all of the motors.
    stop_action()
    left_motor.stop()
    right_motor.stop()

    # Knocked out eyes and red light let us know that the robot lost its
    # balance.
    ev3.light.on(Color.RED)
    ev3.screen.load_image(ImageFile.KNOCKED_OUT)
    ev3.speaker.play_file(SoundFile.SPEED_DOWN)

    # Wait for a few seconds before trying to balance again.
    wait(3000)
```

03 색상 분류기(그림 12-2)가 컬러센서를 이용해 색색의 테크닉 빔을 스캔할 수 있도록 프로그램을 만들어 보라.

```
#!/usr/bin/env pybricks-MicroPython

"""
Example LEGO® MINDSTORMS® EV3 Color Sorter Program
-------------------------------------------------
This program requires LEGO® EV3 MicroPython v2.0.
Download: https://education.lego.com/en-us/support/mindstorms-ev3/python-for-ev3

Building instructions can be found at:
https://education.lego.com/en-us/support/mindstorms-ev3/building-instructions#building-core
"""


from pybricks.hubs import EV3Brick
from pybricks.ev3devices import Motor, TouchSensor, ColorSensor
from pybricks.parameters import Port, Button, Color, ImageFile, SoundFile
from pybricks.tools import wait

# The colored objects are either red, green, blue, or yellow.
POSSIBLE_COLORS = [Color.RED, Color.GREEN, Color.BLUE, Color.YELLOW]

# Initialize the EV3 brick.
ev3 = EV3Brick()

# Initialize the motors that drive the conveyor belt and eject the objects.
belt_motor = Motor(Port.D)
feed_motor = Motor(Port.A)

# Initialize the Touch Sensor. It is used to detect when the belt motor has
# moved the sorter module all the way to the left.
touch_sensor = TouchSensor(Port.S1)

# Initialize the Color Sensor. It is used to detect the color of the objects.
color_sensor = ColorSensor(Port.S3)
```

학습 12

```
# This is the main loop. It waits for you to scan and insert 8 colored objects.
# Then it sorts them by color. Then the process starts over and you can scan
# and insert the next set of colored objects.
while True:
    # Get the feed motor in the correct starting position.
    # This is done by running the motor forward until it stalls. This
    # means that it cannot move any further. From this end point, the motor
    # rotates backward by 180 degrees. Then it is in the starting position.
    feed_motor.run_until_stalled(120, duty_limit=50)
    feed_motor.run_angle(450, -200)

    # Get the conveyor belt motor in the correct starting position.
    # This is done by first running the belt motor backward until the
    # touch sensor becomes pressed. Then the motor stops, and the the angle is
    # reset to zero. This means that when it rotates backward to zero later
    # on, it returns to this starting position.
    belt_motor.run(-500)
    while not touch_sensor.pressed():
        pass
    belt_motor.stop()
    wait(1000)
    belt_motor.reset_angle(0)

    # When we scan the objects, we store all the color numbers in a list.
    # We start with an empty list. It will grow as we add colors to it.
    color_list = []

    # This loop scans the colors of the objects. It repeats until 8 objects
    # are scanned and placed in the chute. This is done by repeating the loop
    # while the length of the list is still less than 8.
    while len(color_list) < 8:
        # Show an arrow that points to the color sensor.
        ev3.screen.load_image(ImageFile.RIGHT)

        # Show how many colored objects we have already scanned.
        ev3.screen.print(len(color_list))
```

```
    # Wait for the center button to be pressed or a color to be scanned.
    while True:
        # Store True if the center button is pressed or False if not.
        pressed = Button.CENTER in ev3.buttons.pressed()
        # Store the color measured by the Color Sensor.
        color = color_sensor.color()
        # If the center button is pressed or a color is detected,
        # break out of the loop.
        if pressed or color in POSSIBLE_COLORS:
            break

    if pressed:
        # If the button was pressed, end the loop early. We will no longer
        # wait for any remaining objects to be scanned and added to the
        # chute.
        break

    # Otherwise, a color was scanned. So we add (append) it to the list.
    ev3.speaker.beep(1000, 100)
    color_list.append(color)

    # We don't want to register the same color once more if we're still
    # looking at the same object. So before we continue, we wait until the
    # sensor no longer sees the object.
    while color_sensor.color() in POSSIBLE_COLORS:
        pass
    ev3.speaker.beep(2000, 100)

    # Show an arrow pointing to the center button, to ask if we are done.
    ev3.screen.load_image(ImageFile.BACKWARD)
    wait(2000)

# Play a sound and show an image to indicate that we are done scanning.
ev3.speaker.play_file(SoundFile.READY)
ev3.screen.load_image(ImageFile.EV3)

# Now sort the bricks according the list of colors that we stored.
# We do this by going over each color in the list in a loop.
for color in color_list:
```

학습 12

```
    # Wait for one second between each sorting action.
    wait(1000)

    # Run the conveyor belt motor to the right position based on the color.
    if color == Color.BLUE:
        ev3.speaker.say('blue')
        belt_motor.run_target(500, 10)
    elif color == Color.GREEN:
        ev3.speaker.say('green')
        belt_motor.run_target(500, 132)
    elif color == Color.YELLOW:
        ev3.speaker.say('yellow')
        belt_motor.run_target(500, 360)
    elif color == Color.RED:
        ev3.speaker.say('red')
        belt_motor.run_target(500, 530)

    # Now that the conveyor belt is in the correct position, eject the
    # colored object.
    feed_motor.run_angle(1500, 180)
    feed_motor.run_angle(1500, -180)
```

04 로봇 팔의 로봇 팔을 초기화하고, 검은색 바퀴 허브를 돌리는 프로그램을 작성하라

```
#!/usr/bin/env pybricks-MicroPython

"""

Example LEGO® MINDSTORMS® EV3 Robot Arm Program
----------------------------------------------

This program requires LEGO® EV3 MicroPython v2.0.
Download: https://education.lego.com/en-us/support/mindstorms-ev3/python-for-ev3
```

```
Building instructions can be found at:
https://education.lego.com/en-us/support/mindstorms-ev3/building-instructions#building-core
"""

from pybricks.hubs import EV3Brick
from pybricks.ev3devices import Motor, TouchSensor, ColorSensor
from pybricks.parameters import Port, Stop, Direction
from pybricks.tools import wait

# Initialize the EV3 Brick
ev3 = EV3Brick()

# Configure the gripper motor on Port A with default settings.
gripper_motor = Motor(Port.A)

# Configure the elbow motor. It has an 8-teeth and a 40-teeth gear
# connected to it. We would like positive speed values to make the
# arm go upward. This corresponds to counterclockwise rotation
# of the motor.
elbow_motor = Motor(Port.B, Direction.COUNTERCLOCKWISE, [8, 40])

# Configure the motor that rotates the base. It has a 12-teeth and a
# 36-teeth gear connected to it. We would like positive speed values
# to make the arm go away from the Touch Sensor. This corresponds
# to counterclockwise rotation of the motor.
base_motor = Motor(Port.C, Direction.COUNTERCLOCKWISE, [12, 36])

# Limit the elbow and base accelerations. This results in
# very smooth motion. Like an industrial robot.
elbow_motor.control.limits(speed=60, acceleration=120)
base_motor.control.limits(speed=60, acceleration=120)

# Set up the Touch Sensor. It acts as an end-switch in the base
# of the robot arm. It defines the starting point of the base.
base_switch = TouchSensor(Port.S1)

# Set up the Color Sensor. This sensor detects when the elbow
# is in the starting position. This is when the sensor sees the
# white beam up close.
```

학습 12

```
elbow_sensor = ColorSensor(Port.S3)

# Initialize the elbow. First make it go down for one second.
# Then make it go upwards slowly (15 degrees per second) until
# the Color Sensor detects the white beam. Then reset the motor
# angle to make this the zero point. Finally, hold the motor
# in place so it does not move.
elbow_motor.run_time(-30, 1000)
elbow_motor.run(15)
while elbow_sensor.reflection() < 32:
    wait(10)
elbow_motor.reset_angle(0)
elbow_motor.hold()

# Initialize the base. First rotate it until the Touch Sensor
# in the base is pressed. Reset the motor angle to make this
# the zero point. Then hold the motor in place so it does not move.
base_motor.run(-60)
while not base_switch.pressed():
    wait(10)
base_motor.reset_angle(0)
base_motor.hold()

# Initialize the gripper. First rotate the motor until it stalls.
# Stalling means that it cannot move any further. This position
# corresponds to the closed position. Then rotate the motor
# by 90 degrees such that the gripper is open.
gripper_motor.run_until_stalled(200, then=Stop.COAST, duty_limit=50)
gripper_motor.reset_angle(0)
gripper_motor.run_target(200, -90)


def robot_pick(position):
    # This function makes the robot base rotate to the indicated
    # position. There it lowers the elbow, closes the gripper, and
    # raises the elbow to pick up the object.

    # Rotate to the pick-up position.
    base_motor.run_target(60, position)
```

```
    # Lower the arm.
    elbow_motor.run_target(60, -40)
    # Close the gripper to grab the wheel stack.
    gripper_motor.run_until_stalled(200, then=Stop.HOLD, duty_limit=50)
    # Raise the arm to lift the wheel stack.
    elbow_motor.run_target(60, 0)


def robot_release(position):
    # This function makes the robot base rotate to the indicated
    # position. There it lowers the elbow, opens the gripper to
    # release the object. Then it raises its arm again.

    # Rotate to the drop-off position.
    base_motor.run_target(60, position)
    # Lower the arm to put the wheel stack on the ground.
    elbow_motor.run_target(60, -40)
    # Open the gripper to release the wheel stack.
    gripper_motor.run_target(200, -90)
    # Raise the arm.
    elbow_motor.run_target(60, 0)


# Play three beeps to indicate that the initialization is complete.
for i in range(3):
    ev3.speaker.beep()
    wait(100)

# Define the three destinations for picking up and moving the wheel stacks.
LEFT = 160
MIDDLE = 100
RIGHT = 40

# This is the main part of the program. It is a loop that repeats endlessly.
#
# First, the robot moves the object on the left towards the middle.
# Second, the robot moves the object on the right towards the left.
# Finally, the robot moves the object that is now in the middle, to the right.
#
```

학습 12

```
# Now we have a wheel stack on the left and on the right as before, but they
# have switched places. Then the loop repeats to do this over and over.
while True:
    # Move a wheel stack from the left to the middle.
    robot_pick(LEFT)
    robot_release(MIDDLE)

    # Move a wheel stack from the right to the left.
    robot_pick(RIGHT)
    robot_release(LEFT)

    # Move a wheel stack from the middle to the right.
    robot_pick(MIDDLE)
    robot_release(RIGHT)
```

05 자율주행 자동차의 구현과정에서 3점 턴 하는 프로그램을 작성하라.

3점 턴 과제 1

```
#!/usr/bin/env python3
from ev3dev2.motor import MoveTank, OUTPUT_B, OUTPUT_C
from ev3dev2.sensor.lego import TouchSensor
from time import sleep
ts = TouchSensor()
tank_pair = MoveTank(OUTPUT_B, OUTPUT_C)
#tank_pair.on(left_speed=30, right_speed=30)
tank_pair.on_for_seconds(left_speed=50, right_speed=25, seconds=1.6, brake=True, block=True)
tank_pair.on_for_seconds(left_speed=-25, right_speed=-50, seconds=1.2, brake=True, block=True)
tank_pair.on_for_seconds(left_speed=50, right_speed=50, seconds=1, brake=True, block=True)
while not ts.is_pressed:  # while touch sensor is not pressed
    sleep(0.01)
tank_pair.off()
sleep(5)
```

3점 턴 과제 2

```
#!/usr/bin/env python3
from ev3dev2.motor import MoveTank, OUTPUT_B, OUTPUT_C
from ev3dev2.sensor.lego import TouchSensor, UltrasonicSensor
from time import sleep
us = UltrasonicSensor()
us.mode='US-DIST-CM'
ts = TouchSensor()
tank_pair = MoveTank(OUTPUT_B, OUTPUT_C)
#tank_pair.on(left_speed=30, right_speed=30)
tank_pair.on_for_seconds(left_speed=-50, right_speed=-25, seconds=1.6, brake=True, block=True)
tank_pair.on(left_speed=25, right_speed=50)
while True:
  Distance=us.value()/10
  if  Distance < 7:
    tank_pair.off(brake=True)
    sleep(1)
    tank_pair.on_for_seconds(left_speed=-50, right_speed=-50, seconds=1, brake=True, block=True)
    break
  else:
    sleep(0.01)
```

3점 턴 과제 3

```
from ev3dev2.sensor.lego import TouchSensor, UltrasonicSensor
from ev3dev2.sound import Sound
from time import sleep
us = UltrasonicSensor()
us.mode='US-DIST-CM'
ts = TouchSensor()
sound = Sound()
tank_pair = MoveTank(OUTPUT_B, OUTPUT_C)
#tank_pair.on(left_speed=30, right_speed=30)
tank_pair.on_for_seconds(left_speed=-50, right_speed=-25, seconds=1.6, brake=True, block=True)
tank_pair.on(left_speed=25, right_speed=50)
while True:
  Distance=us.value()/10
  if  Distance < 7:
    tank_pair.off(brake=True)
```

```
    sleep(1)
    sound.play_tone(440, 1)
    tank_pair.on_for_seconds(left_speed=-50, right_speed=-50, seconds=1, brake=True, block=True)
    break
  else:
    sleep(0.01)
```

06 자율주행 자동차의 구현과정에서 후진하는 과정의 과제에 대한 프로그램을 작성하라.

로봇 후진 과제 1

```
#!/usr/bin/env python3
from ev3dev2.motor import MoveTank, OUTPUT_B, OUTPUT_C, MoveSteering
from ev3dev2.sensor.lego import TouchSensor, UltrasonicSensor
from ev3dev2.sound import Sound
#from ev3dev2.led import Leds
from time import sleep
from ev3dev.ev3 import *
us = UltrasonicSensor()
us.mode='US-DIST-CM'
ts = TouchSensor()
sound = Sound()
leds = Leds()
steer_pair = MoveSteering(OUTPUT_B, OUTPUT_C)
steer_pair.on(steering=0, speed=50)
while not ts.is_pressed:  # while touch sensor is not pressed
    sleep(0.01)
steer_pair.off()
sleep(1)
#leds.set_color('LEFT', 'RED')
#leds.animate_flash('AMBER', sleeptime=0.75, duration=10)
#leds.animate_police_lights('RED', 'GREEN', sleeptime=0.75, duration=5)
#leds.animate_police_lights('RED', 'GREEN', sleeptime=0.75)
leds.set(Leds.LEFT, brightness_pct=1, trigger='timer')
leds.set_color(Leds.LEFT, Leds.RED)
steer_pair.on_for_seconds(steering=0, speed=-20, seconds=3, brake=True, block=True)
```

로봇 후진 과제 2

```
#!/usr/bin/env python3
from ev3dev2.motor import MoveTank, OUTPUT_B, OUTPUT_C, MoveSteering
from ev3dev2.sensor.lego import TouchSensor, UltrasonicSensor
from ev3dev2.sound import Sound
#from ev3dev2.led import Leds
from time import sleep
from ev3dev.ev3 import *
def WaitForBump():  # a 'bump' is a release of the touch sensor button
    PreviousState=0
    while True:
        CurrentState=ts.value()
        if PreviousState==1 and CurrentState==0: #button was released
            break       # button has just been released so exit loop
        PreviousState=CurrentState    # Ready for next loop
        sleep(0.01)  # don't read the sensor too frequently
us = UltrasonicSensor()
us.mode='US-DIST-CM'
ts = TouchSensor()
sound = Sound()
leds = Leds()
steer_pair = MoveSteering(OUTPUT_B, OUTPUT_C)
WaitForBump()
steer_pair.on(steering=0, speed=20)
while not ts.is_pressed:  # while touch sensor is not pressed
    sleep(0.01)
steer_pair.off()
sleep(1)
#leds.set_color('LEFT', 'RED')
#leds.animate_flash('AMBER', sleeptime=0.75, duration=10)
#leds.animate_police_lights('RED', 'GREEN', sleeptime=0.75, duration=5)
#leds.animate_police_lights('RED', 'GREEN', sleeptime=0.75)
leds.set(Leds.LEFT, brightness_pct=1, trigger='timer')
leds.set_color(Leds.LEFT, Leds.RED)
steer_pair.on_for_seconds(steering=0, speed=-20, seconds=3, brake=True, block=True)
```

로봇 후진 과제 3

```
#!/usr/bin/env python3
from ev3dev2.motor import MoveTank, OUTPUT_B, OUTPUT_C, MoveSteering
from ev3dev2.sensor.lego import TouchSensor, UltrasonicSensor
from ev3dev2.sound import Sound
from ev3dev2.display import Display
from textwrap import wrap
#from ev3dev2.led import Leds
from time import sleep
from ev3dev.ev3 import *
def WaitForBump():  # a 'bump' is a release of the touch sensor button
    PreviousState=0
    while True:
        CurrentState=ts.value()
        if PreviousState==1 and CurrentState==0: #button was released
            break       # button has just been released so exit loop
        PreviousState=CurrentState    # Ready for next loop
        sleep(0.01)  # don't read the sensor too frequently
lcd = Display()
def show_text(string, font_name='courB24', font_width=15, font_height=24):
    lcd.clear()
    strings = wrap(string, width=int(180/font_width))
    for i in range(len(strings)):
        x_val = 89-font_width/2*len(strings[i])
        y_val = 63-(font_height+1)*(len(strings)/2-i)
        lcd.text_pixels(strings[i], False, x_val, y_val, font=font_name)
    lcd.update()
us = UltrasonicSensor()
us.mode='US-DIST-CM'
ts = TouchSensor()
sound = Sound()
leds = Leds()
steer_pair = MoveSteering(OUTPUT_B, OUTPUT_C)
WaitForBump()
show_text('FORWARD')
steer_pair.on(steering=0, speed=20)
while not ts.is_pressed:  # while touch sensor is not pressed
    sleep(0.01)
show_text('BACKWARD')
```

```
steer_pair.off()
sleep(1)
#leds.set_color('LEFT', 'RED')
#leds.animate_flash('AMBER', sleeptime=0.75, duration=10)
#leds.animate_police_lights('RED', 'GREEN', sleeptime=0.75, duration=5)
#leds.animate_police_lights('RED', 'GREEN', sleeptime=0.75)
leds.set(Leds.LEFT, brightness_pct=1, trigger='timer')
leds.set_color(Leds.LEFT, Leds.RED)
steer_pair.on_for_seconds(steering=0, speed=-20, seconds=3, brake=True, block=True)
```

07 자율주행 자동차의 구현과정에서 자동차 전조등 관련 과제에 대한 프로그램을 작성하라.

자동차 전조등 과제 1

```
#!/usr/bin/env python3
from ev3dev2.motor import MoveTank, OUTPUT_B, OUTPUT_C, MoveSteering
from ev3dev2.sensor.lego import TouchSensor, UltrasonicSensor
from ev3dev2.sound import Sound
from ev3dev2.display import Display
from ev3dev2.sensor.lego import ColorSensor
from textwrap import wrap
#from ev3dev2.led import Leds
from time import sleep
from ev3dev.ev3 import *
lcd = Display()
def show_text(string, font_name='courB24', font_width=15, font_height=24):
    lcd.clear()
    strings = wrap(string, width=int(180/font_width))
    for i in range(len(strings)):
        x_val = 89-font_width/2*len(strings[i])
        y_val = 63-(font_height+1)*(len(strings)/2-i)
        lcd.text_pixels(strings[i], False, x_val, y_val, font=font_name)
    lcd.update()
cl = ColorSensor()
while cl.reflected_light_intensity > 15:
```

학습 12

```
  sleep(0.1)
show_text('Light On')
sleep(5)
```

자동차 전조등 과제 2

```
from ev3dev2.sensor.lego import ColorSensor
from textwrap import wrap
#from ev3dev2.led import Leds
from time import sleep
from ev3dev.ev3 import *
lcd = Display()
def show_text(string, font_name='courB24', font_width=15, font_height=24):
    lcd.clear()
    strings = wrap(string, width=int(180/font_width))
    for i in range(len(strings)):
        x_val = 89-font_width/2*len(strings[i])
        y_val = 63-(font_height+1)*(len(strings)/2-i)
        lcd.text_pixels(strings[i], False, x_val, y_val, font=font_name)
    lcd.update()
cl = ColorSensor()
while True:
  if cl.reflected_light_intensity < 15:
      show_text('Light On')
  else:
       show_text('Light Off')
```

자동차 전조등 과제 3

(과제3 예1)

```
from time import sleep
from ev3dev.ev3 import *
ts = TouchSensor()
lcd = Display()
def show_text(string, font_name='courB24', font_width=15, font_height=24):
    lcd.clear()
    strings = wrap(string, width=int(180/font_width))
    for i in range(len(strings)):
```

```
        x_val = 89-font_width/2*len(strings[i])
        y_val = 63-(font_height+1)*(len(strings)/2-i)
        lcd.text_pixels(strings[i], False, x_val, y_val, font=font_name)
    lcd.update()
def WaitForBump():  # a 'bump' is a release of the touch sensor button
    PreviousState=0
    while True:
        CurrentState=ts.value()
        if PreviousState==1 and CurrentState==0: #button was released
            break      # button has just been released so exit loop
        PreviousState=CurrentState    # Ready for next loop
        sleep(0.01)  # don't read the sensor too frequently
```

(과제3 예2)

```
from textwrap import wrap
from threading import Thread
#from ev3dev2.led import Leds
cl = ColorSensor()
def auto():
  while loop==True:
    if cl.reflected_light_intensity < 15:
        show_text('Light On')
    else:
        show_text('Light Off')
loop = True
t = Thread(target=auto)
t.start()
WaitForBump()
loop = False
show_text('            ')
show_text('Light On')
while not ts.is_pressed:
    sleep(0.1)
show_text('Light OFF')
sleep(5)
```

학습 12

08 자율주행 자동차의 구현과정에서 자동차 신호등 관련 과제에 대한 프로그램을 작성하라.

신호등 과제 1

```
#!/usr/bin/env python3
from ev3dev2.motor import MoveTank, OUTPUT_B, OUTPUT_C, MoveSteering
from ev3dev2.sensor.lego import TouchSensor, UltrasonicSensor,ColorSensor
from ev3dev2.sound import Sound
from ev3dev2.display import Display
from textwrap import wrap
from threading import Thread
#from ev3dev2.led import Leds
from time import sleep
ts = TouchSensor()
cl = ColorSensor()
steer_pair = MoveSteering(OUTPUT_B, OUTPUT_C)
steer_pair.on(steering=0, speed=20)
while not ts.is_pressed:
    if cl.color_name== 'Black':
        steer_pair.off()
    else:
        sleep(0.1)
```

신호등 과제 2

```
#!/usr/bin/env python3
from ev3dev2.motor import MoveTank, OUTPUT_B, OUTPUT_C, MoveSteering
from ev3dev2.sensor.lego import TouchSensor, UltrasonicSensor,ColorSensor
from ev3dev2.sound import Sound
from ev3dev2.display import Display
from textwrap import wrap
from threading import Thread
from time import sleep
cl = ColorSensor()
steer_pair = MoveSteering(OUTPUT_B, OUTPUT_C)
steer_pair.on(steering=0, speed=20)
```

```
while True:
    if cl.color_name== 'Red':
        steer_pair.off()
        sleep(0.1)
    elif cl.color_name== 'Green':
        steer_pair.on(steering=0, speed=20)
        sleep(0.1)
    else:
        sleep(0.1)
while True:
    steer_pair.on(steering=0, speed=20)

    if cl.color_name== 'Red':
            steer_pair.off()
            sleep(0.1)
            while True:
              if cl.color_name== 'Green':
                 break
              else:
                 sleep(0.1)
    else:
        sleep(0.1)
```

신호등 과제 3

(과제3 예)

```
#!/usr/bin/env python3
from ev3dev2.motor import MoveTank, OUTPUT_B, OUTPUT_C, MoveSteering
from ev3dev2.sensor.lego import TouchSensor, UltrasonicSensor,ColorSensor
from ev3dev2.sound import Sound
from ev3dev2.display import Display
from textwrap import wrap
from threading import Thread
#from ev3dev2.led import Leds
from time import sleep
ts = TouchSensor()
cl = ColorSensor()
sound=Sound()
steer_pair = MoveSteering(OUTPUT_B, OUTPUT_C)
```

학습 12

```
while not ts.is_pressed:     # exit loop when any button pressed
    if cl.reflected_light_intensity<30:    # weak reflection so over black line
        # medium turn right
        steer_pair.on(steering=30, speed=10)
    else:    # strong reflection (>=30) so over white surface
        # medium turn left
        steer_pair.on(steering=-30, speed=10)
```

(과제3 확장)

```
#!/usr/bin/env python3
from ev3dev2.motor import MoveTank, OUTPUT_B, OUTPUT_C, MoveSteering
from ev3dev2.sensor.lego import TouchSensor, UltrasonicSensor,ColorSensor
from ev3dev2.sound import Sound
from ev3dev2.display import Display
from textwrap import wrap
from threading import Thread
from time import sleep
ts = TouchSensor()
cl = ColorSensor()
steer_pair = MoveSteering(OUTPUT_B, OUTPUT_C)
while True:
    #steer_pair.on(steering=0, speed=20)
    #while loop==True:
    if cl.color_name== 'Red':
        steer_pair.off()
        sleep(0.1)
        while True:
            if cl.color_name== 'Green':
                break
            else:
                sleep(0.1)
    else:
        if cl.reflected_light_intensity<30:    # weak reflection so over black line
            # medium turn right
            steer_pair.on(steering=30, speed=10)
        else:    # strong reflection (>=30) so over white surface
            # medium turn left
            steer_pair.on(steering=-30, speed=10)
```

09 자율주행 자동차의 구현과정에서 자동차 후방경고음 관련 과제에 대한 프로그램을 작성하라.

후방경고음 과제 1

```
#!/usr/bin/env python3
from ev3dev2.motor import MoveTank, OUTPUT_B, OUTPUT_C, MoveSteering
from ev3dev2.sensor.lego import TouchSensor, UltrasonicSensor
from time import sleep
from ev3dev2.sound import Sound
from threading import Thread
us = UltrasonicSensor()
us.mode='US-DIST-CM'
ts = TouchSensor()
sound = Sound()
steer_pair = MoveSteering(OUTPUT_B, OUTPUT_C)
def play_sound():
    while loop==True: # repeat until 'loop' is set to False in the main thread.
        Distance=us.value()
        sound.play_tone(440, Distance/1000)

loop = True
t = Thread(target=play_sound)
t.start()
steer_pair.on(steering=0,speed=20)
while True:
  Distance=us.value()
  if  Distance < 70:
    steer_pair.off(brake=True)
    loop = False
    sleep(1)
  else:
    loop = True
    sleep(0.01)
```

학습 12

후방경고음 과제 2

```
#!/usr/bin/env python3
from ev3dev2.motor import MoveTank, OUTPUT_B, OUTPUT_C, MoveSteering
from ev3dev2.sensor.lego import TouchSensor, UltrasonicSensor
from time import sleep
from ev3dev2.sound import Sound
from threading import Thread
us = UltrasonicSensor()
us.mode='US-DIST-CM'
ts = TouchSensor()
sound = Sound()
steer_pair = MoveSteering(OUTPUT_B, OUTPUT_C)
def play_sound():
    global Distance
    while loop==True: # repeat until 'loop' is set to False in the main thread. Distance=us.value()
        if Distance < 200:
            sound.play_tone(440, Distance/1000)
            #sleep(0.1)
        else:
            sleep(0.1)
loop = True
t = Thread(target=play_sound)
t.start()
steer_pair.on(steering=0,speed=10)
while True:
  if  Distance < 90:
    steer_pair.off(brake=True)
    loop = False
    sleep(1)
  else:
    loop = True
    sleep(0.01)
```

후방경고음 과제 3

(초음파센서를 활용한 부드러운 정지)

```
#!/usr/bin/env python3
from ev3dev2.motor import MoveTank, OUTPUT_B, OUTPUT_C, MoveSteering
```

```
from ev3dev2.sensor.lego import TouchSensor, UltrasonicSensor
from time import sleep
from ev3dev2.sound import Sound
from threading import Thread
us = UltrasonicSensor()
us.mode='US-DIST-CM'
ts = TouchSensor()
sound = Sound()
steer_pair = MoveSteering(OUTPUT_B, OUTPUT_C)
steer_pair.on(steering=0,speed=20)
while True:
    Distance=us.value()/10
    steer_pair.on(steering=0,speed=1*Distance)
    if  Distance < 4:
        steer_pair.off(brake=True)
        sleep(1)
    else:
        sleep(0.01)
```

(초음파센서를 활용한 부드러운 정지와 후진경고 사운드)

```
#!/usr/bin/env python3
from ev3dev2.motor import MoveTank, OUTPUT_B, OUTPUT_C, MoveSteering
from ev3dev2.sensor.lego import TouchSensor, UltrasonicSensor
from time import sleep
from ev3dev2.sound import Sound
from threading import Thread
us = UltrasonicSensor()
us.mode='US-DIST-CM'
ts = TouchSensor()
sound = Sound()
steer_pair = MoveSteering(OUTPUT_B, OUTPUT_C)
def play_sound():
    global Distance
    while loop==True: # repeat until 'loop' is set to False in the main thread.
        Distance=us.value()
        if Distance < 300:
            sound.play_tone(440, Distance/1000)
            #sleep(0.1)
```

학습 12

```
        else:
            sleep(0.1)
loop = True
t = Thread(target=play_sound)
t.start()
steer_pair.on(steering=0,speed=10)
while True:
    steer_pair.on(steering=0,speed=Distance/10)
    if  Distance < 40:
        steer_pair.off(brake=True)
        loop = False
        sleep(1)
    else:
        loop = True
        sleep(0.01)
```

10 자율주행 자동차의 구현과정에서 자동차 스마트 관련 과제에 대한 프로그램을 작성하라.

스마트 키 과제 1

```
#!/usr/bin/env python3
from ev3dev2.motor import OUTPUT_B, OUTPUT_C, MoveSteering
from ev3dev2.sensor.lego import TouchSensor, UltrasonicSensor
from time import sleep
from ev3dev2.sound import Sound
from threading import Thread
from ev3dev2.display import Display
us = UltrasonicSensor()
us.mode='US-DIST-CM'
ts = TouchSensor()
lcd = Display()
sound = Sound()
def play_welcome():
    global Distance
    while loop==True: # repeat until 'loop' is set to False in the main thread.
```

```
        Distance=us.value()
        if Distance < 400:
            lcd.text_pixels('Welcome', x=40, y=50, font='courB24')
            lcd.update()
            sleep(0.2)
        else:
            sleep(0.1)
loop = True
t = Thread(target=play_welcome)
t.start()
sound.beep()
while True:

    if  ts.is_pressed == True:
        lcd.text_pixels('Ignition', x=40, y=70, font='courB24')
        lcd.update()
        sleep(0.2)
        sleep(1)
    else:
        sleep(0.01)
```

스마트 키 과제 2

```
#!/usr/bin/env python3
from ev3dev2.motor import  OUTPUT_B, OUTPUT_C, MoveSteering
from ev3dev2.sensor.lego import TouchSensor, UltrasonicSensor
from time import sleep
from ev3dev2.sound import Sound
from threading import Thread
from ev3dev2.display import Display
us = UltrasonicSensor()
us.mode='US-DIST-CM'
ts = TouchSensor()
lcd = Display()
sound = Sound()
sound.beep()
while True:
    Distance=us.value()
    if  ts.is_pressed == True and Distance < 400:
```

```
        lcd.text_pixels('Motor Start& Idle', x=0, y=60, font='courB14')
        lcd.update()
        sound.beep()
        sleep(0.2)
    else:
        sleep(0.01)
```

스마트 키 과제 3

```
#!/usr/bin/env python3
from ev3dev2.motor import OUTPUT_B, OUTPUT_C, MoveSteering
from ev3dev2.sensor.lego import TouchSensor, UltrasonicSensor
from ev3dev2.button import Button
from time import sleep
from ev3dev2.sound import Sound
from threading import Thread
from ev3dev2.display import Display
us = UltrasonicSensor()
us.mode='US-DIST-CM'
ts = TouchSensor()
lcd = Display()
sound = Sound()
sound.beep()
btn = Button()
while True:
    Distance=us.value()
    if  ts.is_pressed == True and Distance < 400  and btn.wait_for_pressed('left'):
        lcd.text_pixels('Motor Start& Idle', x=0, y=60, font='courB14')
        lcd.update()
        sound.beep()
        sleep(0.2)
        sleep(1)
    else:
        sleep(0.01)
```

11 자율주행 자동차의 구현과정에서 자동차 Cruise Control 관련 과제에 대한 프로그램을 작성하라.

Cruise Control 과제 1

```
#!/usr/bin/env python3
from ev3dev2.motor import MoveTank, OUTPUT_B, OUTPUT_C, MoveSteering
from ev3dev2.sensor.lego import TouchSensor, UltrasonicSensor
from time import sleep
from ev3dev2.sound import Sound
from threading import Thread
us = UltrasonicSensor()
us.mode='US-DIST-CM'
ts = TouchSensor()
sound = Sound()
steer_pair = MoveSteering(OUTPUT_B, OUTPUT_C)
speed=0
while True:
    if  ts.wait_for_bump() == True:
        speed+=10
        steer_pair.on(steering=0,speed=speed)
    else:
        sleep(0.01)
```

Cruise Control 과제 2

```
#!/usr/bin/env python3
from ev3dev2.motor import MoveTank, OUTPUT_B, OUTPUT_C, MoveSteering
from ev3dev2.sensor.lego import TouchSensor, UltrasonicSensor
from time import sleep
from ev3dev2.sound import Sound
from threading import Thread
us = UltrasonicSensor()
us.mode='US-DIST-CM'
ts1 = TouchSensor('in1')
ts2 = TouchSensor('in2')
sound = Sound()
```

학습 12

```
steer_pair = MoveSteering(OUTPUT_B, OUTPUT_C)
speed=0
def accel():
    global speed
    while loop==True: # repeat until 'loop' is set to False in the main thread.
        if  ts1.wait_for_bump() == True:
            speed+=10
            steer_pair.on(steering=0,speed=speed)
        else:
             sleep(0.01)
loop = True
t = Thread(target=accel)
t.start()
while True:
    if  ts2.wait_for_bump() == True:
        speed-=10
        steer_pair.on(steering=0,speed=speed)
    else:
        sleep(0.01)
```

Cruise Control 과제 3

```
#!/usr/bin/env python3
from ev3dev2.motor import MoveTank, OUTPUT_B, OUTPUT_C, MoveSteering
from ev3dev2.sensor.lego import TouchSensor, UltrasonicSensor
from time import sleep
from ev3dev2.display import Display
from textwrap import wrap
from ev3dev2.sound import Sound
from threading import Thread
us = UltrasonicSensor()
us.mode='US-DIST-CM'
ts1 = TouchSensor('in1')
ts2 = TouchSensor('in2')
sound = Sound()
lcd = Display()
steer_pair = MoveSteering(OUTPUT_B, OUTPUT_C)
speed=0
def show_text(string, font_name='courB24', font_width=15, font_height=24):
```

```
    lcd.clear()
    strings = wrap(string, width=int(180/font_width))
    for i in range(len(strings)):
        x_val = 89-font_width/2*len(strings[i])
        y_val = 63-(font_height+1)*(len(strings)/2-i)
        lcd.text_pixels(strings[i], False, x_val, y_val, font=font_name)
    lcd.update()
def accel():
    global speed
    while loop==True: # repeat until 'loop' is set to False in the main thread.
        if  ts1.wait_for_bump() == True:
            speed+=10
            steer_pair.on(steering=0,speed=speed)
        else:
             sleep(0.01)
def decel():
    global speed
    while loop==True: # repeat until 'loop' is set to False in the main thread.
        if  ts2.wait_for_bump() == True:
            speed-=10
            steer_pair.on(steering=0,speed=speed)
        else:
             sleep(0.01)
loop = True
# Start the play_sound thread.
t = Thread(target=accel)
t.start()
t1 = Thread(target=decel)
t1.start()
while True:
    text = 'speed='+str(speed)
    show_text(text)
    #sleep(0.1)
```

12 자율주행 자동차의 구현과정에서 이동로봇 관련 과제에 대한 프로그램을 작성하라.

이동 로봇 과제 1

```
from ev3dev2.button import Button
from time import sleep
from ev3dev2.display import Display
from textwrap import wrap
from ev3dev2.sound import Sound
from threading import Thread
us = UltrasonicSensor()
us.mode='US-DIST-CM'
ts = TouchSensor()
cl = ColorSensor()
sound = Sound()
btn = Button()
steer_pair = MoveSteering(OUTPUT_B, OUTPUT_C)
def WaitForBump():  # a 'bump' is a release of the touch sensor button
    PreviousState=0
    while True:
        CurrentState=ts.value()
        if PreviousState==1 and CurrentState==0: #button was released
            break      # button has just been released so exit loop
        PreviousState=CurrentState    # Ready for next loop
        sleep(0.01)  # don't read the sensor too frequently
#def change(changed_buttons):    # changed_buttons is a list of
# tuples of changed button names and their states.
#    if ('left', True) in changed_buttons:
#        sound.beep()
#        color_list.append('Blue')
def left(state):
    global color_list
    if state:
        #sound.beep()
        color_list.append('Blue')
    else:
```

```
        print('left button released')
def right(state):  # neater use of 'if' follows:
    #sound.beep()
    print(color_list.append('Green') if state else 'right button released')
def up(state):

    print(color_list.append('Yellow') if state else 'Up button released')
def down(state):

    print(color_list.append('Red') if state else 'Down button released')
def enter(state):
  if state:
     for col in color_list:
        if col=='Blue':
           sound.beep()       # blue: turn the robot 90 degrees left
           steer_pair.on(steering=-30,speed=20)
           sleep(1)
        elif col=='Green':
          sound.beep()    # green: go straight forward for one wheel rotation
          steer_pair.on(steering=30,speed=20)
          sleep(1)
        elif col=='Yellow':
          sound.beep()  # yellow: turn the robot 90 degrees right
          steer_pair.on(steering=0,speed=20)
          sleep(1)
        elif col=='Red':
          sound.beep()  # yellow: turn the robot 90 degrees right
          steer_pair.on(steering=0,speed=-20)
          sleep(1)
        else:
          print('enter button released')
  else:
     steer_pair.off()
     print('enter button released')

#btn.on_change = change
btn.on_left = left
btn.on_right = right
btn.on_up = up
```

학습 12

```
btn.on_down = down
btn.on_enter = enter
color_list = []  # create empty list
sound.beep()
while  True:
    btn.process()
    sleep(0.01)
#btn.on_change = change
btn.on_left = left
btn.on_right = right
btn.on_up = up
btn.on_down = down
btn.on_enter = enter
color_list = []  # create empty list
sound.beep()
while  True:
    btn.process()
    sleep(0.01)
```

이동 로봇 과제 2

```
from ev3dev2.sensor.lego import TouchSensor, UltrasonicSensor,ColorSensor
from time import sleep
from ev3dev2.display import Display
from textwrap import wrap
from ev3dev2.sound import Sound
from threading import Thread
us = UltrasonicSensor()
us.mode='US-DIST-CM'
ts = TouchSensor()
cl = ColorSensor()
sound = Sound()
steer_pair = MoveSteering(OUTPUT_B, OUTPUT_C)
def WaitForBump():  # a 'bump' is a release of the touch sensor button
    PreviousState=0
    while True:
        CurrentState=ts.value()
        if PreviousState==1 and CurrentState==0: #button was released
            break       # button has just been released so exit loop
```

```
        PreviousState=CurrentState    # Ready for next loop
        sleep(0.01)  # don't read the sensor too frequently
color = []
def get_color():
    while True:    # Wait for a valid color to be detected
        color = cl.color_name
        if color in ('Blue', 'Green', 'Yellow'):
            color_list.append(color)
            break     # exit the loop
        sleep(0.01)
color_list = []   # create empty list
for i in range(4):   # i=0 then 1 then 2 then 3
    sound.beep()
    ts.wait_for_bump()
    get_color()
sound.beep()
#sound.play_file('/home/robot/sounds/Horn 2.wav')
for col in color_list:
    if col=='Blue':         # blue: turn the robot 90 degrees left
       steer_pair.on(steering=0,speed=10)
       sleep(1)
    elif col=='Green':      # green: go straight forward for one wheel rotation
       steer_pair.on(steering=0,speed=30)
       sleep(1)
    elif col=='Yellow':      # yellow: turn the robot 90 degrees right
       steer_pair.on(steering=30,speed=10)
       sleep(1)
Colors=[]   # create empty list
for i in range(0, 4):   # i=0 then 1 then 2 then 3
    sound.beep()
    WaitForBump()
    while True:    # Wait for a valid color to be detected
        ColorCode=cl.color_name
        if ColorCode==2 or ColorCode==3 or ColorCode==4:
        # blue,green,yellow
            Colors.append(ColorCode)
            break     # exit the loop
        sleep(0.01)  # don't read the sensor too frequently
sound.beep()
```

```
for k in range(0, 4):        # k=0 then 1 then 2 then 3
    if Colors[k]==2:         # blue
        steer_pair.on(steering=0,speed=10)
    elif Colors[k]==3:       # green
        steer_pair.on(steering=0,speed=30)
    elif Colors[k]==4:       # yellow
        steer_pair.on(steering=30,speed=10)
    sleep(3)  # give enough time for the motors to finish moving
```

학습활동.12 교수 · 학습 방법

교수 방법

- EV3 응용 제어 프로그래밍에 대한 관련 용어, 구성, 방식 이해 정도를 파악한 후 수업을 진행한다.
- 교수자의 주도로 EV3 응용 제어 프로그래밍 등의 내용을 PPT 자료로 제시한 후 설명한다.
- 가능하면 사전에 개인별 학습 자료를 준비하여 모든 학생이 참여할 수 있는 문제 해결식 수업, 협력 수업이 가능하도록 한다.
- EV3 응용 제어 프로그래밍 전 과정을 작업의 순서에 따라 단계적으로 실습이 이루어질 수 있도록 지도한다.
- 이 책을 통해 수업을 준비하는데 있어서 필요한 모든 정보나 팁, 힌트 등 도움이 될 만한 내용들을 확인할 수 있다.
- 학생들이 만들게 될 각 모델들은 수업시간에 중점적으로 다뤄질 부분과 어휘, 질문, 답을 포함하고 있으며 또한 탐구할만한 추가적인 아이디어들도 포함하고 있다.

학습 방법

- EV3 응용 제어 프로그래밍에 대한 관련 용어를 숙지하고, EV3 응용 제어 프로그래밍에 대해 이해한다.
- EV3 응용 제어 프로그래밍의 각 단계별 중점 사항을 체계적으로 학습한다.
- EV3 응용 제어 프로그래밍의 수행순서의 전 과정을 실습한다.
- EV3 응용 제어 프로그래밍의 내용을 이해한다.
- EV3 응용 제어 프로그래밍을 이해하고 숙달이 될 때까지 학습한다.

학습활동.12 평가 및 피드백

평가 준거

- 평가자는 피평가자가 수행 준거 및 평가 내용에 제시되어 있는 내용을 성공적으로 수행할 수 있는 지를 평가해야 한다.

학습내용	평가항목	성취수준		
		상	중	하
EV3 응용 제어 프로그래밍	EV3 응용 제어 프로그래밍을 이해할 수 있다.			

학습 12

평가 방법

• 작업 포트폴리오

학습내용	평가항목	성취수준		
		상	중	하
EV3 응용 제어 프로그래밍	EV3 응용 제어 프로그래밍을 이해할 수 있다.			

• 필기시험

학습내용	평가항목	성취수준		
		상	중	하
EV3 응용 제어 프로그래밍	EV3 응용 제어 프로그래밍을 이해할 수 있다.			

• 체크리스트를 통한 관찰

학습내용	평가항목	성취수준		
		상	중	하
EV3 응용 제어 프로그래밍	EV3 응용 제어 프로그래밍을 이해할 수 있다.			

• 피드백

1. 작업 포트폴리오
   - 제출한 보고서를 평가한 후 주요 사항에 대하여 표시하여 돌려준다.
2. 필기시험
   - 평가 결과 성적이 저조한 학생은 보고서 제출 기회를 부여한다.
3. 체크리스트를 통한 관찰
   - 실습 과정에서 평가한 후 개선해야 할 사항 등을 정리하여 돌려준다.

참|고|문|헌

1. 남상엽 외, 창의공학, 상학당, 2016.3.10.
2. 남상엽 외, 스마트로봇 EV3를 활용한 C언어 프로그래밍, 상학당, 2016.7.16.
3. 남상엽 외, 스마트로봇 EV3, 이지테크, 2014. 3.10
4. https://education.lego.com/ko-kr/support/mindstorms-ev3/python-for-ev3
5. https://www.balena.io/etcher/
6. https://code.visualstudio.com/
7. getting-started-with-MicroPython ver 1.0
8. https://www.atlabme.com/easy-program-python-ev3/
9. 헬로코딩_한입에 쏙, 파이썬
10. 윤인성, 혼자 공부하는 파이썬, 한빛미디어
11. https://cafe.naver.com/handsontechnology
12. 마인크래프트로 배우는 파이썬 프로그래밍, 제이펍, 크레이크 리처드슨
13. 컴퓨팅 사고와 함께하는 파이썬 기초부터 인공지능 응용까지, 연두에디션
14. LEGO MINDSTORMS Education EV3
15. www.hansoncampus.co.kr, 핸즈온 캠퍼스
16. http://www.robowell.co.kr/, 로보웰 코리아
17. https://sites.google.com/site/ev3devpython/introduction,EV3Python(v2)
18. https://sites.google.com/site/ev3python/,EV3ptyhon(v1)
19. https://www.ev3dev.org/

학습 12

저자약력

남 상 엽
- 공학박사
- 삼성종합기술원 정보시스템연구소 근무
- 모토로라반도체통신 기술연구소 근무
- 국제대학교 교수(현재)

김 상 범
- 공학박사(동아대학교 전자공학과)
- 프로그램, 임베디드시스템, 빅데이터/인공지능 분야에 교육 및 연구를 수행
- 한국폴리텍대학 스마트소프트웨어과 교수(현재)

강 현 웅
- (주)핸즈온테크놀러지 대표(현재)

Python 프로그래밍

2020년 9월 15일 1판 1쇄 발행

저 자 남상엽 · 김상범 · 강현웅
발행인 남 승 우

발행처 도서출판 상尙 학學 당堂
서울특별시 동작구 사당로9가길 6
TEL : 02) 595-1692~4
FAX : 02) 595-1394
E-mail : namdoo6@unitel.co.kr
신고 : 2-155호 (1968. 11. 29)

정가 30,000원

ISBN 978-89-6587-202-3 93000

〈디자인〉 편집 엄해숙 / 표지 토틀컴